평등의 모순

평등의 모순

발행일 2024년 6월 30일 발행인 김정겸 저자 정주백
편낸곳 충남대학교출판문화원 주소 대전광역시 유성구 대학로 99 전화 042-821-6045
홈페이지 http://www.cnupress.co.kr E-mail cnupress@cnu.ac.kr

ISBN 979-11-6503-283-8 93360

정가 30,000원

평등의 모순

정주백

충남대학교출판문화원

序文

법학은 말을 다루는 학문이다. 그러므로 법학에서 말을 어떻게 다룰 것인가는 상당히 중요하다. 말을 정확하게 다룬다는 것은, (i) 남의 말을 정확하게 이해하는 것과 (ii) 나의 의사를 정확한 말로 표현하는 것을 포함한다.

법학을 공부하고자 한다는 중학생이 필자에게 물었다. 어떤 준비를 하면 좋으냐. 시와 소설을 읽으라고 권했다. 정교하게 써진 문장을 읽으면서, 언어에 대한 감수성을 키우는 것이 장차 법학을 공부하는 데 큰 도움이 될 것이라 말해주었다.

"버려진 섬마다 꽃이 피었다." 이것은 김훈의 장편소설 『칼의 노래』의 첫 문장이다. 그는 처음에 '꽃은 피었다'라고 썼다가 고심 끝에 '꽃이 피었다'로 고쳤다고 한다. 兩者는 무엇이 다르기에 그가 고심하였을까. 그는 아래와 같이 말하였다.

> "꽃이 피었다"는 사실의 세계를 진술한 언어이고 "꽃은 피었다"는 의견과 정서의 세계를 진술한 언어이니, 이것을 구별하지 못하면 문장과 소설은 몽매해진다는 것[1)]

이 논문을 보시는 분들도 한 번 생각해 보시기 바란다.

하나 더 예를 들어보자. 미국 메인(Maine)주에 있는 A사는 유제품 유통을 위하여 100여 명의 트럭 운전사를 고용했다. 운전사들은 매주 40시간 이상 운전했지만, 주 40시간 이상 근무하는 경우 1.5배의 수당을 지급하도록 하는 법률의 혜택을 누리지 못했다. 그 이유는 법률이 다음의 업무를 하는 사

---

1) https://url.kr/ylcob9

람을 초과수당 지급대상에서 제외했기 때문이다.

> The canning, processing, preserving, freezing, drying, marketing, storing, packing for shipment or distribution of: (1) Agricultural produce; (2) Meat and fish products; and (3) Perishable foods

그런데, 어떤 변호사가 소송에서 멋진 주장을 하여 회사로부터 5백만 달러의 초과근무수당을 합의금으로 받아냈다. 어떤 주장이었을까? 위 구의 해석에 관련된 주장이다.[2)]

법의 세계에서 말은 중요하다. 법을 만들면서 말들을 정교하게 사용하여야 함은 두 번 말할 필요가 없다. 법을 해석함에 있어서도 마찬가지다. 법을 해석하는 사람은 법을 찬찬히 읽고 그 의미를 파악해 내려고 노력하여야 한다.

이 책은 일본 사람들이 '평등'이라는 말을 둘러싸고 어떻게 말하는가를 분석한다. 외국인으로서 다른 나라 사람들의 말의 사용을 분석한다는 것이 주제넘을 수 있다고 생각한다. 틀릴 수도 있다고 생각한다. 일본 사람들이 가지는 독특한 어감을 필자가 파악하지 못할 수도 있다.

그러나 필자의 관점에서 논문을 쓸 수는 있다. 논문은 꼭 그 결론이 맞아야 할 필요는 없다. 전제를 굳게 세우고, 거기서 출발하여 논리에 어긋나지 않게 치근차근 써나가면 된다. 논리적으로 타당한 주장들이 여러 개 있으면 그 다음은 가치관의 문제로 넘어간다.

필자는 대상으로 삼은 교과서나 주석서가 말들을 적확하게 사용되고 있는가를 분석한다. 말들이 어떻게 연결되어 있는가를 분석한다. 이 상황에서는 그 말을 사용하는 native speaker인지 여부는 그리 중요하지 않다.

---

2) 이 이야기는 김동현 변호사의 글에서 인용한 것이다. 궁금하신 분은 아래 링크에 접속해 보시기 바란다. https://url.kr/1o9lwy

나는 결국 평등을 둘러싸고 일본 학자들의 하는 말들이 적확하지 않다는 결론을 냈다. 필자는 일본의 학자들이 말들을 충분히 이해하고 사용했다고 생각하지 않는다. 지나치게 단언적인 것 아닌가, 하는 생각을 할 수도 있겠지만 논문을 쓰는 사람은 분명하게 말하여야 한다. 학문의 말이 애매하면 곤란하다.

필자는 이 논문이 일본인 학자의 눈에 불쾌할 수 있음을 안다. 그러나 이 글이 무언가 나쁜 의도를 가지고 써졌다고 이해되지 않았으면 좋겠다. 남을 나쁘게 말하기 위하여 30만 자 가까운 글을 쓸 수는 없다. 필자의 관점에서 보면, 일본에서의 논의를 이렇게 볼 수밖에 없다. 물론, 필자의 주장이 다 맞기야 하겠는가? 그러나 공부하는 사람은 자고로 자신이 생각한 것을 말할 수 있는 특권 같은 것이 있다. 틀린 것이 있으면 비판받겠다.

그러면 한국의 경우에는 다른가? 필자가 보기에는 별로 다르지 않다. 그러나 분명하게 말할 수 있는 것은 한국이 일본의 경우보다는 훨씬 풍부한 논점을 다룬다는 것이다. 이 논문을 쓴 것을 계기로, 한국의 경우를, 이 논문에서 분석한 것과 같이, 한 번 다뤄볼 생각이다. 제목도 생각해 두었다. 『평등의 딜레마(dilemma)』 정도를 생각하고 있다. 입법자의 입장에서 보면, 이 논문에서 말하는 모순적 상황이 딜레마로 이해될 것이다.

앞에서 말의 사용 문제로 이야기를 시작하였으니, 그 관점에서 조금 더 논의해 보자. 한국도 마찬가지지만 일본에서도 절대적 평등설이 옳다고 말하는 사람은 없다. 모두 자신이 상대적 평등설을 지지하고, 학설과 판례도 모두 상대적 평등설을 지지한다고 한다.

그런데, 조금 분석을 해보면 상대적 평등론자들이 이해하는 절대적 평등설이 한 가지가 아니고, 그들이 이해하는 상대적 평등설도 한 가지가 아니다. 필자가 보기에 절대적 평등설은 두 가지로 이해되는 것 같고, 상대적 평등설은 너덧 가지로 이해되는 것 같다.

절대적 평등설을 (i) 균일한 취급을 하는 것이라 이해하는 입장이 있고,

(ii) 예외를 허용하지 않는 것이라고 이해하는 입장이 있다.

상대적 평등설은 a. 위 절대적 평등설 중의 (i)에 대한 안티테제로 제시되는 몇 가지 주장이 있다. 다음과 같은 것들이다. ① 같은 것은 같게, 다른 것은 다르게(Ca설) ② 같은 것은 같게, 다른 것은 그 비율에 따라 다르게(Cb설) ③ 같은 것은 같게(Cc설)

또, b. 위 절대적 평등설 중 (ii)에 대한 안티테제로 예외가 허용되는 것이 상대적 평등이라는 입장이 있다. 다만, 이것은 Bb설이다. Ba설은 (i)에 대한 안티테제로 제시된 것이다. 비교의 대상으로 될 수 없는 것을 비교하고 있다. 더 나아가 테제를 부정하는 것도 아니다. 좋게 보아도, 테제를 보완할 뿐이다.

이런 상황을 언어학을 하는 사람들은 기표(記標, signifiant)는 집중되어 있으나, 기의(記意, signifié)는 분산되어 있다고 한다. 토대를 이루는 말이 이러하니, 평등은 더 말할 나위가 없다. 서로 무엇을 주장하고, 무엇을 논박하든지 간에 그들 간에 사용되는 말의 뜻을 통일할 필요가 있다. 이런 상황에서는 대화가 불가능하다.

그런데, 평등의 의미 자체가 무엇인가와 평등에서 벗어나면 바로 위헌으로 되는가 하는 것은 전혀 다른 문제다. (i)을 둘러싼 문제가 전자에 관한 것이고, (ii)에 관한 대립이 후자에 관한 것이다.

필자는 평등한 취급이란 '균일한 취급'을 의미한다고 본다. 평등을 가장 쉽게 이해하는 방법이고, 옳은 방법이다. 그런데, 이렇게 이해하면 헌법이 입법자에게 법을 만들도록 권한을 주면서도, 평등을 통해 법을 만들지 말라고 명령하는 듯한 형국이 된다.

법이란 대상을 구획하고, 구획된 대상의 안과 바깥에 서로 다른 법적 효과를 부여하는 체계이다. 대상을 구획하는 기준을 보통 요건이라 한다. 평등한 법을 만들라는 말은 결국 대상을 구획하지 말라는 것으로 되니, 결국은 거의 법을 만들 수 없다. 모든 사태에 대해 동일한 법적 효과를 부여하는 법만 만들 수 있다.

필자는 이것을 '平等의 矛盾'이라 정의한다. (i) (차별을 본질로 하는) 법을 만들라는 명령과 (ii) 차별하지 말라는 명령이 서로 모순적인 것이 이해될 수 있다.[3] 평등을 '균일'로 이해하면 이런 문제에 봉착한다.[4]

필자는 평등의 모순을 해소하기 위하여 여러 가지 학설이 제시되었다고 본다. 합리적 차별을 허용한다는 설(B설)이나 위에서 본 C설(Ca설, Cb설, Cc설을 아울러 C설이라 했다.)이 그것이다.

그러나 B설은 평등의 모순을 극복한 것이 아니다. 균일취급이라는 평등의 명령이 그대로 남아 있기 때문이다. 극복했다고 주장한다면, 해야 한다(must, should), 할 수 있다(may, permit)는 다른 말이라는 말을 해 주고 싶다. B설은 균일취급하여야 하지만(should), 불균일취급을 하더라도 위헌이 아닌 경우가 있다는 것을 의미할 뿐이다.

C설은 모순을 극복하였다. 헌법이 균일취급 외에도 불균일취급도 명령하고 있다고 보기 때문이다. 그러나, C설은 평등을 전혀 다른 방향으로 몰고 갔다. C설, 특히는 Cb설을 관철하면 세상의 모든 사람에게 서로 다른 취급을 하여야 한다.

물리적으로 보았을 때 '같은 것'은 존재하지 않는다. '같은 것은 같게'는 눈속임(trick)이다. 눈속임이라는 말을 주목하여야 한다. C설을 평등의 의미로 이해하는 토대를 마련해 주지만, 그것 뿐이다. '같은 것'은 존재하지 않는다. 그러므로 C설은 평등이 모든 사람에게 다른 취급을 할 것을 명령한다고 이해한다. 이것은 이상하다. 균일취급으로 이해되는 평등이 문제가 있다고 하여, 평등을 '완벽하게' 다른 의미로 이해할 수는 없다. 도덕주의 오류(moralistic fallacy)와 유사하다.

---

3) 적색 신호등과 녹색 신호등이 함께 켜져 있다고 생각하면 쉽지 않을까? 뒤에 설명한다.

4) 물론 차별금지 사유를 예시적인 것으로 보면서 內包(connotation)를 零으로, 外延(extension)을 無限大로 이해하는 통설 · 판례를 받아들이면 그렇다.

C설은 평등의 모순을 해결하였으나, 평등을 '완벽한 불균일취급'으로 전환하였다. 완전히 같은 취급을 명령하는 평등의 문제를 해결하기 위해, 평등은 그런 것을 명령하지 않고, 완전히 서로 다르게 취급할 것을 명령한다고 주장하였다.

'이론상으로 보면' 거의 아무 것도 아닌 평등이,[5] C설을 통해 세상에 正義를 세우는 원리로 되었다. 그런데, 법관이 정의를 추론해 내는 것이 가능하고 정당하다면, 애초에 법이 필요 없다. 법관은 정의를 아는가? 수천년간 수 많은 철학자들이 '정의'를 화두로 하여 궁리하여도 알아내지 못한 것을 법관인들 알 리 없다. 단지 그들의 '意見'이 정의의 자리에 놓일 뿐이다.

게다가 일본에서 C설을 주장하는 학자들은 自說이 마치 B설과 같은 의미인 것으로 이해한다. 혼선이다. B설과 C설은 전적으로 다른 내용이다. 논의의 層位가 다르다. 命令과 許容을 혼동한 所以이다. 쉽게 생각해 보라. 각기 반론을 제기한 테제(These)가 다르지 않은가.

그런데, B설은 A설을 기반으로 한다. 결국 C설 주장자들은 A설(균일취급설)을 부정하기 위해 먼 길을 떠났으나 B설을 거쳐 결국은 제 자리(A설)로 돌아왔다. 필자가 찾아본 범위 안의 교과서에서, 진정하게 C설을 주장하는 학자는 없는 것처럼 보였다. C설은 쉽게 주장할 수 있는 것이 아니다. C설을 주장하면 부록으로 正義論을 써야 한다. 長谷部는 비슷한 말을 했다.

필자는 평등의 모순을 해결하는 방법을 '憲法典'에서 찾아보고자 한다. 필자가 보기에 憲法典에는 평등의 모순이 없다. 憲法典을 읽지 아니하고 상상만 하니 평등의 모순을 만나게 되었다. 필자의 결론은 그렇다.

헌법을 다시 읽어 보시라. 헌법이 '모든 국민은 '어떠한 사유로도' 차별받지 않는다'고 정하고 있지 않다. 그렇게 써져있다고 이해했었을[6] 때 '평등의

---

5) 실천적으로 중요하지 않다는 것이 아니다. 실천은 안 되었지만, 평등이 무엇을 요구하는지를 이해하는 것은 어렵지 않았다.

6) 읽기는 그렇게 읽지 않았을 것이다. 필자가 읽는 것처럼 읽었을 것이다. 소리가 다르지는 않았을 것이다. 그러나 머리는 그렇게 이해하지 않았다. 모든 국민은 '어떠

모순'에 봉착한다. 일본 헌법이나 한국 헌법이나 '몇 가지 사유를 열거하면서' 그것들을 이유로 한 차별을 금지하고 있을 뿐이다. 그것들을 이유로 차별하지 아니하면, 헌법상의 평등조항의 명령이 지켜진 것이다.

열거된 사유들을 例示라 보면서, 다시 '모든 국민은 어떠한 사유로도 차별받지 아니한다'라고 이해하는 것은 '例示的 列擧說'을 오해한 것이다. 필자는 이 오해가 평등론을 오늘날의 상황에 빠뜨렸다고 본다. 오늘날의 상황은 混沌(chaos)이다.

평등 또는 반차별은 '균일'한 것을 의미한다. 그런데 헌법은 어떠한 사유로도 차별하지 말 것을 명령하지 않았다. 몇 가지 사유를 열거하고 그것들을 이유로 한 차별을 금지했을 뿐이다. 예시적 열거설을 받아들이더라도, 열거된 것들과 동등한(equivalent) 것들만이 열거되지 아니하였으나 헌법이 금지한 사유로 편입될 수 있다. 이렇게 이해하면 충분하다. '平等의 矛盾'은 해결되었다.

간단히 말한다면, 헌법상의 평등조항은 차별에 대해 기본적으로 무관심하다. 거의 무관심하다. 거의 모든 차별에 대해 무관심하다. 차별을 금지하지도 않고 차별을 명령하지도 않는다. 단지 (i) 열거된 사유[7]에 따라, (ii) 차별이 금지되는 영역[8]에서 차별하는 것만을 금지한다. 세상의 모든 차별을 헌법이 금지하고 있다고 생각하니, 평등론이 혼돈(Chaos)에 빠지게 되었다. 기억하자. 헌법상의 평등조항은 차별에 거의 무관심하다.

이 논문은 일본의 교과서들을 하나하나 들어서 구체적으로 코멘트했다. 가장 중요한 포인트는, 말들이 정확하게 사용되고 있는가 하는 것이다. 필자는

한 사유로도 차별받지 아니한다'로 이해했다. 생각을 하지 않고 읽으면 읽었던 문자가 무엇을 의미하는지 모른다. 일본을 두고 보자면 100년 이상, 눈으로는 필자처럼 읽으면서도 이해는 그렇게 하지 않았다. 이것이 무서운 것이다. 생각이 고정되면 이런 무서운 결과를 만난다.

7) 예시적 열거로 본다면 열거된 것들과 동등한 사유를 포함한다.

8) 이 부분은 독자적 의의가 크지 않다.

일본의 교과서 안에서 말들이 정확하게 사용되고 있지 않음을 지적했다.

말들이 정확하게 사용되려면 그 말들이 주변의 말들과 어떤 관련을 맺고 있는지를 알아야 한다. 그것이 안 되면, 주변의 말들과 충돌한다. 충돌하는 줄도 모르고 그 말들을 쓰는 것은, 그 말과 주변의 말들을 충분히 이해하지 못했기 때문이다.

필자가 주제넘게도 일본의 말들이 정확하게 써져 있지 않다고 단언하는 것은, 필자가 그 말들을 쓴 일본의 학자들보다 훨씬 많은 사례들을 검토했기 때문이다. 5만 건 정도의 헌법재판 사례를 가졌다는 것은 그렇지 못한 나라의 헌법 이론보다 정교할 수 있는 근거로 된다. 그런 점에서 한국의 헌법학은 스스로 자랑스러워해도 된다.

이 논문이 이 문제를 완벽하게 다루고 있느냐고 누군가가 묻는다면, 필자는 '그렇게 믿지 않는다'고 대답할 것이다. 고쳐야 될 부분, 보완해야 될 부분도 많고 필자가 잘못 생각하는 부분도 있을 것이라는 것을 분명히 안다. 그래도 그냥 내놓는다. 그냥 내 생각을 내놓는다.

논문 중에 잘못된 바가 있으면 비판받겠다. 어설프고 허술하더라도 글 중 일부라도 누군가에게 도움이 될 부분이 있으면 좋은 것이다. 그 정도면 이 논문의 소임은 한 것이다. 이 문제를 완벽하게 다루기 위해서 남모르는 정성을 들일 생각은 없다. 다른 일을 하는 것이 더 效率的이다. 욕 들을 일은 아니라고 생각한다.

이 논문을 다 읽을 필요는 없다. 여기에 써 둔 것이 이 논문에서 필자가 하고 싶은 말 전부다. 지금 이것을 다 이해했으면 더 읽을 필요가 없다. 몇 쪽을 읽다가 이해했으면 그때 또 집어던질 기회를 얻은 것이라 생각하면 된다. 이해하고 나니 이 논문의 아이디어가 보잘것없는 것이라 생각하면 필자는 섭섭할 것 같다. 세상의 일은 알고 보면 다 쉽다.

필자가 일본에 머무르면서 읽은 글 중에 유일하게 기억하는 것은 다음과 같은 奧平 선생의 글이다.

"나는 헌법학 연구자의 말석에 있는 자로서 여러 不可解·未解決의 문제를 많이 안고 있지만, 그 중에 '평등' 이라는 개념이 있다. 憲法에 있어서 통상 '법 아래 평등' 의 관념은 확고하다. 그러나 아무래도 나는 '평등' 의 주변을 맴돌고 있을 뿐, 전혀 체득할 수 없다. 부끄럽지만, 그것이 사실이다."[9)]

필자는 그가 무엇을 이해하지 못해서 모른다고 했을까를 늘 생각했다. 어떻게 하면 그를 이해시킬 수 있을까를 생각했다. 그는 이 논문 중에 언급되는 Ca설('같은 것은 같게, 다른 것은 다르게'를 평등의 의미로 이해)을 주장했다. 이 주장을 논증하기 위하여 교과서의 상당한 지면을 할애했다. 奧平康弘, 『憲法Ⅲ』 有斐閣, 1993, 117 이하.

필자는 2000년에 써진 위 논문에서의 언급이, 1993년 책에 쓴 주장의 타당성을 확신하지 못하고 있다는 고백처럼 이해된다. 선생은 이 논문에서 제시한 '평등의 모순'을 해소하기 위하여 Ca설을 주장하였지만, 결국 성공하지 못하였다는 고백을 2000년에 하였다. 그렇게 본다, 필자는.

필자는 선생이 이 논문을 보면, 이해에 도움 되는 바가 있을 것이라고 생각한다. 우리 식으로 말한다면, 선생이 이 논문을 읽고 무릎을 탁 치지 않을까. 선생과 대화해 보고 싶은 생각이 없지 않지만, 돌아가셨다. 선생의 명복을 빈다. 선생에게 큰 學恩을 입었다. 先學의 '모른다'는 진지한 고백이 後學에게 큰 힘을 주었다.

이 논문을 읽으면 알 수 있는 것이지만, 이 논문은 누군가에게 질문을 던지고, 대답하고, 질문을 받고 대답하는 형식으로 써졌다. 구어체에 가깝다. 필자는 이 방식을 선호한다. 그래야 무엇이 모르는 점이고, 무엇을 이야기

---

9) 奧平康弘, 「「人はすべて平等に創られ…」考(上)」 『法學セミナー』, 2000年1月, 86頁. "僕は憲法研究者の末席にある者として,あれやこれやと不可解·未解決なことをたくさん抱え持っているが,その一つに「平等」というコンセプトがある。憲法にあっては通常「法の下の平等」観念は確固たるものがある。しかし,どうも僕はまだ「平等」周辺を堂々めぐりしていて,一向に会得できないでいる。恥ずかしいが,それが実情である。"

하는지가 분명하다. 전통적인 학자들이 보기에 이게 무슨 논문이냐, 라고 할지도 모르겠다. 필자는 그런 말에 개의치 않는다. 개의하고 싶지도 않다. 논문은 알아야 할 것을 정하고, 그것을 설명하면 된다. 논문이 그것 이상일 리 없다.

한 가지 더 이야기해 본다. 사실 우리 헌법학이 일본에서 건너온 것임은 부정할 수 없다. 이번에 일본 교과서를 훑어보면서 상당한 기시감을 느꼈다. 그리고 우리 헌재의 판례의 표현들과도 상당히 닮아있다고 생각하였다. 이 논문이 가치를 가질 수 있는 점을 하나 든다면, 우리 헌법학이 일본 헌법학을 극복하는 하나의 계기가 되지 않을까 하는 점이다. 지나치게 필자의 일을 과장하는 것 아닌가 하는 생각도 들지만, 우리 헌법학의 웃물이라 할 일본 법학을 이 정도로 분석하고 비판할 수 있게 되었다는 것은 나름대로 우리 헌법학의 성장을 보여주는 것으로 이해되어도 좋은 일 아닐까.

이 논문을 이끌어가는 중심 개념이 되는 '平等의 矛盾'이라는 말은 은사이신 只野雅人 先生과의 대화 중에 착상하였다. 이 점을 기록해 두고 감사드린다. 그리고 선생께서 日本学術会議 正會員으로 任命되신 것을 축하드린다.

조그만 실마리 하나를 발견하여 제법 큰 이야기 덩어리를 만들었다. 흥미로운 일이다. 이런 것이 학문의 즐거움이라 할 수도 있겠다. 이 즐거운 연구에 충남대학교 학술연구비의 지원이 있었음을 밝히고 대학에 감사드린다. 출판을 맡아준 충남대학교출판문화원의 박수연 원장님, 양광준 과장님, 김민지 선생님께 감사드린다. 영양의 주경 형님의 건강을 빈다. 가족들(민영 · 기준 · 유연)에게는 늘 미안하고 고맙다. 잘 살자! 필사가 졸업한 고등학교의 교훈인데, 나이 들수록 끌린다.

2024년의 봄날

저자 씀

목차

IX. 보론

[附錄]-平等の矛盾

I. 序論

I. 序論

1. 도입

헌법 교과서에서 평등이 다루어지지 않을 수 없고, 평등을 다루면서 평등의 의미를 다루지 않을 수 없다. 대개는 절대적 평등과 상대적 평등을 대비시켜 두고 설명한다. 절대적 평등설은 타당하지 아니하고, 상대적 평등설이 옳다고 쓰는 것은 거의 부동문자에 가깝다. 상대적 평등설은 아마 법학의 학설 중에 가장 유명한 학설이 아닐까 싶다.

이 논문은 크게 보아 다음 세 가지의 문제를 제기한다. (i) 절대적 평등설이나 상대적 평등설은 그 내용이 하나인 주장인가? 각기 그 내용이 다른 여러 개의 주장[10]이 절대적 평등설, 상대적 평등설이라는 하나의 이름으로 불리고 있는 것은 아닌가? (ii) 상대적 평등설 중에서도 지배적 지위를 가지고 있는, 이른바 '합리적 차별을 허용하는 것'이 평등이라는 주장[11]은 과연 평등[12]의 의미에 관한 주장인가? 평등의 의미가 논의되고 난 이후에 논의되어

10) 이 논문에서는 절대적 평등설에 해당하는 2개의 주장을, 상대적 평등설에 해당하는 5개의 주장을 소개한다.

11) 아래에서 볼 B설.

12) 말을 정확하게 하기는 무척 어렵다. 필자가 여기서 논의하는 문제가, '평등'의 의미인지, '차별'의 의미인지도 논의하기 시작하면 한참 걸릴 문제다. 헌법 제14조 제1항 전단과 후단 사이의 관계가 문제된다. 우리가 논의하는 평등 또는 차별의 의미에 관한 논쟁은, '법집행'의 단계에 있어서의 논의가 아니라, '입법' 단계에서의 논의다. 그런데 헌법 제14조 제1항 전단은 입법자와 무관하고, 후단이 입법자에게 적용된다고 본다면(필자는 이 입론이 옳다고 본다.) 법의 내용의 문제는 전단의 '평등'과 무관하고, 후단의 '차별' 문제로만 논의되어야 한다. 이렇게 보지 아니하고, 전단이 법집행자와 입법자를 모두 구속한다고 본다고 하더라도, 입법자에 대한 규범의 내용은 후단에 의해 구체화된다. 그렇게 본다면, 입법자를 구속하는 것은 평등이 아니라 차별이다. 좀 더 엄밀히는 '반차별'이다. 어쨌든 헌법 제14조 제1항의 문리상 입법자는 평등보다는 차별의 법리에 의한 규율과 친하다. 그러나 통상 평등이 반차별로 이해되므로 이 논문에서는 양자를 특별히 구별하지 아니하

야 할 주제, 평등권의 '법적 성격'에 관한 주장이 아닌가?[13] (iii) '같은 것은 같게, 다른 것은 다르게' 부류의 주장[14]이 평등의 의미로 이해될 수 있는가? 그것이 평등이고, 그것이 받아들여지면, 헌법상의 다른 조항들, 법률들이 모두 필요 없는 것으로 될 것 아닌가? 법관이 正義를 아는데, 법이 왜 필요한가?

이 논문은 '평등의 모순'이라는 개념을 제시한다. 평등의 모순을 한 마디로 定義한다면, '평등이 차별 취급의 체계를 만드는 입법자에게 차별 취급을 하지 말라고 명령하는 것'이다.[15][16][17] 필자는 위에서 보인 혼선들이 이 모순을 극복하기 위한 노력의 결과물이라고 이해한다.

그러나, 이 논문은 현재의 학계나 실무계의 상황이 평등의 모순을 극복하는데 성공하지 못했다고 본다. 그리고 이 논문은 위의 모순을 극복하는 새

고 '평등'과 '반차별'을 같은 의미로 사용한다.

13) 평등에서 벗어나면(차별로 인정되면) 바로 위헌인가, 아니면 예외가 허용되어 평등에서 벗어난 상태라 하더라도 위헌이 아닐 수 있다는 주장 아닌가?

14) 아래의 C설.

15) 좀 더 정확하게 말한다면 헌법이 입법자에게 입법권을 부여하여 법, 즉 다른 취급의 체계를 만들도록 명령하면서, 평등을 통해서는 다른 취급의 체계를 만들지 말 것을 명령하는 상황을 말한다. 헌법의 모순이라 표현하는 것이 더 타당할 수 있다. 그러나 평등을 둘러싸고 일어나는 문제여서 그대로 '평등의 모순'이라 표현하기로 한다. 正名, 바른 이름 붙이기가 쉽지 않다.

16) 다른 한편 평등의 모순은 입법자를 딜레마에 빠지게 한다. 입법을 할 수도 없고 안 할 수도 없게 되는 상황이다. 이를 '입법의 딜레마', 또는 '평등의 딜레마'라고 할 수 있다.

17) 차량 신호등을 예를 들어서 생각해 보자. 만약 적색 신호등과 녹색 신호등이 함께 켜져 있으면 차량은 어떻게 진행해야 하는가? 적색 신호등은 진행하지 말라는 뜻이고 녹색 신호등은 진행하라는 뜻이다. 이 두 개의 신호등이 동시에 켜져 있으면 진행해야 하는가, 진행하지 않아야 하는가? 학설과 판례가 처한 상황이 이와 같다. 필자는 이 상황을 평등의 모순이라고 이름 붙였다. 차별하는 법을 만들라는 명령과 차별하는 법을 만들지 말라는 명령의 신호등이 함께 함께 켜져 있는 형국. 이 상황을 타개하기 위하여 나온 학설이 Bb설과 C설이다. 적색 신호등이 켜져 있는 것은 맞지만 합리적인 이유가 있다면 진행할 수도 있다는 주장이 Bb설이다. 적색 신호등이 켜져 있지만 가야 할 상황이면 가야하고, 가지 말아야 할 상황이면 가지 말아야 한다는 주장이 Ca설이다. 이런 정도의 생각을 가지고 읽으면 이해하는데 도움이 될 것 같다.

로운 대안을 제시한다. 그 단서는 일본 헌법 제14조 제1항 후단에 열거된 사유들이다. 통설과 판례는 이것들을 例示라고 이해하면서, 예시적 열거의 의미를 충분히 이해하지 못하였기 때문에 평등의 모순을 극복하지 못하였다고 본다. 內包(connotation)를 확정하고, 이를 통해 外延(extension, denotation)을 한정하려는 노력을 하지 않으면, 그것은 예시적 열거설이라 할 수 없다.

만약에 필자의 논의가 타당하다면 평등에 관한 설명 전체가 달라져야 할 것이다. 定義는 학술적 논의의 첫 단추다. 첫 단추가 잘못 끼워졌다면 그 다음 단추도 당연히 잘 못 꿰져 있을 것이다. 심사의 체계, 적용 영역, 심사기준이 가장 크게 영향을 받을 것이다. 평등을 正義로부터 絶緣시킴으로써 드러나는 결과도 있을 것이다. 헌법이 실질적 평등을 요구(must, demand)한다는 주장이 해소될 것이다.[18] 이하에서 이 점을 살펴보기로 한다.

2. 대상 - 일본 헌법학

이 논문에서는 일본 헌법을 둘러싼 논의를 주된 대상으로 한다. 어떻게 보면 일본 헌법학에 관한 논의다. 왜 이런 논의를 하게 되었는가? 기회가 있어, 헌법을 공부하는 일본인을 대상으로 발제를 하게 되었는데, 그 논의의 결과물이다. 처음에는 간단한 자료를 만들려고 시작했는데, 글이 커졌다.

글이 커진 이유를 들어보자. 필자는 일본인 학자가 태국의 토지 제도를 연구한다든가, 아프리카 부족의 재산권 문제를 연구하는 것을 보고 무척 놀랐다. 일본 법학의 두께를 보았기 때문이다. 나아가 일본 학자가 학문을 대하는 진지함은 대단했다.[19]

18) 허용(may, permit)된다는 점을 부정하는 것은 아니다.

19) 필자가 일본인과 공동으로 책을 출판한 일이 있었다. 필자의 원고에 있는 통계수치의 오류를 지적해 주는 것을 보고 놀랐다. 그리고 다른 학술지에 실린 필자의 논문에 대해 6회 이상의 교정을 거치는 과정을 보면서도 놀랐다. 한국에서는 그렇게까지는 안 한다.

그런데, 이 논문에서 다루는 문제에 대한 학자들의 태도는 무척 이해하기 어려웠다. 자신의 주장을 관철하는 것 같지도 않고,[20] 그 주장이 논리적으로 전개되는 것 같지도 않으며, 주장과 배치되는 이야기를 하기도 한다.[21]

일본 헌법을 대상을 한 일본 학자의 논의를 분석한 것이지만, 한국에서의 논의와 다를 바는 없다. 아래 3.에서 보는 바와 같이, 이 논문이 논의하는 범위 안에서는 일본 헌법과 한국 헌법 사이에 다르다고 할 것이 없다. 일본 학자의 논의를 중심으로 하여 논의하지만, 필요한 부분에 있어서는 한국에서의 논의를 추가할 것이다.

필자는 우선 일본에서 이 문제를 새롭게 보고, 논의를 할 기회가 되었으면 좋겠다고 생각하지만, 우리나라에서도 생각하는 기회를 가지게 되기를 바란다.[22]

3. 일본과 한국의 헌법 조문

일본 헌법 제14조 제1항의 내용은 다음과 같다. "모든 국민은 법 아래 평

20) Ca설, 長谷部의 주장 참조. 그 주장을 하면서도 그래서 문제가 해결될까, 하는 말을 한다. 후술한다. 그가 판례를 반박하지 않는 것으로 보아, IV.에서 보인 예들과 마찬가지로, B설을 거쳐 A설로 돌아온 것 같다. IV.에서는 좀 더 많은 사례를 들었다.

21) Cb설. 安西의 주장 참조. Cb 주장을 하면서, 단일비례세는 Cb설과 부합하지 않고, 누진세가 Cb설에 부합한다고 하는 것은, Cb설을 이해하지 못한 것이다. 필자가 보기에는 뒤집어야 한다. '비하금지원칙'에 관한 주장은 전혀 Cb설과 어울릴 수 없다. 차리라 필자의 주장에 가깝다. 일반화의 오류 또는 stigma에 관련된 논의다. Cb설은 (i) 분배의 기준을 찾고, (ii) 각자의 품성을 확정하고, (iii) 각자의 품성의 比率에 따라 분배가 이루어지는 것을 이상으로 삼는다. 거기에 '卑下' 문제가 들어설 자리는 없다.

22) 한국의 헌법학에서 이 문제를 어떻게 다루는가를 생각해 보는 것도 재미있을 것이라 생각된다. 한 번 다루어 볼 생각이다. 이 논문의 프레임을 그대로 적용하여도 좋을 것이라 본다. 필자의 『평등정명론』이 별 반응을 얻지 못하였다. 추상적이라는 것도 이유의 하나로 되었을 것이다. 아마 구체적으로 교과서를 들어서 나의 이론을 적용해 보면 훨씬 재미있는 반응을 만나게 될 것 같다.

등하며, 인종, 신조, 성별, 사회적 신분 또는 문벌에 따라 정치적, 경제적 또는 사회적 관계에 있어서 차별받지 아니한다."[23]

대한민국헌법 제11조 제1항은 다음과 같다. "모든 국민은 법 앞에 평등하다. 누구든지 성별·종교 또는 사회적 신분에 의하여 정치적·경제적·사회적·문화적 생활의 모든 영역에 있어서 차별을 받지 아니한다."[24]

구조적으로 한국 헌법 제11조 제1항과 거의 같다. 다른 점은 다음 두 가지 정도이다.

① 일본 헌법 제14조 제1항은 전단과 후단으로 연결되어 있고, 한국 헌법 제11조 제1항은 전문과 후문으로 연결되어 있다. 양자 사이의 구문구조가 의미에 있어서 차이를 가져오는 것으로 보이지 않는다.

필자는 'であって'의 앞에 있는 句가 이유를 드러내는 副詞句로 이해할 수 있는가를 고민해 보았었다. 그러나 그런 것 같지는 않다. 일본 정부가 영문으로 번역한 헌법에도 앞에 있는 구와 뒤에 있는 구 사이를 'and'로 연결하였다.[25][26] 양자를 대등하다고 보았다.

---

23) "すべての国民は、法の下に平等であって、人種、信条、性別、社会的身分又は門地により、政治的、経済的又は社会的関係において、差別されない。"

24) Article 11 (1) All citizens shall be equal before the law, and there shall be no discrimination in political, economic, social or cultural life on account of sex, religion or social status. [https://url.kr/s8r27c]

25) Article 14. All of the people are equal under the law and there shall be no discrimination in political, economic or social relations because of race, creed, sex, social status or family origin.
[https://www.japaneselawtranslation.go.jp/ja/laws/view/174]

26) 법령의 본문에서 이유를 드러내는 경우는 많지 않다. 다만, 그렇게 생각해 볼 수 있는 것은, "모든 국민은 법 아래 평등하다"는 것이 규범인가 하는 문제 때문이다. '국민이 평등하다'는 진술이 어떤 의무나 권리로 연결되기는 어렵다. 단지 어떤 사실을 '宣言'하는데 불과하다. 이것이 전제가 되어서 많은 규범이 도출될 수 있다. 미국의 독립선언이 대표적이다. 그러나, 이 구절이 어떤 주체에게 의무를 부과하거나 권리 또는 권한을 부여할 수는 없다. 만약 그렇게 본다면, 自然主義誤謬(naturalistic fallacy)를 범하는 것이다. 현상(sein)에서 당위(sollen)를 이끌어내는 것이다.
이 구절을 법집행의 평등의 문제, 더 나아가 '법집행자는 법에 기재된 대로 집행

② 일본 헌법 제14조 제1항 후단에 열거된 사유와 한국 헌법 제11조 제1항 후문에 열거된 사유는 조금 다르다. 성별, 종교,[27] 사회적 신분은 양국 헌법에 공통적으로 열거되어 있다. 일본 헌법에는 인종과 문벌이 추가되어 있다. 일본 헌법의 경우 문벌이 사회적 신분과 별로도 기재되어 있으나, 큰 의미는 없을 것으로 보인다. 사회적 신분의 대표적인 예라 보아도 좋을 것이다. 인종은 일본의 특유한 경험이 반영된 것이다. 아이누족 차별의 역사를 들 수 있다. 이 논문에서는 구체적인 차별금지 사유가 무엇인가, 그것들이 무엇을 의미하는가를 다루지 않는다. 차별금지 사유들이 한정적인 것으로 이해되어야 하는가, 예시적인 것으로 이해되어야 하는가도 다루지 않는다.

헌법 제14조 제1항과 관계없는, 차별 사유가 '한 개 이상' 존재한다는 점만 받아들여지면, 이 논문의 논증은 성공한 것이다. 그 결론은, 한정적 열거설을 받아들이면 당연히 인정되는 것이고, 예시적 열거설을 받아들이더라도 인정된다. 이것을 인정하지 않는 것은, 학계가 예시적 열거설을 오해하였기 때문이다. 단지 예시적인 것으로 본다는 것의 의미가 무엇인가 하는 점만을 다룬다.[28] 그러므로 열거된 사유가 무엇인가는 이 논문의 주제와 무관하다.

일본과 한국의 평등조항에 위와 같은 차이가 있지만,[29] 이 논문에서 다루

하여야 한다'고 이해하는 것은 엄밀히 보아 자연주의 오류에 속한다. 이것을 그냥 받아들이고 있을 뿐이다. 필자는 이 구절을 입법자에게도 적용시킬 수 있다는 주장(입법자구속설)에는 놀라움을 느낀다. 명령의 내용을 고정해 두고, 적용영역을 확장하면 다음과 같다. '입법자는 법에 기재된 대로 집행하여야 한다.' 이것이 논리적으로 문제없다는 것이 입법자구속설의 주장이다. 만약에 입법자에 대한 명령을, 입법자는 '정의로운 법을 만들어야 한다', 또는 '사람을 차별하지 않는 내용으로 법을 만들어야 한다'로 이해한다면, 그런 명령은 아예 전단에도 들어 있지 않던 명령이라는 점을 지적하여 둔다.

27) 일본의 경우 신조에 종교 외에 사상도 포함되는 것으로 이해된다.

28) 통상의 경우 차별이 있으면 바로 정당화 사유로 나아간다. 학설과 판례가 마찬가지다. 그러나 필자는 그 사이에, 그 차별이 헌법에 의해 금지된 것인가'라는 물음을 끼워넣어야 한다고 본다. 헌법이 그렇게 정하고 있기 때문이다.

29) 그 외에도 한국 헌법은 '법 앞에', 일본 헌법은 '법 아래(法の下に)'로 각 기재되어 있으나, 양자 사이에 의미가 다르다는 주장은 없다. 그리고, 적용영역에 있어서 일본 헌법은 "정치적, 경제적 또는 사회적 관계에 있어서"라고 규정하고 있고, 한

는 쟁점에 관하여는 양자가 달리 해석될 여지는 전혀 없다. 이 논문에서는 위 양국의 헌법조항을 구별하지 아니하고 '평등조항'이라고 부르는 때가 있다.

4. 법 내용의 평등

이 논문에서는 법내용의 평등에 관해서만 논의한다. 법집행에 있어서의 평등은 다루지 않는다. 평등은 입법자에게 어떤 내용의 법을 만들도록 명령하는가? 이것이 이 논문의 주된 관심 사항이다. 다만, 평등의 의미를 논하면서 양자를 구별하지 않고 논하는 것은 상당히 문제가 있다는 것은 지적하여 둔다.

그 이유를 설명한다. 평등의 관념이 집행의 문제에서 시작된 주제이다.[30] 역사적으로 보면, 법이 모든 사람에게 고르게 적용되지 아니하였다는 것이 평등 논의의 출발점이다. 미국 수정헌법 제14조가 정하고 있는 평등보호조항을 보아도 그것을 알 수 있다. 문언상 州가 그 관할 하에 있는 사람들에게 법이 주는 평등한 보호를 거부하지 못하도록 명령하고 있다.[31] 즉, 법이 주는 혜택이 모든 사람에게 고르게 미쳐야 한다는 것을 정하고 있다.[32]

국 헌법은 "정치적 · 경제적 · 사회적 · 문화적 생활의 모든 영역에 있어서"라고 규정하고 있다. 한국 헌법에는 '문화적 영역'이 더 들어 있다. 그러나 이 구절들로 인하여 평등조항이 적용되지 아니하는 영역이 있다는 주장은 없다. 현재의 해석론으로는 무의미하다. 양국의 헌법이 이 점에 있어서 같다.

30) 법이 잘못된 것일 수 있다는 생각은 그리 오래된 것이 아니다. 법과 정의가 어원을 공유하는 것을 보아도 그것을 알 수 있다. jus가 그것이다. 법과 정의가 分化되기 전에는 법을 지키는 것이 정의로운 것이었다. 평등은 오랜 시간 집행과 관련하여 문제되었다. 역사적으로 보면 수 천년간 집행이 핵심 이슈였고 법내용이 이슈로 된 것은 기껏해야 200년 이내라 본다.

31) 어떠한 주도 정당한 법의 절차 없이 어떠한 사람으로부터도 생명, 자유 또는 재산을 박탈할 수 없으며, <u>그 관할권 내의 어떤 사람에게도 법의 평등한 보호를 거부할 수 없다</u>.(… nor shall any State deprive any person of life, liberty, or property, without due process of law; <u>nor deny to any person within its jurisdiction the equal protection of the laws</u>.)

그런데. 법내용의 평등과 법집행의 평등은 전혀 다른 말이다. 양자를 구별하지 아니하고 평등의 의미가 무엇인가, 라는 하나의 문제로 다루면 마치 법내용에 대한 평등의 명령이 법집행에도 그대로 적용되는 것으로 오해될 우려가 있다.[33)34)]

법집행에 있어서는 '취급의 내용'의 평등이 문제되는 것이 아니다. 그것은 법에 의해서 이미 정해져 있다. 그 법이 모든 사람에게 고르게 적용되었을 때 법 집행의 평등은 실현된다. 그러므로 법집행의 평등을 요구하는 사람은, '다른 사람에게 주어진 무언가를 나에게도 달라'고 요구할 수 없다. '법에 의해 주어진 것을 나에게도 달라'고 요구할 수 있을 뿐이다. 양자 사이에 다름이 있음을 알 수 있다.

법집행의 평등은 주로 행정법에서 논의의 대상으로 된다. 최근 제정된 (한국의) 행정기본법 제9조는 "평등의 원칙"이라는 표목을 두고, "행정청은 합리적 이유 없이 국민을 차별하여서는 아니 된다."고 규정하고 있다.

이 조항이 입법을 규율의 대상으로 하는 것인지, 법집행을 규율의 대상으

---

32) 물론, 현재는 이 조항을 두고 입법에 대한 통제 수단으로 활용하고 있다. 필자의 관점에서 보면, 차별금지 사유가 특정되어 있지 않은데, 법 내용의 평등으로 운용할 수 있겠는가의 문제가 있다. 상론은 생략한다.

33) 일본의 교과서를 보면서, 법집행의 문제와 법내용의 문제를 구별하여 다루지 않는 것을 발견하고 상당히 당황스러웠다. (물론 한국에서도 이를 구별하지 않고 논의하는 것은 마찬가지다.) 입법자 구속설에 관한 논의에 있어서 가장 중요한 것은, 명령의 내용을 확인하는 것이다. 입법자 구속설은 법집행자에 대한 명령이 그대로 입법자에게도 적용된다는 것이다. 이것을 타당하다고 보는 입장들은 법집행자에 대한 명령의 내용을 모르기 때문에 그와 같은 주장을 하는 것이다. '법을 획일적으로 집행하라'는 명령은 절대로 입법자를 구속할 수 없다. 입법자는 법을 집행하지 않기 때문이다. 정의로운 법을 만들어라(C설)는 명령이 법집행자에 적용될 수 있는가? 이 점을 염두에 두고 생각해 보면 입법자 구속설의 부당성을 알 수 있다.

34) "헌법 제11조 제1항의 평등의 원칙은 일체의 차별적 대우를 부정하는 절대적 평등을 의미하는 것이 아니라 입법과 법의 적용에 있어서 합리적 근거 없는 차별을 하여서는 아니된다는 상대적 평등을 뜻하고 따라서 합리적 근거 있는 차별 내지 불평등은 평등의 원칙에 반하는 것이 아니다."(헌재 2001. 11. 29. 99헌마494, 판례집 13-2, 714, 726.)는 전혀 집행의 문제와 입법의 문제를 구별하지 않고 있다. 법집행에는 정당한 사유가 개입할 여지가 없다.

로 하는 것인지는 상당히 불명료하다. 헌법상의 평등조항과 비교하여 보면 이 점을 알 수 있다. 이 논문에서 중요하게 다루는 문제지만, 차별금지 사유가 없다. 행정기본법 제9조를 입법에 관한 문제를 다루고 있다고 보는데 어려움을 주는 요소다.

집행의 문제를 다룬다고 본다면, 법 집행에 있어서 '합리적 이유 있는 차별'이라는 관념은 무엇일까, 하는 의심을 불러일으킨다. 합리적 이유가 있다고 하여 위법하게 법을 집행하더라도 문제되지 않는다는 이해는 상당히 곤란하다.

법집행의 평등은 법에 규정된 대로의 집행을 의미한다.[35] 프랑스 인권선언 제6조 제3문은 "법은 보호하는 경우든 처벌하는 경우든 간에 모든 사람들에게 똑같이 적용되어야 한다."고 정하고 있는데, 이것이 법집행에 있어서의 평등이다. 필자는 법집행의 평등을 법치주의와 같은 것으로 이해한다. 필자는 법내용의 평등 또한 법치주의와 같은 것을 의미한다고 본다.[36]

하여간 이 논문에서는 법집행의 평등 문제는 다루지 않는다. 그렇지만 입법자에 대한 평등의 명령과 법집행자에 대한 평등의 명령이 같아서가 아니다. 법집행자에 대한 평등의 명령이 분명한 것이어서도 아니다. 후자가 전자보다 쉬운 것이어서도 아니다. 그냥 이 책의 주제가 아니기 때문이다. 이 말들을 지적하여 둠으로써 법 집행의 평등에 대해 학문적 관심이 환기되었으면 좋겠다. 필자에게는 법내용의 평등보다 법집행의 평등이 더 어렵게 느껴지기도 한다. 그러나 학자들은 이 부분에 대한 논의를 별로 하지 않는다.

35) 이것이 자연주의 오류(naturalistic fallacy) 아닌가 하는 점은 몇 개 앞의 주에서 보았다.

36) 이 점에 대해서는 정주백, 『평등성명론』 충남대학교출판문화원, 2019, 242 이하 참조.

5. 미리 알고 읽으면 좋은 내용들

평등의 논의에서는 말들이 복잡하다. 실타래처럼 얽혀 있다. 같은 말을 서로 다른 의미로 사용하는 예도 많다. '절대적', 또는 '상대적'이라는 말을 이해하는 방법이 다양하다. 이런 것이 평등을 이해하는데, 또는 토론하는데 큰 어려움을 주었다. 뒤에서 설명하겠지만, 먼저 이해해 두고 읽으면 좋을 것들을 몇 가지 언급해 둔다.

이 논문은 (i) 평등이 무엇을 의미하는가, 평등이 입법자에게 무엇을 명령하는가, 평등의 관점에서 보는, 입법의 이상적인 모습은 어떤 것인가 하는 문제와 (ii) 평등권의 법적 성격, 즉 입법이 이상적인 상태에서 벗어났을 때[37] 그 효력이 어떠한가를 나누어서 이해한다.

당연한 것 아니냐고 하겠지만, 결국 혼돈(chaos)[38]은 이것들을 혼동하면서 생겼다. 이것들이 혼동되어 설명하는 예가, 뒤에서 볼 B설이다. 그렇다고 C설이 이것들로부터 자유로운 것도 아니다. 뒤에 가서 이야기하겠지만, C설을 주장하는 사람들이 C설을 평등의 성격을 설명하는 도구 개념처럼 생각하는 것 같다.[39]

(i) 평등의 의미	(ii) 평등권의 성격(예외 허부?)
A설	절대설
	상대설
C설	절대설
	상대설

37) 평등한 상태에서 벗어났을 때, 차별하였을 때.

38) 필자는 작금의 평등론이 처한 상황을 혼돈(chaos)이라 표현한 일이 있다. 정주백, 『평등정명론』 충남대학교출판문화원, 2019, 356 이하. 鄭柱白, 『平等の正しい意味』 忠南大學校出版文化院, 2023에는 이 章이 빠져 있다.

39) IV.에서 이 점을 설명하였다.

당연한 말이겠지만, 위의 (i)과 (ii)는 서로 독립적(independent)이다. 전자에 관하여 어떤 결론을 맺었는가와 후자에 관하여 어떤 결론을 맺었는가는 전혀 얽혀 있지 않다(not entangled).[40] 만약에 이것이 얽혀 있다고 읽으면 오류다.[41)42)]

절대적 평등과 상대적 평등은 위의 (ii)에 관한 주장이다. 필자가 보기에 A설과 일본 판례는 이렇게 받아들이고 있다. '절대적'이란 말의 뜻과도 어울리는 이해다.

그런데, 절대적 평등과 상대적 평등을 (i)의 문제와 관련하여 설명하는 입론들이 있다. Ba설[43]과 C설이 전부 그런 것 같다. 필자는 이것이 잘못된 이해라고 생각하는데, 이것들을 한 번 생각해 보고 이 논문을 읽으면 더 쉽게 이해할 수 있을 것이다.

위에서도 이미 언급했지만, 이 논문에서는 비교하는 학설들을 A설, B설, C설(좀 더 구체적으로는 Ca설, Cb설, Cc설)로 이름 붙인 후 설명한다. 각 학설의 이름은 평등의 의미에 관한 주장을 부르는 이름이기도 하고, 어떤 경우에는 이 책에서 인용하고 있는 각 학설 주장자의 주장 전체를 아울러 일컫기도 한다.

---

40) 그러나, 예외의 許否를 다루는 절대적 평등설과 상대적 평등설은 서로 얽혀 있다(entangled).

41) C설이 대부분 그렇다. IV.에서 본다. 균일취급을 명령하는 절대적 평등설이 틀린 것이니까, C설이 타당하다고 논증하는 방식이 여기에 해당한다. 필자가 보기에 도덕주의 오류(moralistic fallacy)에 가깝다. 지구 온난화로 인류가 멸망하는 것은 받아들일 수 없으므로 지구 온난화 현상은 없다고 주장하면 곤란한 것과 같은 이치다.

42) 필자가 보기에 이것을 혼동하는 것이 일본 학계의 가장 큰 문제인 것 같다. C설을 주장하면서도, 그것이 무엇을 의미하는지를 이해하지 못하고, 마치 '평등권이 예외를 허용한다'는 의미로 사용하고 있다고 보인다. C설을 주장하면서도 C설을 아는 사람은 없는 것처럼 보였다. 내심 A설을 주장하는 취지로 C설을 주장하는 것처럼 보였다. 그 차이를 이해하지 못하니 이런 일이 일어나는 것 같다. 이 논문에서 제시한 평등의 모순이 배후에 있는 것은 아닐까? '평등은 균일취급을 명령한다'는 것을 피해 보려는 노력이 이런 기이한 말들을 만들어 낸 것 같다.

43) Bb설은 예외의 허부 문제와 연결하여 상대적 평등을 이해하고 있다.

물론, 필자는 위의 각 학설의 주장자로 기재되어 있는 사람들이 최초로 이 주장을 했는지는 알지 못한다. 그렇지는 않을 것이라고 생각한다. 각 주장자도 전래되어 온 학설을 받아들였을 뿐이라고 보인다. 만약 그 주장을 최초로 만들어 하는 경우라는 각 책에서 다루는 것보다는 훨씬 상세하게 자신의 주장에 논증을 붙였을 것이다.

극단적으로 말한다면, 자신의 주장이 다른 주장들과 어떻게 다른지에 대해서도 충분히 인식하고 있는 것으로 보이지도 않았다. 특히 C설의 경우가 그랬다. 필자가 보기에는 Ca설, Cb설, Cc설이 매우 다른 것들임에도 그 차이에 대해 설명하는 책은 보이지 않았다.[44)]

그런데, 놀라운 것은 C설을 주장하는 학자들이 Bb설을 거쳐 A설로 돌아온다는 것이다. A설을 반대하여 C설을 주장하고는 다시 A설로 돌아왔다. 이 논문이 발견한 상당히 흥미로운 현상이다.

이 논문에 소개된 각 주장의 내용을 간단히 보이면 다음과 같다. 다만, 아래에서 보이는 주장들은 III.에서 설명하는 각 특정한 학자들의 주장이다.

<table>
<tr><th rowspan="2"></th><th colspan="3">의미</th><th rowspan="2">備考</th><th rowspan="2">후단 사유[45)]의 성격</th><th rowspan="2">內包 · 外延</th></tr>
<tr><th>평등</th><th>상대적 평등</th><th>절대적 평등</th></tr>
<tr><td>A설</td><td>균일취급</td><td>예외 허용</td><td>예외 불허용</td><td>- 분명하게 평등의 의미를 '같게' 라고 이해
- 상대적 평등 · 절대적평등을 예외 허부의 문제로 이해</td><td>例示</td><td>內包 = 零
外延 = 無限大</td></tr>
</table>

44) A설과 무엇이 다른지도 설명하는 경우가 보이지 않았다.

<table>
<tr><th rowspan="2" colspan="2"></th><th colspan="3">의미</th><th rowspan="2">備考</th><th rowspan="2">후단 사유[45]의 성격</th><th rowspan="2">內包·外延</th></tr>
<tr><th>평등</th><th>상대적 평등</th><th>절대적 평등</th></tr>
<tr><td rowspan="2">B설</td><td>Ba설</td><td>균일취급</td><td>예외허용</td><td>균일취급</td><td>- 평등의 의미=예외허용
- A설을 전제[46]</td><td rowspan="5"></td><td rowspan="5"></td></tr>
<tr><td>Bb설</td><td>균일취급</td><td>예외허용</td><td>예외불허용</td><td>- 내용상 A설과 같음</td></tr>
<tr><td rowspan="3">C설</td><td>Ca설</td><td>같은 것은 같게, 다른 것은 다르게[47]</td><td>예외허용</td><td>[48]</td><td rowspan="3">- 상대적 평등을 (예외허용이 아니라) 평등의 의미로 사용
- 내용상 A설을 전제로 판단[49][50]</td></tr>
<tr><td>Cb설</td><td>같은 것은 같게, 다른 것은 그 비율에 따라 다르게</td><td>Cb설</td><td>균일취급</td></tr>
<tr><td>Cc설</td><td>같은 것은 같게</td><td>Cc설</td><td>균일취급</td></tr>
</table>

위의 표에서 중에서, 절대적 평등이 어떻게 이해되고 있는가를 따로 떼어서 보이면 다음과 같이 정리할 수 있다.

45) 엄밀히는 '인종, 신조, 성별, 사회적 신분 또는 문벌'을 의미한다. '정치적, 경제적 또는 사회적 관계'를 말하는 것이 아니다. '정치적, 경제적 또는 사회적 관계'는 사물의 본질상 무의미한 것 같다.

46) 불균일취급을 차별이라 인식한다는 의미.

47) Cb설, Cc설과 다르게, '같은 것은 같게, 다른 것은 다르게'를 상대적 평등이라고 일컫지는 않는다.

48) 長谷部는 절대적 평등을 언급하지 않았다.

49) 불균일취급을 차별이라 인식한다는 의미.

50) A설(균일취급설)을 부정하고, C실을 주장히고는, 결국 B설을 거쳐 A설로 돌아 왔다. 심각한 논리적 오류를 범한 것이다.

절대적 평등의 의미	
예외불허용	균일취급
A설	
	Ba설
Bb설	
	Ca설
	Cb설
	Cc설

위와 같이 절대적 평등을 정리해 놓으니, 이해의 혼선을 쉽게 이해할 수 있다. 같은 방법으로 상대적 평등이 어떻게 이해되고 있는가를 따로 떼어서 보이면 다음과 같이 정리할 수 있다.

상대적 평등의 의미	
예외 허용	불균일취급
A설	
Ba설	
Bb설	
	Ca설
	Cb설
	Cc설

위의 표는, 절대적 평등이라는 말과 상대적 평등이라는 말이 다양하게 이해되고 있음을 알 수 있다. 기표(記標, signifiant)는 집중되어 있으나, 기의(記意, signifié)는 분산되어 있다. 상대적 평등론자들은 자신들이 통일된 주장을 하고 있다고 생각할지 모르겠으나, 절대적 평등을 반대한다는 점에서만 의

견을 같이할 뿐이다. 그 절대적 평등도 하나가 아니다.

절대적 평등설을 주장하는 자는 없다. 상대적 평등설을 주장하는 자들이 각자 절대적 평등설을 세웠다가,[51] 다시 허물고 있다. 그런데, 절대적 평등설이 한 가지 아니다. 그 점을 확인하는 것이 중요하다.

그렇다고 상대적 평등설은 하나인가? 그렇지 않다. 크게 보면 두 가지이고, 좀 더 나누어 보면 다섯 가지다. 각자 自說이 상대적 평등설이라 하고, 自說이 옳다고 한다. 그런데, 다른 상대적 평등설과 자신의 상대적 평등설이 어떤 점에서 다른지 비교하지도 않는다. 필자가 보기에는 서로 다르다는 점을 인식하지도 못하는 것 같다.[52][53]

위 (i)과 (ii)의 문제에 보태어서 이 논문에서 새롭게 강조하는 부분은 헌법 제14조 제1항 후단에 열거된 사유의 성격에 관한 문제이다. 그 동안 이 논점은 상당히 경시되었다.[54] 그런데, 이 논문에서 다루는 평등의 모순은 열거된 사유의 성격을 올바르게 이해함으로써 해결된다. 필자는 그렇게 본다.

사실 조금만 생각해 보면 평등의 모순은 애초에 존재하지 않았다. 그동안 평등의 모순 상황을 만들고, 거기서 헤어나지 못했던 것은 열거된 사유의 성격을 잘 이해하지 못했기 때문이다.

그동안 판례나 학설은 이 사유들이 평등의 모순에 어떤 영향을 끼치는가에 대해서 관심을 가지지 아니하였다. 오로지 심사 기준을 정하는데 역할을 하는 것으로 받아들였을 뿐이다.

그러나 헌법 제14조 제1항의 구문을 살펴보면 전적으로 그렇게 이해될 수 없다. 헌법 조문을 선입관 없이 읽는다면, 열거된 사유는 헌법이 금지하

51) 이것을 이 논문은 허수아비(strawman)라 불렀다.

52) 필자가 읽어 본 문헌의 범위, 이 논문에 언급된 문헌의 범위 안에서 그렇다.

53) 상대적 평등설을 주장하는 자들은 전부 판례와 통설이 自說과 같다고 하는데, 필자가 보기에 Bb설만 타당한 말을 하고 있는 것 같다.

54) 주로는 정당화 심사의 강도와 관련하여 논의되었다. 차별금지 사유의 集合을, 內包를 零으로 하고, 外延을 무한대로 이해하는 전제.

는 차별의 범위를 限定하는 역할을 한다는 것을 금방 이해할 수 있다. 이것을 이해 못 하니까 결국은 평등의 모순이라는 상황을 만들고, 거기서 헤어나지 못하게 되었다.

헤어나지 못한 것만이 문제가 아니다. 이 논문에서 C설이라 통칭하는 주장이 대두되었다. 이 논문에서는 이 주장, 즉 C설이 법학에서의 BIG BANG을 초래했다고 본다. 이론상으로 보면 거의 논점이 없는 평등을, 정의(JUSTICE) 문제로 전환시켰다. 자신들도 무엇이 정의로운 분배인지도 모르면서, 덜컥 평등은 正義라 定義하였다. 그래서 평등은 아무도 모르는, 混沌(chaos)에 빠진 개념으로 되었다.

추가적으로 몇 가지를 더 언급해 둔다.

첫째, 이 논문을 읽는데 있어서 '절대적', '상대적'이란 말의 용법에 대해서 주목하면 이 논문을 이해하기가 훨씬 쉬워질 것이다. 학계가 이 말들을 '통일된 방식으로' 사용하지 않으니까 혼란이 더 커졌다고 생각된다. '절대적 평등'이라는 말을 어떤 책에서는 (i) '균일취급'이라는 뜻으로 이해하고, 어떤 책은 (ii) '(균일취급을 평등한 취급이라 이해하는 것을 전제로) 예외가 허용되지 않는 것'으로 이해한다. 양자는 전혀 다른 뜻이다.

'상대적 평등'도 마찬가지다. 어떤 책은 (i) (균일취급의 안티테제로) '같은 것은 같게, 다른 것은 다르게'[55] 취급하는 것을 의미한다고 하고, 어떤 책은 (ii) ('예외가 허용되지 않는다'의 안티테제로) '예외가 허용될 수 있다'는 의미로 사용한다. 이 점을 염두에 두고 읽으면 이 논문에서 지적하는 혼선들이 이해될 것이다.

둘째, 평등이 무엇을 의미하는가 하는 문제와 평등에서 벗어난 상태가 되면 바로 위헌으로 되는가는 전혀 다른 문제다. 즉 (i) 평등한 취급이 무엇인가를 다루는 문제가 하나 있다. (ii) 평등한 취급이 무엇인가는 별론으로 하

55) '같은 것은 같게, 다른 것은 그 비율에 따라 다르게'(Cb설) 또는 '같은 것은 같게'(Cc설)도 마찬가지다.

고, 그 상태에서 벗어나면 바로 위헌으로 되는가 하는 문제가 또 하나 있다. 양자는 전혀 다른 문제다. 이것을 이해하고 이 논문을 읽으면, 훨씬 쉽게 필자의 주장을 이해할 수 있다.

셋째, '하여야 한다'는 말과 '할 수 있다'는 말은 다른 말이다. 앞의 표현을 영어식으로 표현하면, must, should. have to와 연결되는 것이고, 후자는 may, permit와 연결된다. 이 논문 중에 핵심적인 논점과 관련하여 말한다면, '다르게 취급하여야 한다'는 말과 '다르게 취급할 수 있다'는 말은 전혀 다른 말이다. 이것을 구분하지 못하여 혼선을 일으키는 경우가 엄청나게 많다. 이 논문에서 다루는 C설이 모두 그렇다.

넷째, 차별이 있으면 모두 정당화 심사를 받아야 하는가, 아니면 차별이 있더라도 정당화 심사를 할 필요가 없는 경우가 있는가? 종래의 학설과 판례가 전자의 입장이다. 후자는 이 논문이 내세우는 새로운 주장이다.

앞의 두 가지 포인트에 대해서는 앞에서 이미 언급한 것처럼 보이기도 하지만 중요한 것이어서 한 번 더 언급했다.

정리하자. 이 논문에서는 세 가지 문제를 다룬다. (i) 평등의 의미는 무엇인가 (ii) 평등의 법적 성격은 어떠한가[56] (iii) 열거되는 사유의 성격이 무엇인가. 이것들은 전부 서로 독립적이다. 어떤 하나의 문제에 대한 결론이 다른 문제에 대한 결론에 영향을 미칠 수 없다.

6. 대표성

이 논문에서는 몇 권의 책을 대상으로 하여 분석하였다. 다만, 필자가 이 책들을 선별하지는 않았다는 것을 말해 둔다. 그리고 각 책이 나름대로 일본 헌법학계에서 읽힐 것으로 보이는 책이라는 점을 밝혀 둔다. 대학 교수

56) 차별은 무조건 위헌인가?

의 랭킹을 따진다는 것이 무슨 의미가 있을까마는 좋은 학교의 교수가 더 많은 주목을 받는 것만큼은 사실인 것 같다. 법학의 경우에는 더욱 그런 것 같다.[57] 이 논문에서 다루는 책들은 이 관점에서 보았을 때 '좋은 책'이다.

---

57) 특별히 그 사람의 역량을 따질만한 자료가 없다는 것이 한 역할을 하였을 것이다. 그래서 필자는 법학을 무척 재미없는 학문이라 생각한다. 사람들은 법학의 연구결과에 관심이 없다. 법학연구에 의해 달에 갈 수 있는 것도 아니고 찌개 하나 끓이지 못한다. 그저 지루한 잔소리일 뿐이다. 같은 분야를 연구하는 학자들도 다른 사람의 연구에 반응하지 않는다. 필자도 법으로써 밥을 얻지만, 스스로 한심하다고 생각하는 때가 한 두 번이 아니다. 책장에 갇힌 벌레같다. 그러다가도 아래와 같은 글을 읽으면 필자가 엄살을 피우는 것은 분명하다. 이런 글들을 읽으면 법학은 그래도 좀 낫구나 하는 생각을 하게 된다.

"그러므로 말하자면 일단 눈가리개를 하고서, 어느 고대 필사본의 한 구절을 옳게 판독해 내는 것이 자기 영혼의 운명이 달려 있다는 생각에 침잠할 능력이 없는 사람은 아예 학문을 단념하십시오. 이런 능력이 없는 사람은 우리가 학문의 〈체험〉이라고 부를 수 있는 것을 결코 자기 내면에서 경험하지 못할 것입니다. 학문에 문외한인 모든 사람들로부터는 조롱당하는 저 기이한 도취, 저 열정, "네가 태어나기까지는 수천 년이 경과할 수밖에 없었으며," 네가 그 판독에 성공할지를 "또 다른 수천 년이 침묵하면서 기다리고 있다"고 생각할 수 없는 사람은 학문에 대한 소명이 없는 것이니 다른 어떤 일을 하십시오. 왜냐하면 열정을 가지고 할 수 있는 것만이 진정으로 가치 있는 일이기 때문입니다."[막스 베버(전성우 역), 『직업으로서의 학문』 나남, 2013, 34].

"나는 프롬 교수의 조바심을 이해할 수 있었다. 그는 연구실에서 쐐기문자를 해독하며 참 많은 시간을 보내왔다. 점토판이나 돌판에 새겨진 문자들을 종이에 옮겼고, 글자의 목록도 직접 만들었으며, 그걸 바탕으로 사전을 만들기도 했다. 그의 책상에 가득한 목록함에는 그가 모은 예문들이 빼곡하게 담겨 있었다. 그가 밤을 새우며 일에 몰두할 때 나는 그의 옆방에서 그가 지르는 탄성이나 비명을 고스란히 듣기도 했다. 해독이 되면 그는 탄성을 질렀고, 쉽지 않을 땐 비명을 지르곤 했는데 그러다 종국에는 꺼이꺼이 울기도 했다. 우는 소리를 듣고 처음에는 놀라서 그의 방문을 두들기기도 했으나 시간이 지나면서 점점 그러려니 하게 됐다. 그는 인간과 대화를 하는 게 아니라 글자와 대화를 하는 중이었고, 그 글자는 수천년의 세월 속에 잊힌 채 버려져 있다가 그제야 비로소 프롬에게 불려나오는 것이었다. 그러니 그들의 해후는 얼마나 깊은 것이었을까. 그의 울음 뒤로 떠오르는 과학, 그리고 그 길을 향해 가는 한 인간의 진실은 나의 수학시절 동안 그렇게 빛이 났다. 그와 함께 보냈던 점심 식사 시간들. 절인 양배추와 족발에다 맥주를 마시며 그는 나에게 참 많은 이야기를 들려주었다. 대부분 학문과 관련된 대화를 나누었으나 동료 교수 흉보기, 지나가는 여자들의 옷차림 평가하기 등등과 같은 사소한 잡담도 곁들이곤 했다. 그의 농담과 장난기에 반하는 여성들도 있었지만 그가 그 흔한 데이트 한 번 하는 것을 나는 본 적이 없었다. 게다가 그 필자가 보기에 평등의 의미에 관하여 생각해 볼 수 있는 의견들이 필자의 곁에 있던 몇 권의 책에서 다 발견되었다. 필자는 이 책들의 記述들을 소재로 하여 이 논문을 쓴다. 이 책의 저자들이 의견을 바꾸었으면, 이를 추적하여 다루지 못한 것은 미안한 일이나, 역사적으로 이 논문에서 다루는 주장이 있었던 것 자체를 부정할 수는 없다.

필자는 이 논문에서 평등의 의미에 생각해 볼 수 있는 의견들을 열거하고 그것들을 분석하는 작업을 하였다. 결과적으로 보면, 이 논문에 언급된 책들이 좋은 의미에서 언급된 것 같지 않다. 각 책의 저자들이 언짢을 수도 있을 것이라 본다. 그래서 책의 저자 정보를 삭제하는 것도 생각해 보았다. 그러나 그렇게 하지 않았다. 그렇게 하는 경우 현실감이 떨어지는 점, 학자가 자기 주장을 세상에 내놓았으면 주장에 대한 비판을 감수하여야 한다는 점을 묶어서 그렇게 하지 않는 근거로 삼았다.

는 가끔 며칠씩 사라졌다 나타나곤 했다. 그때마다 어디에 다녀온 것인지 단 한 번도 제 속내를 털어놓은 적이 없었다. 나 역시도 묻지 않았다. 그가 갈 곳이 있다는 것만으로도 안심이 되는 듯해서."(허수경, 『박하』 문학동네, 2011, 165-166)

II. 平等과 立法 사이의 矛盾
- 平等의 矛盾

1. 도입
2. 평등 = 균일취급(A설)
3. 평등의 모순
4. 소결론

II. 平等과 立法 사이의 矛盾 - 平等의 矛盾

1. 도입

평등이라는 말이 그렇게 어려운 말은 아니다. 쉽게 생각하면 '들쭉날쭉하지 않고 고르다'는 의미다. 言衆은 그렇게 이해하고 쓴다.[58] 그런데, 법을 학문적으로 연구하는 사람들이나 법을 적용하여 재판을 하는 사람들은 이 쉬운 말을 쉽게 이해하지 않는다. 극구 그렇지 않다고 부정한다. 그렇게 이해해야 할 사정이 없지는 않다. 아래에서 보는 '평등의 모순' 때문이다.

아래에서는 평등을 言衆이 이해하는 대로 이해하고자 하는 浦部의 학설(A설)을 소개하고, 이것이 어떤 문제를 일으키는지를 살펴보기로 한다.

2. 평등 = 균일취급(A설)

가. 浦部의 입론

浦部는 다음과 같이 記述한다.

---

58) 伊藤正己, 『憲法』 弘文堂, 昭和57年, 236은 통속적 의미를 그대로 받아들였다. "通俗用語としては、差別取扱いといえば、不利益を科することをいうが、ここでいうのは、法の科する不利益、たとえば刑罰において差別されないことのみでなく、法の与える利益、教育をうける権利について、合理的理由なしに一部の者を優遇することを禁止する。およそ法的に取扱いが均等であることを要求するのが法の下の平等である。"[통속용어로서는 차별취급이라고 하면 불이익을 부과하는 것을 말하는데, 여기서 말하는 것은 법이 부과하는 불이익, 예를 들어 형벌에 있어서 차별받지 않는 것뿐만 아니라 법이 주는 이익, 교육을 받을 권리에 대해서 합리적 이유 없이 일부의 사람을 우대하는 것을 금지한다. 대략적으로 법적으로 취급이 균등할 것을 요구하는 것이 법 아래의 평등이다.]

> "평등이라는 관념은 비교를 전제로 한 관념이다. 따라서 법률상 취급에 있어서 평등해야 한다는 헌법원리로서의 평등원칙은 어떤 국민을 다른 국민보다 법률상 유리 또는 불리하게 취급하는 것을 금지하는 효과를 가진다. 즉, 그것은 법률상의 균일 취급을 요청하는 것이라고 할 수 있다."[59)60)]

A설은 어떠한 상황 아래서도 균일취급을 하는 것이 평등을 실현하는 것으로 본다.[61)] 그 분배가 정의로운가, 정의롭지 않은가를 묻지 아니한다. 이

---

59) 樋口陽一·佐藤幸治·中村睦男·浦部法穂, 『注釋日本國憲法(上卷)』 青林書院, 平成3年, 317(浦部法穂 執筆) "「平等」という観念は、比較を前提にした観念である。したがって、法律上の取扱において平等でなければならないとする憲法原理としての平等原則は、ある国民を他の国民よりも、法律上有利または不利に取り扱うことを禁止する効果を有する。すなわち、それは、法律上の均一取扱を要請するものであるといえる。"

60) 교과서는 아니지만, 長谷部恭男·中島徹·赤坂正浩·阪口正二郎·本秀紀編, 『ケースブック憲法』 弘文堂, 平成16年, 499는 "'평등'이란 어떤 것과 어떤 것을 비교하여 양자를 동등하게 취급하는 것으로 일단은 말할 수 있"[「平等」とは、あるものとあるものとを比較して両者を等しく扱うことと一応はいえる]다고 한다. 왜 확실히 말하지 못하는지에 대한 설명은 없다. 같은 책, 490에는 "헌법 제14조 제1항은 일체의 차별적 취급을 금지하는 '절대적 평등'을 보장한 것이 아니라 합리적인 근거에 의한 차별을 허용한 것으로 해석되고 있으며…" [憲法14条1項は、あらゆる差別的取扱いを禁ずる「絶対的平等」を保障したものではなく、合理的な根拠に基づく差別を許容したものと解されており、…]라고 하여, 차별의 허부 문제로 절대적 평등과 상대적 평등을 비교하고 있다.

61) 樋口陽一·佐藤幸治·中村睦男·浦部法穂, 『注釋日本國憲法(上卷)』 青林書院, 平成3年, 319(浦部法穂 執筆)는 이 점을 적확하게 설명해 준다. "本条の規定する平等原則じたいは、依然として、国家による不平等取扱の禁止=法律上の均一取扱の要求という意味にとどまり、他方、実質的平等の実現のための指針(といっても、法的な意義を有するものと解すべきである。二五条注釈参照)の役割は、社会権条項が担うところであって、そのための法律上の不均一取扱は本条に違反するものではないという限度で、本条は実質的平等の観念を反映するものと解すべきである。"[본조가 규정하는 평등원칙은 여전히 국가에 의한 불평등 취급의 금지=법률상의 균일취급의 요구라는 의미에 머무르며, 한편 실질적 평등의 실현을 위한 지침(이라고 해도 법적인 의의를 갖는 것으로 해석해야 한다. 제25조 주석 참조)의 역할은 사회권 조항이 담당하는 바이며, 이를 위한 법률상의 불균일 취급은 본 조를 위반하는 것이 아니라는 한도에서 본조는 실질적 평등의 관념을 반영하는 것으로 해석해야 한다.] 다음과 같이 요약될 수 있다. 실질적 평등의 실현 또는 정의의 실현이 헌법 제14조 제1항의 課業이 아니다. 만약 그런 내용의 입법이 不均一取扱의 형태로 이루어지면,

를 A설이라고 부르기로 하자.

A설은 위의 평등의 의미 문제와 별도로 상대적 평등설을 예외의 허부 문제로 설명했다.

> "헌법이 정하는 평등을 절대적 평등의 뜻으로 해석하려고 한다면, 평등원칙을 어떠한 정도에 있어서 한정적인 것으로 해석하지 않을 수 없고(예를 들면, 평등원칙의 타당 영역을 법의 적용 · 집행의 장면에만 한정하는 등), 그렇지 않은 한, 헌법에 말하는 평등을 일정한 예외를 수반하는 상대적 평등의 뜻으로 해석하지 않을 수 없다."[62]

앞에서 본 평등의 意義를 전제로, 예외를 허용하는 것이 상대적 평등이라고 記述했다.[63] 이에 반대되는 절대적 평등은 예외를 허용하지 않는 것으로

헌법 제14조 제1항의 관점에서는 평등하지 아니한 조치로서 차별이지만, 위헌이 아니라는 판단을 받는다. 실질적 평등은 소극적 의미를 가질 뿐이다. 필자는 지극히 타당한 주장이라 본다.

62) 樋口陽一·佐藤幸治·中村睦男·浦部法穂, 『注釋日本國憲法(上卷)』 青林書院, 平成3年, 317(浦部法穂 執筆). "憲法の定める平等を、絶対的平等の意に解そうとするならば、平等原則じたいを何らかの程度において限定的なものと解さざるをえず(たとえば、平等原則の妥当領域を法の適用 · 執行の場面にのみ限定するなど)、そうでないかぎり、憲法にいう平等を、一定の例外を伴うところの相対的平等の意に解さざるをえないこととなるのである。

63) 다만, 다음과 같은 記述은 평등의 의미와 평등의 성격을 혼동한 것 아닌가 하는 인상을 준다. "이 조가 정하는 평등을 상대적 평등의 뜻으로 해석하는 것이 통설적이지만 (…중략…) 이렇게 해석할 경우에는 헌법상 허용되는 다른 취급과 헌법상 허용되지 않는 불평등 취급을 어떤 표준에 의해 구별하는가 하는 매우 곤란한 문제에 직면하게 된다. 상대적 평등의 관념은 흔히 사실과 법적 취급의 비율 균등 내지 비례적 평등이라고도 하며, 따라서 합리적 차별은 본항 위반이라고 할 수 없으며 불합리한 차별적 취급이 위헌이 된다고 여겨진다. 그러나 구체적인 경우에 무엇이 합리적이고 무엇이 불합리한지를 일의적으로 결정하는 것은 뒤에서 보듯이 매우 곤란하다. 상대적 평등설은 평등원칙의 타당 영역을 한정하지 않는 대신에 헌법이 요청하는 평등의 의미를 일의적으로 결정할 수 없다는 난점을 가진다는 것은 부정할 수 없는 것이다."[本条の定める平等を、相対的平等の意に解するのが、通説的であるが(…中略…)このように解する場合には、憲法上許容される異なった取扱と憲法上許容されえない不平等取扱とを、どのような標準によって区別するかと

이해된다.

위의 절대적 평등과 상대적 평등은 '평등' 자체의 의미와는 무관하다. 평등의 의미를 어떻게 이해하든, 거기에는 절대적 평등과 상대적 평등은 논리

いう、非常に困難な問題に直面することとなる。相対的平等の観念は、しばしば、「事実と法的取扱の比率の均等」ないし「比例的平等」ともいわれ、したがって、「合理的な差別は、本項違反とはいえず、不合理な差別的取扱が、違憲となるのである」とされる。しかし、具体的な場合に、なにが合理的であり、なにが不合理であるかを、一義的に決することは、後にみるように、きわめて困難である。相対的平等説は、平等原則の妥当領域を限定しないかわりに、憲法の要請する平等の意味を一義的に決定しえないという難点をもつことは、否定できないのである。]{樋口陽一·佐藤幸治·中村睦男·浦部法穂, 『注釋日本國憲法(上卷)』 青林書院, 平成3年, 317-318(浦部法穂 執筆)} (원문이나 번역문 중에 인용된 것들은 전부 생략하였다. 밑줄은 필자가 추가한 것이다.) '합리적 차별은 본항 위반이라고 할 수 없으며 불합리한 차별적 취급이 위헌으로 된다'는 예외의 허부에 관한 상대적 평등설의 입장이다. 그러나 '사실과 법적 취급의 비율 균등'이나 '비례적 평등'은 아래에서 볼 C설에 해당하는 것이다. 이것은 정당화 심사에 작동하는 것이 아니라, 차별의 존재 여부 단계에 작동한다. C설을 따랐을 때, '사실과 법적 취급의 비율 균등' 이나 '비례적 평등'에 부합하는 법령이라면 아예 차별이 존재하지 않는다고 판단된다. 차별로 인식되는 폭이 가장 넓은 Cb설을 따랐을 때도 그러하다. 차별이 존재하고 그 상태가 정당화되는 것인지 여부에 관한 심사에 나아가지 않는다.

뒤에서 보는 응능부담원리를 두고 생각해 보면 알 수 있다. 어떤 집단간에 부담능력의 비율에 따라 조세부담이 배분되었다면, C설과 應能負擔原理를 전제로 하였을 때 위 법령은 완전하게 헌법상의 평등명령에 부합하는 상태이다. 정당화 심사에 나아갈 수 없다. 이것들과 위의 '합리적 이유가 있는가 없는가'의 문제와는 전혀 다른 차원의 문제다.

결국 그가 '均一取扱'이 평등의 의미라고 하고도 '헌법이 요청하는 평등의 의미를 일의적으로 決定결정할 수 없다'고 하는 것은 평등의 의미와 평등의 성격을 혼동하였기 때문이다.

또 그의 표현대로의 A설을 전제로 하였을 때, '사실과 법적 취급의 비율 균등'이나 '비례적 평등'에 부합하는 것으로 보이는 법령이 있다면 그것은 (i) 일단 차별로 인식되고, (ii) 정당화되어 위헌이 아닌 것으로 이해될 가능성이 높다.

그가 말하는 A설은 불균일취급이 있기만 하면 모두 차별로 인식되고, 그것이 정당화되지 아니하면 위헌으로 된다는 것이다. 그렇다고 하더라도 '사실과 법적 취급의 비율 균등'이나 '비례적 평등'에 부합하여야만 정당화되는 것은 아니다. 어떤 세목은 누진세 방식을 채택할 수도 있다. 이것은 '사실과 법적 취급의 비율 균등'이나 '비례적 평등'에 위반된다. 그렇다고 쉽게 위헌이라 할 수는 없다. 뒤에서 보는, 安西는 누진세제가 Cb설에 부합한다고 하나 전혀 그렇지 않다. Cb설 관점에서 보면 누진세제는 차별이다. 정당화 심사를 받아야 위헌이 아닌 것으로 판단될 수 있다. Cb설에 부합하는 세제는 單一比例稅制((FLAT TAX system)다.

적 모순 없이 연결될 수 있다. 결국 평등의 의미를 어떻게 파악하는가와 평등권의 성격은 서로 얽혀 있지 않다(not entangled).

평등의 의미	차별	평등권의 성격	예외 허부	위헌 여부
均一取扱(A설)	不均一取扱	절대적 평등	예외 불허용	차별 = 위헌
		상대적 평등	예외 허용	정당한 사유 없는 차별만 위헌
같은 것은 같게, 다른 것은 다르게 取扱(Ca설)[64]	같은 것을 다르게, 다른 것을 같게 취급	절대적 평등	예외 불허용	차별 = 위헌
		상대적 평등	예외 허용	정당한 사유 없는 차별만 위헌

한편, A설은 헌법 제14조 제1항 후단에 기재된 사유를 강화된 심사기준을 적용하는 사유로 이해하였다.[65] 헌법 제14조 제1항 후단에 기재된 사유들은 차별금지 사유를 한정적으로 열거해 둔 것이 아니라고 본다. 예시적 열거설이라 한다. 그러나 열거된 사유들이 外延(extension)을 한정하는 역할을 한다는 인식은 하지 않았다. 논리적으로는 內包(connotation)를 零으로 본 것이다. 단지, 열거된 사유들이 심사기준의 결정에 영향을 미친다고 본다.

결국 浦部는 균일취급을 평등의 명령으로 이해하고, 그 명령에 예외가 허용될 수 있음을 상대적 평등으로 이해했다. 거기에 보태어 헌법 제14조 제1항 후단에 열거된 사유를 例示的인 것이라 보면서도, 內包(connotation)를 零으로 하고, 外延(extension)을 無限大로 보았다.[66]

64) Cb, Cc설에 대해서도 똑같이 설명할 수 있으나, 생략하였다.
65) 樋口陽一·佐藤幸治·中村睦男·浦部法穂, 『注釋日本國憲法(上卷)』 青林書院, 平成3年, 325(浦部法穂 執筆).

나. 판례

판례도 A설과 같은 입장에 있는 것으로 보인다. 尊屬傷害致死를 다룬 아래 판례[67]의 설시를 보자.

"생각건대 헌법 제14조가 법 아래 국민평등의 원칙을 천명하고, 모두 국민이 인종, 신조, 성별, 사회적 신분 또는 문벌에 따라 정치적, 경제적 또는 사회적 관계상 차별적 취급을 받지 않는다는 취지를 규정한 것은 인격의 가치가 모든 인간에 대하여 동등하며, (i) 따라서 인종, 종교, 남녀의 성(性), 직업, 사회적 신분 등의 차이에 기초하여 특권을 가지거나 특별히 불이익한 취급을 받아서는 안 된다는 대원칙을 나타낸 것에 지나지 않는다. 노예제나 귀족 등의 특권이 인정되지 않고, 또한 신민법에서 아내의 무능력제, 호주의 특권적 지위가 폐지된 것은 필경 이 원칙에 기초한 것이다. 그렇지만 이것은 법이 (ii) 국민의 기본적 평등의 원칙 범위 내에서 각 사람의 연령, 자연적 소질, 직업, 사람과 사람 사이의 특별한 관계 등의 각 사정을 고려하여 도덕, 정의, 합목적성 등의 요청에 따라 보다 적당한 구체적 규정을 하는 것을 방해하지는 않는다. 형법에서 존속에 대한 살인, 상해치사 등이 일반적인 경우에 비해 무겁게 처벌되고 있는 것은 법이 자식의 부모에 대한 도덕적 의무를 특히 중요시한 것으로, 이는 도덕의 요청에 따라 법이 정한 구체적 규정에 어긋나지 않는다."

"(iii) 나아가 헌법 제14조 제1항의 해석에 의하면, 부모와 자녀의 관계는 동 조항에서 차별대우의 이유로 드는 사회적 신분 그 밖의 어느 사유에도 해당하지 아니한다. 또한 동 조항이 국민을 정치적, 경제적 또는 사회적 관계에서 원칙적으로 평등하게 취급하여야 한다는 것을 규정한 것은 기본적 권리의무에 관하여 국민의 지위를 주체의 입장에서 관념한 것으로, (iv) 국민이 그 관계하는 각 개의 법률관계에 있어서 각각의 대상의 차이에 따르는 취급을 받는 것까지를 금지하는 취지를 포함하는 것은 아니다. 원심판결은 피해자가 직계존속인 경우에 특히 중한 법정형을 적용함으로써 인명보호 및 과형의 면에서 국민중에 특수와 일반의 구별을 두게 되고, 따라서 존속을 일반인보다 더욱 두텁게 보호하게 되어 법률상 불평등의 결과를 초래하는 취지를 말하고 있으나, 입법의 주안점으로 하는 바는 피해자인 존속을 보호

66) 필자는 오늘날 평등론이 混沌(chaos)에 빠진 근본적인 원인이 여기에 있다고 본다.
67) 最大判昭和25年10月11日刑集第4巻10号2037頁.

한다는 점에는 있지 않고 오히려 가해자인 비속의 윤리성이 특히 고려되어 존속은 반사적으로 한층 더 강도의 보호를 받는 것으로 해석하는 것이 바람직하다."[68][69]

위의 판시 중 (i)은 불균일취급을 차별로 본다는 것을 의미한다. 이것은 균일취급이 차별로 인식될 수 없음을 말한다. 그래서 균일취급을 두고 차별 주장을 할 수 없다.[70] 헌법 제14조 제1항 후단 사유의 성격에 관한 (iii)과 (iv)와 연결된 문제이기는 하지만, (iii)과 (iv)가 위에서 본 浦部의 입론과

68) 最大判昭和25年10月11日刑集第4巻10号2037頁. 밑줄과 籤子는 필자가 추가한 것이다. "おもうに憲法一四条が法の下における国民平等の原則を宣明し、すべて国民が人種、信条、性別、社会的身分又は門地により、政治的、経済的又は社会的関係上差別的取扱を受けない旨を規定したのは、人格の価値がすべての人間について同等であり、従つて人種、宗教、男女の性、職業、社会的身分等の差異にもとずいて、あるいは特権を有し、あるいは特別に不利益な待遇を与えられてはならぬという大原則を示したものに外ならない。奴隷制や貴族等の特権が認められず、又新民法において、妻の無能力制、戸主の特権的地位が廃止せられたごときは、畢竟するにこの原則に基くものである。しかしながら、このことは法が、国民の基本的平等の原則の範囲内において、各人の年令、自然的素質、職業、人と人との間の特別の関係等の各事情を考慮して、道徳、正義、合目的性等の要請より適当な具体的規定をすることを妨げるものではない。刑法において尊属親に対する殺人、傷害致死等が一般の場合に比して重く罰せられているのは、法が子の親に対する道徳的義務をとくに重要視したものであり、これ道徳の要請にもとずく法による具体的規定に外ならないのである。" "さらに憲法一四条一項の解釈よりすれば、親子の関係は、同条項において差別待遇の理由としてかかぐる、社会的身分その他いずれの事由にも該当しない。また同条項が国民を政治的、経済的又は社会的関係において原則として平等に取り扱うべきことを規定したのは、基本的権利義務に関し国民の地位を主体の立場から観念したものであり、国民がその関係する各個の法律関係においてそれぞれの対象の差に従ひ異る取扱を受けることまでを禁止する趣旨を包含するものではないのである。原判決は被害者が直系尊属なる場合においてとくに重い法定刑を適用することを以て、人命保護及び科刑の面において国民中に特殊と一般との区別を設くることになり、従つて尊属親を一般の者よりもとくに厚く保護することになり、法律上不平等の結果を招来する趣旨を述べているが、立法の主眼とするところは被害者たる尊属親を保護する点には存せずして、むしろ加害者たる卑属の倫理性がとくに考慮に入れられ、尊属親は反射的に一層強度の保護を受けることあるものと解釈するのが至当である。"

69) 最大判昭和39年5月27日民集18巻4号676頁도 마찬가지다. 나이에 따라 차별을 한 사례를 다루고 있는데, 바로 정당화 심사에 나아갔다. 나이가 다르더라도 같게 취급하여야 한다는 것을 전제로 한 판단이다.

70) 아래에서 볼, C설에 의하면 균일취급에 대해서도 차별 주장을 할 수 있다. 물론 본질적으로 서로 다른 집단이라는 것이 전제되어야 한다.

같이 內包(connotation)를 零이라는 전제를 받아들인 것이라면, 불균일취급이 있으면 바로 차별이 있다고 본다.

그런데, (iii)에서 친자의 관계는 사회적 신분이나 그 밖의 사유에 해당하지 않는다고 하면서도, 열거된 사유들의 성격을 분석하고, 친자관계가 예시된 것들과 동등(equivalent)하다는 점에 대한 논증을 하지 아니하고, 헌법 제14조 제1항이 금지한 차별이고, 따라서 정당화 심사를 실시하여야 한다고 본 것은, 헌법상 차별금지 사유로 열거된 것들의 內包(connotation)를 零이라 이해하였다는 것을 보여준다.

그리고 불균일취급이 있더라도, 즉 차별이 있더라도 바로 위헌으로 판단되는 것은 아니고, (ii)에 설시된 바와 같이 불균일취급을 하는 것이 허용된다. (ii)에서는 各人의 연령, 자연적 소질, 직업, 사람과 사람과의 특별한 관계 등의 각 사정을 고려하여 도덕, 정의, 합목적성 등의 요청에 따라, (iv)에서는 각 대상의 차이에 따라 불균일취급을 한다면 위헌이 아니라고 한다. 통상 합리적 이유 있는 차별이 허용된다는 취지이다. 이것이 상대적 평등이다.

위 판결에서는 상대적 평등이라는 말을 안 썼지만, 다른 판결문에서는 다음과 같이 표현했다. "오른쪽 각 법조는 국민에게 절대적인 평등을 보장한 것이 아니라 차별해야 할 합리적인 이유 없이 차별하는 것을 금지하고 있는 취지로 풀어야하기 때문에 사물의 성질에 즉응하여 합리적이라고 인정되는 차별적 취급을 하는 것은 조금도 오른쪽 각 법조를 부정하는 것이 아니다." [71][72][73]

---

71) 最大判昭和39年5月27日民集18巻4号676頁. "右各法条は、国民に対し絶対的な平等を保障したものではなく、差別すべき合理的な理由なくして差別することを禁止している趣旨と解すべきであるから、事柄の性質に即応して合理的と認められる差別的取扱をすることは、なんら右各法条の否定するところではない。"

72) 판례들이 '道徳、正義、合目的性等の要請より', 'それぞれの対象の差に従ひ'(最大判昭和25年10月11日刑集第4巻10号2037頁), '事柄の性質に即応して'(最大判昭和39年5月27日民集18巻4号676頁)라는 표현을 쓰는 것은 상당히 곤란하다고 보인다. 합리적 이유의 폭을 매우 좁히기 때문이다. 事柄の性質에 따르지 아니한 차별이라면 정당화될 수 없다는 인상을 준다. 이것들은 마치 C설에서 말하는 '等しくない者を等しく

여기서 주목하여야 할 것은, '절대적 평등'에 대한 antithesis로 '차별할 합리적 이유 없이 차별하는 것을 금지'하는 것을 제시했다.[74] 여기서 추론할 수 있는 것은 '절대적 평등'이 예외의 허부 문제로 다루어졌다는 것이다. 아래 Ba설[75]처럼 평등의 의미로 이해하지 않았다.[76][77]

なく' 취급하는 경우에만 정당화될 수 있다는 의미로 이해될 수 있다. '等しい者を等しくなく' 취급하더라도 정당화될 수 있다. '법적 안정성'을 이유로 하는 경우를 대표적으로 들 수 있다. 공소시효제도를 생각해 보면 쉽게 이해할 수 있다. 이 점에 대해서는 뒤에서 다시 본다.

73) 뒤에 언급되지만, 간단히 말하여 둔다. "각각의 대상의 차이에 따르는 취급을 받는 것까지를 금지하는 취지를 포함하는 것은 아니다."라는 말은 틀렸다. '금지되지 않는다'는 말은 헌법이 그러한 불균일취급에 대해 무관심하다는 뜻이다. 그러면 그러한 불균일취급('각각의 대상의 차이에 따르는 취급')은 아예 차별로 인식되지 않아야 한다. 판례는 이렇게 말할 수 없다. '각각의 대상의 차이에 따르는 취급', 즉 '각각의 대상의 차이에 따른' '불균일취급'이라 하더라도 차별로 인식한다. 당연히 정당화 심사에도 나아간다. 위의 판시는 Cc설과 유사하다. Cc설에 따르면, 불균일취급이 있더라도 바로 차별이라 하지 않는다. '본질적으로 같은 것'을 다르게 취급할 때만 차별로 인식한다. 이 경우에 한하여 정당화 심사를 실시한다. 판례가 Cc설을 지지하지 않는 것은 분명하다. A설을 지지한다. 모든 불균일취급을 차별로 인식한다. '본질적으로 같은 것을 다르게 취급하는 경우'만을 차별이라 말하지 않는다. 위의 판시가 의식적인 것은 아니겠지만, 정확한 표현은 아니다.

74) 이것을 상대적 평등이라 이름 붙일 수 있을 것이다.

75) "事実上の異をも考慮に入れない均一取扱い(しばしば絶対的平等とよばれる)を意味するのでなく"[樋口陽一, 『憲法(改訂版)』 創文社, 2004, 202-203)

76) 한국의 판례는 어떠한가? 대법원과 헌법재판소를 나누어서 본다. 아래에서 볼, Cc설처럼 설시한 대법원 판례가 있다. "헌법 제11조 제1항에 근거를 둔 평등원칙은 본질적으로 같은 것을 자의적으로 다르게 취급함을 금지하는 것"(대법원 2007. 10. 29. 선고 2005두14417 전원합의체 판결; 대법원 2008. 11. 20. 선고 2007두8287 전원합의체 판결; 대법원 2023. 5. 11. 선고 2018다248626 전원합의체 판결) 그러나 이 판례들의 내용을 살펴보면 양자에 내해 불균일취급이 있음을 확인하고 바로 차별이 있다고 보았다. 양자가 본질적으로 같은가, 하는 점에 대한 심사가 없었다. 대법원 1967. 2. 28. 선고 67도1 판결은 위의 最大判昭和25年10月11日刑集第4巻10号2037頁과 유사한 판시를 하였다. "헌법 제9조 제1항(현행 헌법 제11조 제1항에 해당)에서, 법 앞에 국민평등의 원칙을 선명하고, 국민은 누구든지 성별, 종교, 또는 사회적 신분에 의하여 정치적 경제적, 사회적, 문화적 생활의 모든 영역에 있어서 차별을 받지 아니하기로 규정한 것은, 모든 국민은 인간으로서의 존엄성과 인격적 가치에 있어서 평등하고, 성별, 종교, 또는 사회적 신분 등의 차이로 인하여, 혹은 특권을 가지고, 혹은 불이익한 대우를 받아서는 안 된다는

대원칙을 표시한 것이라고 할 것이고, 구체적 인간으로서의 개개의 국민은, 경제적 사회적 기타 여러 가지 조건에 따른 차이가 있으므로, 그 구체적인 차이로 인한 일반사회 관념상 합리적인 근거 있는 차등까지를 금하는 것은 아니라고 할 것이다." 필자는 이 입론(A설)이 대법원의 입장이라고 본다. 위의 Cc설처럼 보이는 입론은 A설과의 차이를 정확히 인식하지 못하여서, 記述상의 오류를 범한 것이라고 본다. 이에 비하여 헌법재판소는 조금 더 복잡하다. C설, 그 중에서도 Ca설의 입장을 취하고 있다고 보이는 판시들이 많다. "헌법이 요구하는 평등원칙은 입법자에게 본질적으로 같은 것을 자의적으로 다르게, 본질적으로 다른 것을 자의적으로 같게 취급하는 것을 금하고 있다."(헌재 1996. 12. 26. 96헌가18, 판례집 8-2, 680, 701; 헌재 2003. 1. 30. 2001헌가4, 판례집 15-1, 7, 20; 헌재 2007. 6. 28. 2004헌마643, 판례집 19-1, 843, 852) Cc설에 해당하는 판시도 많다. 예를 들어 헌재 2006. 1. 17. 2005헌마1214, 공보 112, 216, 217. 그런데 대부분의 사례에서 양자가 본질적으로 같은가, 다른가에 대한 심사를 하지 않고, 불균일취급이 있으면 차별로 인식하고 정당화심사에 나아간다. 그러면 헌법재판소가 사실상 A설을 채택하고 있다고 말할 수 있을 것이나, 균일취급을 차별로 인식하는 경우가 없지 않다. 사회권이 문제되는 경우에 그런 경우가 많다. 예를 든다면, 헌재 2004. 10. 28. 2002헌마328, 판례집 16-2하, 195, 210. 다른 예로는, 헌재 2009. 9. 24. 2007헌바87, 판례집 21-2상, 498, 512-513. 정리한다. 기본적으로는 Ca설을 채택한 것처럼 설시하면서도, 실천적으로는 A설과 같이 운용한다. 균일취급이 부당하다고 보이면, 양자가 본질적으로 다른데도 균일취급을 하고 있으므로 차별에 해당한다고 판시한다. 이 경우 거의 정당한 이유가 인정되지 않아, 위헌으로 결정된다. 상당히 혼란스러운 상태다.

77) (iv) "국민이 그 관계하는 각 개의 법률관계에 있어서 각각의 대상의 차이에 따르는 취급을 받는 것까지를 금지하는 취지를 포함하는 것은 아니다."라는 記述은 상당히 여러 가지를 생각하게 만든다. 극단적으로는 이 설시를, (iii)과 결합하여, 헌법 제14조 제1항 후단에 열거된 사유에 따른 차별이 아니라면 헌법 제14조 제1항의 금지 명령과 무관하다고 이해할 수 있는 토대가 될 수도 있다.

이 결론은 필자가 제안하는 의견과 상당히 가깝다. 이렇게 이해할 수 있는 근거를 한 가지 더 든다면, 판례는 당해 차별의 사유가 헌법 제14조 제1항 후단에 열거된 사유가 아니라고 하면서도, 열거된 사유에 따른 차별이 아니라 하더라도 헌법에 의해 금지된다는 점을 말하고 있지 않다. 그러면, 반대로 헌법 제14조 제1항 후단에 열거된 사유에 따른 차별이 아니라면 헌법이 금지하지 않은 것이고, 그 취지를 (iv) 문장이 설시한 것이라고 이해할 여지가 생긴다. 그러나 판례는 (iv) 문장이 무슨 뜻인지를 정확히 이해한 것 같지 않다. 필자가 보기에 A설 또는 판례의 입장은, '각각의 대상의 차이에 따르는 취급'도 차별이다. 금지된다. A설의 가장 핵심은 평등을 正義와 絶緣시킨 것이다. 정의롭다 하더라도 불균일취급은 차별로 인식된다. 단지 정당화 심사를 통하여, 예외적으로 許容될 수 있을 뿐이다. 이 판시에 대해서는 뒤에서도 여러 번 언급된다. 필자가 보기에는 따로 논문을 한 편 써야 할 정도의 의미를 가진 판시다.

다. 소결

A설은 평등의 의미를 논하는데, 절대적 평등이나 상대적 평등을 언급하지 않았다. 균일취급이 평등을 의미하는 것이라고 간명하게 설명했다. 굳이 이름을 붙이자면, 균일취급설이라 할 만하다. A설은 예외의 허부 문제로 절대적 평등과 상대적 평등을 다루었다. 상대적 평등이 옳다고 보았다. 판례는 A설과 같은 것으로 보인다. C설과는 다른 내용이다. A설과 이와 결합된 상대적 평등설을 연결하여 말한다면 다음과 같이 말할 수 있다. 평등은 불균일취급을 허용(may, permit)하는 경우가 있지만 그것을 명령(must, should)하지는 않는다. C설을 따르면 불균일취급이 명령되는 경우가 있다.[78][79]

3. 평등의 모순

'均一取扱'을 평등한 취급, 또는 차별이 없는 취급으로 이해하는 것은 당연한 것 아닐까?[80][81] 그래서, 헌법 제14조 제1항이 명령하고 있는 평등한

78) 본질이 다르면 다르게 취급하여야 한다(should). Cc설의 경우 불균일취급이 명령되는 경우는 없다. 불균일취급이 차별의 필요조건(necessary condition)이고, 비교대상이 본질적으로 같다고 판단되었을 때 정당화 심사에 나아간다. 불균일취급을 차별의 충분조건(sufficient condition)으로 이해하는 A설과 다르다. A설을 따르면, 모든 불균일취급은 정당화 심사를 받아야 한다.

79) 아래에서 보겠지만, B설은 실질적으로 A설과 같은 내용을 주장한다고 보기 때문에 따로 B설을 언급하지 않았다.

80) 長谷部恭男, 『憲法(第7版)』 新世社, 2018, 168는 "평등은 언뜻 보면 알기 쉬운 관념이다. 사람은 선천적으로 평등하며, 따라서 평등하게 취급되어야 한다."[平等は一見するとわかりやすい観念である。人は生来平等であり、したがって平等に取り扱われなければならない。]라고 한다. 이때 쉽게 이해되는 평등의 의미는 균일취급일 것이다. 그런데, 長谷部는 균일취급이 정의로운가를 물으면서(위 인용문의 뒤에는 "평등하다고는 할 수 없다"[平等とは限らない]라는 표현이 있는데, 이때의 평등은 正義를 의미한다. 그렇지 않고 평등한 취급이 평등한 취급인가를 묻는 것이라면, 당연히 그렇다고 대답할 수밖에 없다. A=A를 틀렸다고 할 수는 없다.) 평등이 균일취급으로 이해될 수 없다는 주장을 한다. 논리적으로는 납득하기 어려운 바가 있다. 법의 내용이 먼저 확정되고 나서야 그것이 좋은 법인가가 평가될 수 있다.

취급 또는 차별이 없는 취급을 '균일취급'으로 이해하는 것이 당연한 것 아닐까? 그런데, 평등의 의미를 이와 같이 설명하는 견해를 발견하기는 쉽지 아니하다. 위에서 본 浦部의 예[82]는 그 발견하기 어려운 예다.

평등이란 平하고 等한 것을 의미한다. 다르지 않고 層이 없음을 의미한다. 빵을 두 개 주고, 하나 주면 그 배분은 평등하지 않다. 浦部의 표현은 간명하고, 평등이라는 말의 분석적 정의에도 잘 어울린다. 그러나, 학설과 판례는 이 단순하고 명료한 定義를 극구 거부한다.[83] 또는 거부하는 것처럼 보인다.[84][85]

왜 우리는 평등을 논의하면서 평등은 입법자에게[86] 균일취급을 명령한다고 쉽게 말하지 못하는 것일까?[87] 그것은 입법자에게 위와 같은 내용의 평

법의 내용이 좋지 않다고 하여, 다시 법의 내용을 다른 것으로 확정할 수는 없다. 그것은 해석론이 감당할 수 있는 것이 아니다. 법의 내용이 좋지 않다면 법을 개정하여서 문제를 해결하여야 한다. 이런 관점에서 보면 그의 논증방식을 긍정적으로 이해하기는 쉽지 않다.

81) 다른 한편, 초등학생 정도의 아이에게, 과자 10개를 주면서 5명의 아이에게 평등하게, 차별 없이 나눠 주라면 어떻게 나눠 줄까? 필자는 2개씩 나눠 줄 것이라 짐작한다. 그것이 보통사람이 이해하는 평등이다. 그것을 법을 다루는 사람도 받아들여야 한다. 그것을 받아들이지 않으면 법이 暗號로 된다. 법이 암호로 되어 국민이 그 뜻을 알 수 없게 되면 민주주의는 파괴된다. 국민이 그 헌법을 만들었는데, 국민이 알지 못하는 법이 된다. 그런 나라를 민주주의 국가라 할 수 없다.

82) 樋口陽一·佐藤幸治·中村睦男·浦部法穂, 『注釋日本國憲法(上卷)』 青林書院, 平成3年, 317(浦部法穂 執筆).

83) 아래 C설이 여기에 해당한다.

84) 아래 B설이 여기에 해당한다.

85) 이 논문의 중간 결론 정도에 해당하는 내용이다. B설이나 C설은 전부 '균일취급'을 거부하거나 거부하는 것처럼 보인다. 그러나 기실 균일취급을 받아들이고 있는 것처럼 보인다. 사실 이것은 학술서에서 가장 피해야 할 것이다. 서로 모순되기 때문이다. 이것이 보여주는 것은 학자들이나 판례가 그만큼 평등을 균일취급으로 이해하는 것을 꺼린다는 사실이다. 즉. 평등이 균일취급을 의미한다는 것을 받아들이면서도 문장으로 그것을 드러내기는 꺼린다.

86) 법집행자에 대한 명령은 다르다. 여기에는 '균일취급'이라는 관념이 들어설 수 없다. 법의 집행에서 평등의 주체는 '국민'이다. 국민이 평등한 것이고, 각 국민에게 주어지는 '취급'은 다를 수 있다. 법의 내용이 그것을 결정한다. 법에 규정된 대로 그대로 집행되는 것, 그것이 법의 집행에 대한 평등의 명령이다.

등한 법을 제정하도록 요구하는 것이 과연 옳은가? 하는 의문 때문이다.[88)]

正義를 '각자에게 그의 것을'로 이해하는 관점에서 보면, 각자에게 그들이 받아야 할 것을 주지 않고, 모두를 '균일하게' 취급한다는 것은 不正義한 것이다.[89)] 예를 들어 일을 많이 한 사람이나 일을 적게 한 사람에게 똑같은

---

87) 필자는 지금 평등의 의미와 헌법 제14조 제1항 후단의 명령을 애써 구별하여 이해하려고 노력한다. 필자는 평등의 명령과 헌법 제14조 제1항 후단의 명령을 다르게 이해함으로써 이 논문에서 제시하는 평등의 모순을 벗어날 수 있음을 논증하고자 한다. 그 실마리는 헌법 제14조 제1항 후단에 열거된 사유들이다.

88) 長谷部는 다음과 같은 의문을 제기한다. "모든 사람을 평등하게 취급해야 한다고 해서 범죄를 저질렀는지 아닌지에 관계없이 모든 사람을 감옥에 보내야 한다고는 할 수 없고, 재산이나 소득의 다과에 관계없이 모든 사람으로부터 같은 금액의 세금을 징수하는 것이 평등하다고는 할 수 없다. 수입, 재산, 체력, 지력, 사회적 지위 등 사람이 처한 다양한 상황이나 특징의 차이에도 불구하고 사람을 평등하게 취급하는 것은 애초에 가능할까."[すべての人を平等に扱うべきだからといって、犯罪を犯したか否かにかかわらず、あらゆる人を刑務所に入れるべきだとはいえないし、財産や所得の多寡にかかわらず、あらゆる人から同額の税を徴収することが平等とは限らない。収入、財産、体力、知力、社会的地位など、人の置かれたさまざまな状況や特徴の違いにもかかわらず、人を平等に扱うことは、そもそも可能だろうか。](長谷部恭男,『憲法(第7版)』新世社, 2018, 167)

그는 가능한가를 물었지만, 가능하다는 점에 대해서는 의문이 있을 수 없다. 그는 아마 타당한가를 묻고 싶었을 것이다. 그가 주장하는 Ca설이야말로 技術的으로 실현이 불가능하다. Ca설은 (i) 가치 또는 부담의 배분의 질서를 정하고, (ii) 各人의 품성의 양을 확인하고, (iii) 各人의 품성의 比率에 따라 가치 또는 부담을 배분하여야 한다. 이것이 技術的으로 가능할까?

정의론의 관점에서 그것이 옳은가 하는 것이 문제될 뿐이지, 균일취급이 불가능하지는 않다. 기술적으로 불가능하다고 표현은 다른 방향으로 해석한다면, 평등을 균일취급 명령으로 이해하는 것이 입법자의 역할과 모순을 일으킨다는 것으로 이해할 수 있다. 이 논문에서 말하는 '평등의 모순'을 만난다는 것이다.

입법자는 균일취급 명령을 수행할 수 없다. 법의 본질에 어긋나는 명령이기 때문이다. 그러나 Ca설로 가야만 평등의 모순을 해결할 수 있는 것은 아니다. 필자는 평등의 개념을 파괴하지 않으면서 평등의 모순을 해소하는 방안을 제시한다. V. 새로운 해석 참조, 헌법 제14조 제1항에 게기된 사유의 성격을 잘 이해하면 모순에서 탈출할 수 있다.

89) "국민의 기본적 평등의 원칙 범위 내에서 각 사람의 연령, 자연적 소질, 직업, 사람과 사람 사이의 특별한 관계 등의 각 사정을 고려하여 <u>도덕, 정의, 합목적성 등의 요청에 따라 보다 적당한 구체적 규정을 하는 것</u>을 방해하지는 않는다."[道德、正義、合目的性等の要請より適当な具体的規定をすることを妨げるものではない。](最大判昭和25年10月11日刑集第4巻10号2037頁)는 판시는 이 점을 잘 보여 준

급료를 지급하는 것을 不正義하다고 이해하는 입장에서는[90] 모든 사람, 사태, 사물에 대해 균일한 취급을 하도록 헌법 제14조가 명령하고 있다는 해석은 불편할 수밖에 없다.[91]

다른 하나는 법이 가진 성격 때문이다. 법은 기본적으로 '요건'과 '효과'로 구성되어 있다. 요건을 설정하고 거기에 효과를 연결하여 놓은 것이 법의 가장 기본적인 모습이다. 예를 들어 일본 공직선거법 제9조는 "일본 국민 중 만 18세 이상인 자는 중의원의원 및 참의원의원의 선거권을 가진다."[92]

다. 위 판시는 헌법이 不正義를 명령한다고 본다. 다만, 헌법 또는 헌법이론은 법률이 正義를 회복하는 것을 방해하지 않는다, 다시 말해 법률이 正義를 회복한다면 그 법률은 (일단 헌법의 명령에 위반되는 것이지만) 위헌은 아니라고 판단할 수 있다는 점을 설명하고 있다. 그러면, 不正義를 명령하는 헌법조항, 즉 평등조항은 어떤 정당성이 있는가? 不正義라 하더라도 그것이 지켜져야만 할 정당성이 있어야 할 것 아닌가, 이런 생각을 해 볼 수 있다. 헌법이 항상 正義의 편에 서 있는 것은 아니다. 그리고 正義의 편에 서 있어야 효력을 갖는 것도 아니다. 그래도 헌법이 不正義를 명령하고 있다면, 不正義를 명령할 수밖에 없는 이유를 댈 수 있어야 한다. 왜 헌법상의 평등조항은 살인범과 절도범을 동일하게 처벌하도록 명령하는가? 적어도 아래에서 볼 B설을 주장하는 쪽에서는 이 점을 설명하여야 한다. 더 나아가 道德의 논의까지 끌어들여 헌법상의 평등조항이 不道德을 명령하고, 법률이 道德을 회복하는 구조를 상정한다는 이해는 創意的이지만 놀랍다. 헌법이 부정의, 부도덕을 명령하고 있다는 해석을 그대로 수용하는 태도를 납득하기는 어렵다. 다른 헌법 조항도 아니고 인간의 존엄과 연계되어 있는 평등권이 부정의와 부도덕을 명령하고 있다는 해석에 무언가 문제가 있다는 생각을 하여야 하는 것 아닐까.

90) 물론, 다른 입장도 있을 수 있다. 그들의 필요에 따라 급여의 양을 정해야 한다는 입장도 있을 수 있다. 어떤 기준으로 급여의 양을 정하여야 하는가는 이 논문의 주제가 아니다. 어떤 자는 균등하게 급여를 주는 것이 정의롭다고 주장할 수도 있다. 그렇다고 필자가 그들과 논쟁하고 싶지 않다. 필자는 그들에게 다른 분야를 예로 들겠다. 살인을 한 사람과 절도를 한 사람을 같게 취급하는 예를 든다면 그들도 이해하리라 본다.

91) 필자는 이렇게 이해되는 헌법 제14조의 명령을 '바보 같은 명령'이라고 말하고 싶다. 이 바보 같은 명령에서 벗어나 보려고 노력한 것이 B설이고, C설이다. 그러나 이 주장들이 바보 같은 명령을 벗어나지 못하였고(B설), C설은 헌법 제14조의 해석론으로 받아들여질 수 없다고 본다. 헌법 제14조는 이렇게 바보 같은 명령을 하지 않는다. C설과 같이 이해하여서가 아니다. 성실히 읽어 보면 헌법 제14조 제1항은 차별에 무관심하다. 오로지 몇 가지 사유를 들어서 차별을 금지하고 있을 뿐이다. V. 참조.

라고 규정하고 있다. 여기서 요건은 '일본 국민 중 만 18세 이상인 자'이고, '중의원의원 및 참의원의원의 선거권'이 그 효과로 규정되어 있다.

다른 법률 조항의 적용을 염두에 두지 아니한다면, 공직선거법 제9조에서 정한 효과는 "일본 국민 중 만 18세 이상인 자"에게만 부여될 수 있다. 만약에 일본 국민이 아니거나(or) 만18세 미만인 사람에 대해서 중의원의원이나 참의원의원 선거권을 인정하면 위법한 법집행이 된다. 그러므로, 공직선거법 제9조는 '일본 국민 중 만 18세 이상인 자'와 이를 충족하지 못한 자를 구별하여 법적 효과를 부여한다.

입법자는 법을 만드는 사람이다. 법을 만든다는 것은 요건과 효과의 체계를 만드는 것이다. 요건과 효과의 체계를 만든다는 것은 사태를 구획하여 그 이외의 사태에 대해 부여된 효과와 다른 효과를 부여하는 것을 의미한다. 따라서 입법자는 '불균일취급'의 체계를 만드는 사람이다.

여기서 평등을 설명하는 사람들은 난관에 봉착하게 된다. 헌법 제14조 제1항은 평등한 법 또는 차별하지 아니하는 법을 만들도록 명령하고 있는데, 均一取扱을 평등한 취급이라고 이해하면, '불균일한 내용의 법'을 만드는 것을 과업으로 하는 사람에게 '균일한 법'을 만들라는 명령을 하는 상황으로 된다.

즉, (i) 평등이 '均一取扱'를 명령한다, (ii) 법은 요건과 효과의 체계, 즉 '不均一取扱'의 체계이다. 그러므로, 헌법이 평등조항을 통하여 입법자에게 均一取扱을 명령하는 것은 입법자의 課業에 모순된다. 이것을 이 논문에서는 '平等의 矛盾'이라 부르기로 한다.[93][94][95]

---

92) "日本国民で年齢満十八年以上の者は、衆議院議員及び参議院議員の選挙権を有する。"

93) 長谷部恭男, 『憲法(第7版)』 新世社, 2018, 170는 다음과 같이 記述하고 있다. 이 논문에서 정의한 평등의 모순을 인식하고 있는 것처럼 보인다. "하지만, 입법자에 대해 요구되는 평등의 내용은, 앞에서 말한 것처럼, 일견 명확하다고는 말하기 어렵다. 법은 일정한 요건에 일정한 법적 효과를 연결시키는 것이기 때문에 모든 법은 넓은 의미에서는 차별을 하고 있는 것이 된다."[もっとも、立法者に対して要求される平等の中身は、前述したように、一見して明らかとはいいにくい。法は、一定の要件に一定の法的効果を結びつけるものであるから、あらゆる法は、広い意味では差別をしていることになる。] 이어서 그는 "판례는 헌법 제14조의 평등의 요청을 '국민에 대하

물론, 법체계 안에서 서로 모순되는 규율이 있다 하여 바로 큰 문제가 생

여 절대적인 평등을 보장한 것이 아니라', '사건의 성질에 즉응한 합리적인 근거에 기초한 것이 아닌 한 차별적인 취급을 하는 것을 금지하는' 느낌으로 이해하고 있다(最大判昭和39・5・27民集18巻4号676頁)."[判例は、憲法14条の平等の要請を、「国民に対し絶対的な平等を保障したものではなく」、「事柄の性質に即応した合理的な根拠に基づくものでない限り, 差別的な取扱いをすることを禁止する」感として理解している(最大判昭和39・5・27民集18巻4号676頁)。]라고 記述한다.

마치 위의 모순을 판례가 해소한 것처럼 오해를 줄 수 있는 표현이다. 그러나 판례는 아래에서 보는 A설 또는 Bb설을 채택한 것이고, 이것은 평등의 모순을 해소한 것이 아니다. 그리고 정작 그는 아래에서 보는 C설을 제시하였는데(167쪽), 스스로도 확신이 없다. 아래에서 다시 본다.

다만, '사건의 성질에 즉응한'이라는 표현은 적절하지 않다. 적절하지 아니한 이유는 芦部의 記述에 대한 비판에서 다루고 있다. '사건의 성질에 즉응한'이라는 표현은 아래에서 볼 C설에서 말하는, '같고 다름을 가르는 기준에 따른' 정도의 의미를 가지고 있다. 그 성질에 따른 차별이 아니라면 정당화되지 않는다는 인상을 준다. 그런 인상을 준다면 위 記述을 적절하지 아니하다.

판례가 말하는 평등한 취급은 정확하게 樋口陽一·佐藤幸治·中村睦男·浦部法穂,『注釋日本國憲法(上卷)』 青林書院, 平成3年, 317(浦部法穂 執筆)에 있는, A설상의 평등한 취급을 의미하는 것이고, 전혀 C설에 의존하지 않는다. C설에 의존한다 하더라도, '사건의 성질'은 차별의 존부를 확인하는 과정에서, 작동하는 것이지 정당화 심사 단계에서 작동하는 것이 아니다. 성질에 따라 분배한다면 같게, 또는 다르게 분배하여야 하지만, 그로부터 벗어난 상태가 정당화 심사를 받는다.

이 문제를 논의할 때 주로 염두에 두는 상황은 남녀차별인 것 같다. 남성과 여성 사이에 다른 점이 있으므로 그러한 성질에 따라 불균일취급을 하는 것은 정당화되는 것 아닌가 하는 생각을 하고 이러한 생각이 위와 같은 표현에 영향을 주는 것 같다. 그러면 社会的 身分에 따라 다른 성질이 있고 이를 전제로 한 차별은 정당화될 수 있을까? 그런 상황은 없다.

94) 奥平康弘, "「人はすべて平等に創られ…」考(上)",『法学セミナー』2000年1月, 86頁. "나는 헌법 연구자의 말석에 있는 사람으로서 이래저래 불가해・미해결인 것을 많이 안고 있는데, 그 중 하나로 「평등」이라고 하는 컨셉이 있다. 헌법에 있어서는 통상 법 아래의 평등 관념은 확고하다. 그러나, 아무래도 나는 아직도 '평등' 주변을 맴돌고 있을뿐, 전혀 체득하지 못하고 있다. 부끄럽지만, 그것이 사실이다."[僕は憲法研究者の末席にある者として, あれやこれやと不可解·未解決なことをたくさん抱え持っているが, その一つに「平等」というコンセプトがある。憲法にあっては通常「法の下の平等」観念は確固たるものがある。しかし, どうも僕はまだ「平等」周辺を堂々めぐりしていて, 一向に会得できないでいる。恥ずかしいが, それが実情である。]라고 썼다. 필자는 그가 여기서 제기하는 평등의 모순을 해소하기 위하여 Ca설을 주장하였지만(奥平康弘,『憲法Ⅲ』有斐閣, 1993, 117 이하), 그것이 성공적이지 못하였기 때문에 이렇게 말하였다고 본다. 필자는 학자가 모르는 것을 모른다고 말하는 것이 후학에게 얼마나 큰 힘을 주는가를 이 문장을 통해 느꼈다. 필자가 읽

은 평등에 관한 글 중 필자에게 가장 큰 힘을 준 문장이다.

95) 本秀紀編, 『憲法講義(第2版)』 日本評論社, 2018, 334는 “또한 대략 입법은 일정한 요건을 설정하여 그것을 충족하는 자와 충족하지 않는 자에게 다른 법적 효과를 인정하는 것이며, 상대적 평등설은 법내용평등설(입법자구속설)의 논리적 귀결이라고도 해야 할 면을 가진다.”[また、およそ立法は一定の要件を設定してそれを満たす者と満たさない者とに異なった法的効果を認めるものであり、相対的平等説は法内容平等説(立法者拘束説)の論理的帰結ともいうべき面をもつ。] 평등이 입법자를 구속하니까 당연히 상대적 평등설이 받아들여져야 한다고 본다. 여러 가지로 논란이 많을 수밖에 없는 말이다. 우선 입법자구속설이 무엇을 의미하는가가 문제될 것이다. 필자가 이해하는 입법자 구속설은 헌법 제14조 제1항 전단에 관련된 문제다. 후단은 법집행자와 무관하다. 후단을 놓고 말한다면 당연히 입법자를 구속한다.

후단이 입법자를 구속한다는 것으로부터 위에서 말하는 상대적 평등설이 바로 도출되는가는 의문이다. 필자는 후단이 당연히 입법자를 구속한다고 보지만, 인용문에서 말하는 상대적 평등설을 지지하지 않는다.

그리고 위 책이 상대적 평등설을 지지하는지도 의문이다. 뒤에서 다시 이야기하겠지만, 상대적 평등설은 매우 다양하다. 하나의 학설이 아니다. 이 책에서 이해하는 상대적 평등설도 혼란스럽다. 위 책 334쪽은 “법 아래 ‘평등’하다는 것의 의미에 대해서는 모든 국면에서 각 사람을 완전히 균등하게 취급해야 한다고 하는 절대적·기계적 평등을 의미한다고 하는 이해와, 각 사람이 가지는 속성·놓인 상황 등에 실질적·구체적 차이가 있는 것을 전제로 하면서, 동일한 조건 아래에 있는 것은 균등하게 취급해야 하지만, 법적인 취급의 차이와 실질적·구체적 차이와의 대응이 합리적인 한은 불균등한 법 취급도 허용된다고 하는 상대적 평등을 의미한다고 하는 이해(‘같은 것을 같게, 같지 아니한 것을 같지 아니하게 취급하여야 한다’고 표현된다)가 있다.”[法の下に「平等」であることの意味については、すべての局面において各人をまったく均等に取り扱うべきとする絶対的・機械的平等を意味するという理解と、各人の有する属性・おかれた状況等に実質的・具体的差異があることを前提としつつ、同一の条件のもとでは均等に取り扱うべきであるが、法的な取扱いの差異と実質的・具体的差異との対応が合理的であるかぎりは不均等な法的取扱いも許容されるとする相対的平等を意味するという理解(「ひとしい者をひとしく、ひとしくない者をひとしくなく扱うべし」とも表現される)がある。]라고 記述하였다.

‘동일조건 아래 있는 것은 동일하게’는 이 논문에서 말하는 Cc설에 해당한다. ‘불균등한 법적 취급도 허용된다’는 부분은 B설에 해당한다. 같은 것을 같게, 같지 아니한 것을 같지 아니하게 취급하여야 한다’는 것은 Ca설에 해당한다. 도대체 무엇을 상대적 평등설이라 이해하는지 알 수 없다.

결국 결론은 B설로 귀결되는 것 같다. 그런데, B설이 전제하는 평등의 의미는 균일취급이다. 위 인용문도 이를 전제로 하고 있다. 불균일취급은 정당화를 필요로 한다고 한다. 이 말은 평등이 균일취급을 명령하고 있다는 것(A설)을 전제로 한다. Ca설에서는 균일취급과 불균일취급의 체계적 지위가 같다. Ca설을 따르면, 균일취급이라 하더라도 정당화를 필요로 하는 경우가 있고, 불균일취급이라 하여기는 것은 아니다. 법단계상 상위의 법과 하위의 법이 서로 모순적인 상황으로 되면, 하위법이 적용되지 않거나,[96] 효력을 상실한다.[97] 규범 심사의 문제로 다루어진다. 同位의 법이 서로 모순적인 상황에 있으면, 신법이 우선 적용된다거나, 특별법이 우선 적용된다는, 해석의 이론으로 대응한다.

이 논문에서 다루는 평등의 모순은 (i) 동위의 규범 안에서의 문제이므로, 규범 심사의 문제가 아니다. (ii) 두 명령[98] 중 어느 하나의 명령이 신법으로 이해되거나 구법으로 이해되어 신법우선의 원칙으로 모순을 해결할 수도 없다. 하나의 헌법 안에서의 명령이기 때문이다. (iii) 특별법 우선의 원칙으로도 대응할 수 없다. 어느 하나의 명령을 특별법이라 할 수 없다. 양자는 '全面的으로' 충돌하고, 모순적이다.

한 가지를 더 지적한다. 각주로 처리할까 하다가 본문의 일부로 처리한다. A설이 가진 또 하나의 큰 문제점은, 그것이 정의의 원리에 반한다는 것이다. 정의로운 분배를, '각자에게 그의 것을'이라고 이해하든 '같은 것은 같게, 다른 것은 다르게'로 이해하든 그것들이 '모든 사태와 사람을 같게 취급할 것'이라는 A설과 조화롭기는 어렵다.

4. 소결론

A설은 균일취급이 평등의 명령이라고 본다. 필자는 일본 판례도 마찬가지라고 본다. 일본 판례는 불균일취급이 있으면, 바로 차별을 인식하고 정당화 심사에 나아간다. 이것은 판례가 C설을 채택하지 아니한 것을 보여준다.

항시 정당화를 요하는 것도 아니다. 다른 것을 다르게 취급하면 그것이 평등한 상태이다.

96) 일본의 경우.

97) 한국의 경우.

98) 차별의 체계로서의 법률을 제정하라는 명령과 차별하는 법률을 제정하지 말라는 명령.

불균일취급을 바로 차별이라고 보는 것은 A설의 논리적 귀결이다.[99)]

A설은 평등의 모순을 안고 있다. "사실상의 차이를 고려하지 않는 균일취급",[100)] "범죄를 저질렀는지 아닌지에 관계없이 모든 사람을 형무소에 넣어야 한다", "소득의 다과에 관계 없이 모든 사람으로부터 같은 금액의 세금을 징수"[101)]하는 것, "모든 사람에 대한 똑같은 대우, 사람들의 사정을 고려하지 않고 똑같은 대우"[102)]하는 것을 평등의 명령으로 이해하기 때문이다.

이렇게 되면 입법자는 어떠한 법도 만들지 않거나, 요건을 구획하지 아니하고 '모든 사람' 또는 '모든 사태'에 대하여 법적 효과를 부여하는 법만을 만들 수 있다. 예를 든다면 다음과 같은 법이다. "모든 사람은 매년 100만 엔씩 세금을 내야 한다." 그러나, "사람을 죽인 자는 사형, 무기 또는 5년 이상의 징역에 처한다"[103)]와 같은 법은 일응 헌법에 위반된다. 다만, 상대적 평등설을 전제로 위헌이 아니라는 판단을 받을 수 있을 뿐이다.[104)]

이 상황은 어떻게 타개하여야 하는가? 타개하려는 노력은 어떤 것이 있었고, 그것들은 유효하였는가? 이것을 아래 III.에서 보자.

---

99) 이론적으로 C설은 이렇게 할 수 없다. 아래에서 보겠지만, 사실 C설을 주장하는 학자들도 C설이 무엇을 의미하는가에 대해 명확하게 인식하고 있지 못한 것으로 보인다. 불균일취급을 할 수 있다(may, permit)의 의미로 이해하는 것처럼 보인다. 필자가 보기에는 오해다. C설은 (같지 아니하면) 불균일취급을 하여야 한다(should)는 학설이다. 명령과 허용을 구별하지 못하면 이렇게 記述할 수 있다.

100) 樋口陽一, 『憲法(改訂版)』 創文社, 2004, 202-203. Ba설.

101) 長谷部恭男, 『憲法(第7版)』 新世社, 2018, 168. Ca설. "犯罪を犯したか否かにかかわらず、あらゆる人を刑務所に入れる", "財産や所得の多寡にかかわらず、あらゆる人から同額の税を徴収する"[범죄를 저질렀는지 아닌지에 관계없이 모든 사람을 감옥에 가둔다, 재산이나 소득의 다과에 관계없이 모든 사람으로부터 같은 금액의 세금을 징수한다.]

102) 杉原泰雄編, 『新版体系憲法事典』 青林書院, 2008, 448(安西文雄 執筆). Cb설. "すべての人に対して全く同じ扱い, 人の事情の相違を考慮に入れず, 同一の処遇"

103) 일본 형법 제199조. "人を殺した者は、死刑又は無期若しくは五年以上の懲役に処する"

104) 만약 (예외를 허용하지 않는다는 의미의) 절대적 평등설을 전제로 한다면, 바로 위헌이다.

Ⅲ. 矛盾을 克服하기 위한 努力

1. 도입
2. B설
3. C설(아리스토텔레스의 정의론)
4. C설에 대한 학리적 비판
5. 소결론

III. 矛盾을 克服하기 위한 努力

1. 도입

학문은 모순을 만나면 이를 해소하고자 하는 노력을 기울여야 한다. 모순을 안고 논리를 전개할 수는 없다. 학문계는 평등의 모순을 극복하기 위하여 어떤 노력을 하였는가? 아래에서 제시하는, 평등의 의미를 재정립하려는 노력은 평등의 모순을 극복해 보려는 노력으로 이해할 수 있다. '意識的' 노력이 있었는가에 대해서는 논란이 있겠으나, '結果的' 관점에서 그런 노력으로 평가할 수 있는 것은 분명하다.

우선 B설에 대해 생각해 보자. 헌법학 교과서에서 어떤 기본권이 절대적 기본권인가 아니면, 상대적 기본권인가를 논의하는 경우는 거의 없다. 법률이 부여하는 권리와 달리 헌법이 부여하는 권리, 즉 기본권은 태생적으로 제한을 예정하고 있다. 예외적으로 제한이 허용되지 않는 경우가 있다. 사물의 본질상 제한이 허용되지 않는 경우가 있다. 양심 형성의 자유가 그런 종류에 속한다.

그러므로 개별 기본권을 설명하면서 그 기본권이 절대적 기본권인가, 상대적 기본권인가를 논하지는 않는다. 자유권을 설명하면서 누구도 그 자유가 절대적 자유인가, 상대적 자유인가를 설명하지 않는다. 더 나아가 설명을 한다고 하더라도, 먼저 그 권리의 내용을 설명하고, 그 권리가 제한될 수 있음을 설명하는 것이 논리적으로 타당하다.

그런데, 평등의 경우는 어떤가. 먼저 평등이 무엇을 보장하는가를 설명하지 않는다. 아래에서 볼 Ba설이 말하는 '사실상의 차이도 고려하지 않는 균일취급(종종 절대적 평등이라고 불림)'[105]이 평등이 보장하는 내용이다.[106]

105) 樋口陽一, 『憲法(改訂版)』 創文社, 2004, 202-203. "事実上の異をも考慮に入れない均

그런데, 이것을 교과서들은 극구 부인한다.

부인하는 이유를 살펴보면, 그 설명이 자신들의 정의관에 부합하지 않기 때문이다. 헌법상의 평등조항이 입법자에게 사실상의 차이를 고려하지 않는 법을 만들도록 명령하고 있다는 사실을 받아들이기가 어렵다. 그래서 적어도 문면상으로는 '사실상의 차이도 고려하지 않는 균일취급'은 타당하지 않다고 말한 후, 自說 즉 합리적 이유 있는 차별이 허용(permit)된다고 이해하는 상대적 평등설이 대두되게 되었다.

엄밀히 보면, B설은 다음과 같이 설명해야 한다. (i) 헌법상의 평등조항은 '사실상의 차이도 고려하지 않는 균일취급'을 명령한다. (ii) 그러므로, 사실상의 차이를 고려하여 불균일취급을 하더라도 차별에 해당한다. (iii) 다만, 합리적 이유가 있으면 차별이 정당화될 수 있다(상대적 평등).

그러나, 실제로는 다음과 같이 설명했다. (i) 평등 자체의 의미를 설명하지 않았다. 도리어 헌법상의 평등조항은 '사실상의 차이도 고려하지 않는 균일취급'을 명령한다는 점을 부정했다. (ii) 통상 기본권의 상대적 성격을 당연히 받아들이고 설명하지 아니함에도 불구하고, 이를 중요한 논제로 삼아 설명했다. (iii) 통상 기본권의 제한은 기본권의 내용을 먼저 설명한 뒤에 설명하는 것이 통상의 敍述方式임에도 불구하고, 평등에 관한 논의의 冒頭에서 평등의 의미를 대신하여 설명했다.

필자는 B설이 이런 방식으로 설명할 수밖에 없는 이유가, 평등의 모순을 의식했기 때문이라고 본다. 평등의 모순을 인식하지 않았으면, 이렇게 부자연스러운 설명방식을 채택할 리가 없다.

C설도 크게 다르지 않다. 평등을 '사실상의 차이도 고려하지 않는 균일취급'[107]으로 이해하기는 어려운데, 그렇다고 B설의 설명이 타당한 것 같지도

一取扱い(しばしば絶対的平等とよばれる)"

106) 아래에서 다루겠지만, 모든 판례나 학설은 종국적으로 이것을 받아들인다. 놀랍게도 스스로 도저히 받아들일 수 없다고 보는 이 입장을 종국적으로는 받아들인다.

107) 樋口陽一, 『憲法(改訂版)』 創文社, 2004, 202-203. "事実上の異をも考慮に入れない均

않아 보인다. 평등의 모순을 그대로 안고 있기 때문이다.

그러면 평등조항이 '사실상의 차이도 고려하지 않는 균일취급'을 명령한다는 것을 부정하는 방법으로 평등의 의미를 정하고자 하는 '意志'가 생길 수밖에 없다. 그 결과 평등은 '같은 것은 같게, 다른 것은 다르게'[108] 취급할 것을 명령한다는 주장이 대두되게 되었다. 이것이 C설이다.

정리해 보면, 다음의 경로로 C설이 대두되었다고 짐작해 볼 수 있다. (i) '사실상의 차이도 고려하지 않는 균일취급'을 평등이 명령하고 있다는 점을 받아들이기는 어렵다. (ii) B설의 주장을 채택하기가 어렵다. (iii) 그래서 '사실상의 차이도 고려하지 않는 균일취급' 자체를 부정하는 학설이 필요하다. (iv) 평등은 '같은 것은 같게, 다른 것은 다르게' 취급할 것을 명령한다(Ca설).[109]

C설이 평등의 모순을 의식한 학설이라는 점은, 그 주장의 파격성에서 찾아볼 수 있다. 평등의 의미가 '균일취급'에서 '불균일취급'으로 전환되었다. 모든 사람에게 '사실상의 차이도 고려하지 않는 균일취급'을 하라는 명령을, 모든 사람에게 '사실상의 차이를 고려하는 불균일취급'을 하라는 명령으로 전환되었다.[110] 이렇게 어떤 개념으로 완벽히 다른 방법으로 설명할 수밖에 없는 것은, 종전의 의미로는 도저히 극복할 수 있는 문제가 있었기 때문이다. 그 문제가 평등의 모순이라고 필자는 본다.[111]

一取扱い(しばしば絶対的平等とよばれる)"

108) Ca설이다. Cb설, Cc설은 조금 다른 형태다.

109) 그런데, C설도 자신의 학설을 '상대적 평등설'이라 부른다. B설에서 사용하던 상대적 평등설과는 전혀 다른 내용임에도, 이름은 상대적 평등설을 고수한다.

110) 뒤에 설명한다. '같은 것은 같게'는 무의미한 말이다. 같은 것은 다름의 양이 零(zero)인, 다른 것의 특수한 형태일 뿐이다. '같은 것은 같게'를 매개로 하여, 평등을 '같은 것은 같게, 다른 것은 다르게'로 연결하려는 시도는 欺瞞的인 것이다.

111) 다시 한 번 더 말하지만, 이 C설의 주장자들도 대부분 종국적으로는 B설을 거쳐 '사실상의 차이도 고려하지 않는 균일취급'을 평등의 의미로 받아들인다. 놀라운 현상이다. 아래에서 계속하여 설명될 것이다.

2. B설

가. Ba설

평등의 모순을 해소하려는 하나의 시도가 '합리적 차별을 허용하는 것이 평등'이라는 입론이다.[112] 이하에서는 이 학설을 Ba설이라고 한다. Ba설은 법이 차별을 하고 있더라도, 차별에 합리적 이유가 있으면[113] 차별이 정당화되고, 결국 평등권을 침해하지 않는다고 판단할 수 있다는 주장이다. 樋口는 다음과 같이 記述한다.

> "사실상의 차이도 고려하지 않는 균일취급(종종 절대적 평등이라고 불림)을 의미하는 것이 아니라, 사실상의 차이도 고려하여 다르게 취급하는 것 자체를 배제하지 않는다(종종 상대적 평등이라고 불림)."[114]

Ba설은 앞에서 본 浦部의 입론과 같은 것 아닌가 하는 의견이 있을 수 있다. 필자가 보기에는 다른 주장이다. 浦部는 분명하게 평등의 의미와 예외의 허부 문제를 분리하여 다루었다. 그는 절대적 평등, 상대적 평등의 문제를 예외의 허부 문제로만 다루었고, 평등의 의미와 연결시키지 않았다.[115]

---

112) 통상 이것을 상대적 평등설이라고 부른다. 아래에서 보는 C설도 상대적 평등설로 불린다. 이것들을 구별하기 위하여 B설, C설이라 이름 붙여서 설명한다. 필자의 『평등점명론』에서는 이것들을 제1종 상대적 평등설, 제2종 상대적 평등이라 부른다. 정주백, 『평등정명론』 충남대학교출판문화원, 2019, 96이하 참조. 필자는 이것들(B설과 C설)이 서로 다른 내용이라는 것이 인식되고, 혼용되지 아니하면, 평등론의 혼선은 상당히 해소될 것이라고 본다.

113) 여기서 합리적 이유가 있다는 말은 차별이 정당화되었다는 것을 의미할 뿐, 정당화 심사의 기준에 관한 논의와는 무관하다.

114) 樋口陽一, 『憲法(改訂版)』 創文社, 2004, 202-203. "事実上の異をも考慮に入れない均一取扱い(しばしば絶対的平等とよばれる)を意味するのでなく、事実上の差異をも考慮に入れて異なった取扱いをすること自体を排除しない(しばしば相対的平等とよばれる)。"

115) 다만, 약간의 혼선에 대해서는 II.2. 중의 脚註 참조.

거기에 비해 Ba설은 양자를 구분하여 논하지 않았다. 예외의 허부 문제를 평등의 의미 문제로 이해하였다. 문장이 '배제하지 않는다'라고 마무리되었지만, 정확하게는 '배제하지 않는 것을 의미한다'[116)]라고 이해된다. 왜 그런가 하면, 전단에서 '균일취급을 의미하는 것이 아니고'[117)]라고 하였기 때문에 그에 대비되는 표현으로 문장을 끝맺으려면 후단은 '배제하지 않는 것을 의미한다'로 종결되어야 한다.

한편, Ba설이 부정한 것은 바로 위에서 본 A설이다. 적어도 Ba설이 부정하고자 '의도하였던' 것은 평등의 의미에 관한 A설[118)]이다.[119)] 평등의 의미를 다루는 A설을 부정하였으면 다른 평등의 '의미'를 내놓아야 한다.

그리고 또 하나의 논거를 댄다면 이 문장의 앞에 "평등에 대해서는 몇몇 경우에서 헌법 제14조의 규정의 의미가 문제된다."[120)]라는 문장이 있다. 먼저 다룬 논점이 헌법 제14조 제1항이 입법자를 구속하는가 여부의 문제다. 입법자 구속설을 긍정하는 취지로, "법내용의 평등을 의미한다"라고 하면서 입법자 구속 여부에 관한 논점을 정리했다. 다음의 쟁점이 여기서 다루는 절대적 평등·상대적 평등의 문제이다. 물론, 필자는 입법자 구속 여부나 예외 허부 문제가 전부 평등의 의미와 관련된 문제는 아니라고 본다. 그러나 Ba설이 이것들을 평등의 의미 문제로 다룬 것은 분명하다.

만약에 Ba설 중의 상대적 평등설을 평등의 법적 성격의 문제로 이해하게 되면, 평등권을 분석하면서 평등의 의미에 관한 논의가 없게 된다. 법학 논증에서, 특히 법학 교과서의 논설에서 '意義'에 관한 논증이 없을 수는 없

---

116) 排除しないことを意味する.

117) 均一取扱いを意味するのでなく.

118) '바보 같은 명령'이다.

119) 다만, 결과적으로 그런 것인가는 별론으로 한다. 그는 A설을 부정하는 것 같은 외양을 취했지만, A설을 그대로 받아들였다.

120) 樋口陽一, 『憲法(改訂版)』 創文社, 2004, 202-203. "平等については、いくつかの場合で、憲法第14条の規定の意味が問題となる。"[평등에 대해서는, 몇 가지 경우에, 헌법 제14조 규정의 의미가 문제된다.]

다.[121)122)]

그런데, Ba설은 A설을 부정했다. "사실상의 차이도 고려하지 않는 균일취급"[123)]이 A설의 내용인데,[124)] 이것이 옳지 않다고 보았다. A설이 옳지 않다면, 평등이 균일취급이 아니라 어떤 취급을 요구하는가를 말하였어야 한다. 예를 들어, 아래에서 보는 C설은 평등이 요구하는 요구의 내용을 담고 있다.[125)]

나. Bb설

> "평등에 대해서는 일체의 다른 처우를 금지하는 절대적 평등이라는 견해가 있지만, 사람에게는 처한 상황, 능력 등에 차이가 있고, 기계적으로 동일한 취급을 관철하는 것이 오히려 불합리한 결과를 초래하기도 한다. 따라서 본조 제1항에 말하는 평등이란 합리적인 이유가 있으면 다른 취급도 허용된다고 하는 상대적 평등으로 해석하는 것이 일반적이다."[126)]

121) 일반적으로 대륙법계 법학 교과서는, (i) 의의, (ii) 요건, (iii) 효과의 체계로 서술된다.

122) A설을 전제로, 절대적 평등과 상대적 평등을 평등의 법적 의미로 이해한 것이 아래의 Bb설이다.

123) "事実上の異をも考慮に入れない均一取扱い"[사실상의 차이를 고려하지 않는 균일취급]

124) 樋口는 이것을 '절대적 평등'이라고 이해했으나, 그렇지 않다. 樋口가 긍정하는 상대적 평등설에 대비되는 절대적 평등의 내용은 '예외를 허용하지 않는다'는 것이다. 樋口는 A설을 절대적 평등설이라 이해했으나, 잘못된 命名이다.

125) "의미하는 것이 아니라"[意味するのでなく]라는 표현은 타당하지 않다. 전자를 부정한 것이 아니고, 전자를 전제로 후자를 보완하여 설명하는 것에 불과하다. 전자를 부정하면서, 그것을 자기 주장의 일부로 수용하면 곤란한다. 단지 표현상의 문제에 불과하다고 이해하기도 곤란한다. 樋口는 분명히 전자를 부정하였다. 필자가 보기에는 전자와 후자의 관계를 오해하였기 때문에 이와 같은 표현을 한 것으로 보인다.

126) 木下智史=只野雅人編, 『新・コンメンタール憲法』 日本評論社, 2015 157. "平等については、一切の異なる処遇を禁止する絶対的平等という観念もあるが、人には置かれた状況、能力等に違いがあり、機械的に等しい取扱いを貫くことがかえって不合理な結果をもたらすこともある。したがって、本条1項にいう平等とは、合理的な理由があ

이 학설은 엄밀히 보아 평등의 의미에 관한 학설이 아니다. '다른 처우를 금지하는' 평등의 명령에 대해 예외가 허용될 될 수 없다는 '절대적' 균일취급설은 옳지 않고, 다른 취급을 하더라도 예외가 허용될 수 있다는 것을 내용으로 한다. '상대적' 균일취급설이다.

여기서 '절대적' 균일취급설 '상대적' 균일취급설 사이에 평등이 무엇을 명령하는가에 대해서는 아무런 차이가 없다. '균일취급'을 명령하고 있다고 본다. 단지 차이가 있는 것은 그 명령에 예외가 있을 수 있는가 하는 점만 다르다.

이 입장이 위의 Ba설과 다른 점은 상대적 평등설의 반대편에 있는 주장[127]을 무엇으로 보는가 하는 점이다. 위의 Ba설은 절대적 평등을 '균일취급'이라 이해했다. 이에 비하여 여기서 다루는 Bb설은 '예외를 허용하지 않는 균일취급'이라 이해했다. 自說은 '예외를 허용하는 균일취급'이다.

Bb설은 당연히 평등의 모순을 극복하지 못하였다. 엄밀히 보면 노력하려는 시도도 하지 아니하였다. 헌법이 균일취급을 명령한다는 것을 전제로 한 주장이기 때문이다.

그런데, 이 주장도 자세히 읽어 보면 평등이 '균일'을 의미한다는 것을 이해할 수는 있지만, 평등은 '균일'을 의미한다거나 균일취급이 평등한 취급이다, 라고 말하지는 않는다. 균일취급을 평등한 취급이라 전제하였지만 이를 명시적으로 밝히지는 않는다.[128]

아래에서 보는 바와 같이 Ba설은 서로 비교할 수 없는 것을 비교하였다. 이에 비하여 Bb설은 같은 체계적 지위에 있는 것을 서로 비교하였다. 논리적으로는 Bb설이 Ba설보다 우월하다. 그러나 이것은 평등의 의미에 관한

れば異なる取扱いも許されるとする相対的平等と解するのが一般的である。"

127) 테제(These).

128) 이것을 밝히기를 주지하고 있다. 이를 밝히기를 주저한다는 것은 이 논문의 중요한 토론의 대상이다. 왜 주저하는가? 위에서 보인 것처럼 이를 밝히면 평등의 모순에 대해 답하여야하기 때문이다.

주장이 아니다. 그러므로 이 문제는 평등의 의미를 충분히 다룬 후에, 과연 이 평등의 명령에 대해 예외가 허용될 수 있는가 여부의 문제로 다루어져야 한다. 교과서의 편제로 본다면 훨씬 뒤로 가야 할 논제이다.

그런데, Bb설이 (예외를 허용하지 않는다는) 절대적 평등설을 비판한다는 것이 무슨 의미가 있는가? 물론, 논리적으로 틀렸다고 말하고 싶지는 않다. 여기서 보는 절대적 평등설과 상대적 평등설은 서로 얽혀 있다(entangled). 서로 논리적으로 모순관계에 있다. 그러므로 Bb설이 자설을 논증하는데, (예외를 허용하지 않는) 절대적 평등설이 옳지 않다는 점을 논증하는 것은 유효한 방법이다.

예를 들어 페르마의 마지막 정리가 틀렸음을 증명하는 가장 훌륭한 방법은 反例를 하나 드는 것이다. 반례가 있다는 사실은 페르마의 마지막 정리가 틀렸다는 충분한(sufficient) 논거가 된다. 페르마의 마지막 정리와 반례는 화동할 수 없다. 논리적으로 모순관계에 있음은 자명하다.[129)]

그런데, Bb설과 (예외를 허용하지 않는) 절대적 평등설이 서로 논리적으로 모순관계에 있다는 사실이 자명한가? 필자가 보기에 논리적으로 모순관계에 있다. 그러나 이 점을 설명하지 않는 것은 법학계에서는 충분하지 아니하다고 비난받을 수 있다. 필자는 법학계에서 이 점이 충분히 알려져 있다고 생각하지 않는다. 논리적 모순관계에 대한 충분한 이해를 바탕으로 설명된 것으로 보이지 아니한다.[130)][131)]

---

129) 농담을 하나 하자면, 70(3)+212(3)=462(3)가 페르마의 정리에 대한 반례로 제시되었다. 한 번 검토해 보시라. 다면체의 꼭짓점의 개수를 V, 모서리의 개수를 E, 면의 개수를 F라 두면 V－E+F=2다. 이를 오일러 지표라 한다. 예를 들어 정사면체의 경우 V=4, E=6, F=4이므로 V－E+F=2가 됨을 쉽게 확인할 수 있다. 그런데, 반례가 제시되었다. 구멍이 있는 다면체에서는 위의 식이 성립하지 않는다. 결국 현재는 '구멍이 없는' 다면체에서 위 식이 성립한다고 정리되었다. 반례를 만나 이론이 수정되었다.

130) 아래 III.3.에서 보는 바와 같이, (균일취급을 명령한다는) 절대적 평등설과 C설은 논리적으로 모순관계에 있지 않다. 그러므로 전자가 옳지 않다고 하여 후자가 옳은 것으로 되지 않는다. 하지만, C설을 주장하는 학자들은 대부분 (균일취

그런데 더 큰 문제는 (예외를 허용하지 않는다는) 절대적 평등설을 비판할 가치가 있는가 하는 것이다. (예외를 허용하지 않는다는) 절대적 평등설은 존재하지 않는다. 위의 인용문에는 '견해가 있다'고 했지만, 필자가 알기로는 그런 견해는 없다.[132] Bb설을 지지하는 학자들이 가상의 학설을 만들었을 뿐이다. 허수아비(strawman)다.

왜 존재하지도 않는 학설을 두고 비판을 하는가. 학문계에 흔하지 않은 일이다. 누구도 부정하지 않는 Bb설을 논증하기 위하여 허수아비를 내세우고 그것을 비판하고 자설이 옳다고 논증한다. 왜 이렇게 하여야 했을까?

필자가 보기에는 평등이 균일취급을 명령한다는 말을 하기 싫었기 때문이다. 이 말을 하면 평등의 모순을 만나는데, 그 모순을 해소할 수 없으니까, 평등의 의미를 말하여야 할 자리에, 평등의 의미는 말하지 아니하고, 아무도 반대하지 않는 Bb설을 말하면서 평등의 의미에 관한 記述을 하지 않고 지나가는 것을 숨겼다. 이것이 Bb설이 말해지는 이유다.[133]

급을 명령한다는) 절대적 평등설이 옳지 않으므로 C설이 옳다고 말함으로써 논증을 마친다. Bb설의 논증과 같은 방식이다. 이 부분은 논리적으로 틀렸다.

131) 필자의 주장이 애매할 수 있겠다. Bb설이 (예외를 허용하지 않는다는) 절대적 평등설이 옳지 않음을 논증하는 것만으로 자설을 논증하는 것이 논리적으로 틀린 것은 아니다. 다만 논리적 모순관계에 대해 이해가 공유된 상태에서 이와 같은 논증이 있었다고 보이지는 않는다. 바로 위의 주석에서 보인 바와 같이, 학계는 이 점에 무관심하다. 필자는 논리적 모순관계에 대한 설명이 추가되어야 한다고 본다.

132) 통상 학설을 소개하면 그 주장자도 소개한다. 주장자의 취지를 이해할 수 있는 기회를 제공하기 위해서다.

133) 위에서도 언급했지만, 가사 Bb설을 언급하더라도 이 자리는 아니다. 교과서의 편제상 훨씬 뒤로 가야 할 논점이다.

다. 논증[134]

(1) 체계적 지위

앞에서 Ba설이 평등의 의미에 관하여 논하면서 상대적 평등설이 옳다고 주장하였음을 살펴보았다. 그러나 생각해 보면 Ba설이 말하는 상대적 평등설은 평등의 의미에 관한 주장이 아니다. 평등권의 법적 성격, 즉 평등에서 벗어난 상태가 되면 바로 위헌으로 되는가, 아니면 정당화 심사를 거쳐서 정당화되지 아니하는 경우에만 위헌으로 되는가에 관한 주장일 뿐이다.[135]

평등의 의미와 평등권의 법적 성격은 서로 별개의 문제다.[136] 앞에서 본 浦部의 경우를 살펴보면 이 점을 분명하게 알 수 있다. 浦部는 균일취급을 평등의 의미라고 이해하면서, 균일취급을 전제로 예외의 허부 문제를 논했다. 거기에 절대적 평등과 상대적 평등이 등장한다.[137] Ba설은 평등의 의미를 말하고자 하였으나 평등의 의미를 말하지 아니하고 평등권의 법적 성격을 평등의 의미로 대체하여 말하였다.

---

134) 이 책에서 특별히 언급하지 아니하고, 단순히 B설이라 한다면, 그것은 Ba설을 가리킨다. Ba설은 적어도 외관상 '균일취급'의 안티테제(anti-these)로 제시되었기 때문이다. 물론 Ba설이 이 점을 인식했는가, 즉 Bb설과 다른 취지로 Ba설을 주장하였는지에 대해서는 좀 더 살펴보아야 할 것이다. 아래에서 다루는 것들은 원칙적으로 Ba설에 대한 記述이다.

135) 이 문제는 평등론의 고유한 문제가 아니다. 절대적 권리인가인가, 상대적 권리인가 하는 물음은 어떠한 기본권에 대해서도 제기될 수 있다. 자유권은 절대적 권리인가, 상대적 권리인가. 종교의 자유는 절대적 권리인가, 상대적 권리인가. 자유는 무엇을 의미하는가, 라는 물음에 대해서 자유는 합리적인 이유가 있는 제한을 허용하는 것이다, 라고 대답하는 사람은 없다. 그것은 자유가 무엇을 의미하는가에 대한 대답이 아니기 때문이다. 양심의 자유 중 양심형성의 자유는 절대적으로 보장된다. 헌재 1998. 7. 16. 96헌바35, 판례집 10-2, 159, 166.

136) 앞에서도 언급하였지만, 평등의 의미 문제와 평등권의 법적 성격 문제는 서로 얽혀 있지 않다(not entangled). 서로 독립적이다(independent). Ⅳ.에서 보는 입장들은 마치 C설과 Bb설이 얽혀(entangled) 있는 것처럼 설명한다. 틀렸다. 분명하게 틀렸다.

137) 最大判昭和39年5月27日民集18巻4号676頁은 이렇게 이해한 것으로 보인다.

(2) 비교의 대상

비교를 한다면, 서로 같은 체계적 지위를 가진 것들을 대상으로 하여야 한다. 어떤 나라의 인구는 다른 나라의 인구와 비교되어야지, 어떤 나라의 人口가 다른 나라의 面積과 비교되어서는 곤란하다.

Ba설은 A설, 즉 평등의 의미를 다루는 균일취급설과 예외의 허부를 다루는 상대적 평등설을 대비시켜 A설이 옳지 않고 상대적 평등이 옳다고 본다. 그런데, 이름이 본질을 가르는 것은 아니다. 그것이 표상하는 바가 무엇인가가 중요하다.[138)]

양자는 어떤 점에서 대립하는가? Ba설은 절대적 평등설을 모든 것을 동등하게 취급하는 것이라고 이해하고, 自說은 합리적 차별을 허용하는 것이라고 이해했다. 이를 상대적 평등이라 보았다.

그러나 양자는 서로 하나의 포인트를 두고 대립하고 있지 않다. 위에서 제시된 Ba설 중의 절대적 평등설은 평등이 무엇을 의미하는가에 관해 말하고 있다. 헌법이 균일취급을 명령하고 있다고 본다. 위에서 본 A설이다. 이 A설에 대해서도 예외가 허용될 수 있는가는 별도로 물어볼 수 있다. 헌법이 균일취급을 명령하고 있지만, 예외의 허부에 관해 다음과 같은 주장의 대립이 있을 수 있다.

(i) 특별한 경우에는 예외가 허용된다,

(ii) 예외는 허용되지 않고 균일취급 명령에서 벗어나면 바로 위헌이다.

위 주장에 대해 그 내용을 포함하는 이름을 붙이자면, (i)에 대해 상대적 평등설로, (ii)에 대해 절대적 평등설로 이름을 붙일 수 있다.[139)]

---

138) 필자가 보기에, 樋口가 절대적 평등이라 이름붙인 것은 잘못된 것이다. 굳이 이름을 붙인다면, 균일취급설이라 하는 것이 옳다. 이것이 A설이다.

139) "右各法条は、国民に対し絶対的な平等を保障したものではなく、差別すべき合理的な理由なくして差別することを禁止している趣旨と解すべきであるから、事柄の性質に

결국 Ba설 중의 절대적 평등과 상대적 평등은 서로 하나의 논점을 두고 대립하고 있지 않다. Ba설은 '절대적 평등'을 헌법이 평등을 통해 균일취급을 명령하고 있다고 본다.[140] 이 논문에서는 이와 같은 입장을 'Ba설 중의 절대적 평등'[141]이라 표현한다. 그리고 Ba설은 상대적 평등설을 (아래에서 보는 바와 같이 균일취급을 평등의 명령으로 이해하는 것을 전제로[142]), 평등의 명령에 어긋난 상태라 하더라도 예외적으로 위헌이 아닐 수 있다고 보는 입장으로 이해한다. 그리고 나서, 앞의 Ba설 중의 절대적 평등설은 타당하지 아니하고 뒤의 상대적 평등설이 옳다고 하는 주장을 한다.

만약 Ba설을 위와 같이 정리한다면, 위 입론 중의 Ba설 중의 절대적 평등설과 상대적 평등 사이에 입장의 대립은 없다.[143] 둘 다 평등이 균일취급을 명령하고 있다고 이해하기 때문이다. 위 주장의 오류를 표로 내보이면 다음과 같다.

即応して合理的と認められる差別的取扱をすることは、なんら右各法条の否定するところではない。"[오른쪽 각 법조는 국민에 대해 절대적인 평등을 보장한 것이 아니며, 차별해야 할 합리적인 이유 없이 차별하는 것을 금지하고 있는 취지로 해석해야 하므로, 사안의 성질에 즉응하여 합리적으로 인정되는 차별적 취급을 하는 것은 오른쪽 각 법조가 부정하는 바가 아니다.](最大判昭和39年5月27日民集18巻4号676頁)은 이와 같이 이해하는데 적절한 문언을 갖추고 있다.

140) 이것은 지극히 이해하기 어려운 것이다. '事実上の異をも考慮に入れない均一取扱い' 안에는 '절대적'으로 이해될 만한 내용이 없다.

141) 따로 이름을 붙이는 것은, '절대적'이라는 말이 통상 '예외 없음'을 의미하는데, 樋口가 이것과는 전혀 다른 의미로 사용하기 때문이다.

142) 樋口陽一, 『憲法(改訂版)』 創文社, 2004, 203. 아래 (3)에서 본다.

143) 만약 위의 상대적 평등설이 절대적 평등설을 '예외를 허용하지 않는다는 입장'으로 이해하였다면, 양자 사이에는 평등의 의미에 관한 견해의 대립이라 할 수 없다. 물론, 위의 입론에서 제시된 樋口의 절대적 평등설은 그런 것이 아니다. 평등의 의미를 내용으로 한다.

<table>
<tr><th></th><th>평등의 의미</th><th>예외 가능성</th></tr>
<tr><td rowspan="2">Ba설에서 보는 절대적 평등</td><td rowspan="2">균일취급</td><td>불허용</td></tr>
<tr><td>허용[144)]</td></tr>
<tr><td>Bb설에서 보는 절대적 평등</td><td>예외 불허용</td><td>허용</td></tr>
</table>

위의 입론은 각 입장의 이름을 '절대적' 평등과 '상대적' 평등으로 이름 붙여 두고도, '절대적'이라는 말과 '상대적'이라는 말이 어떤 지점에서 대립하는지에 대하여 정확하게 지적하고 논의를 이어나가지 못하였다.

Ba설을 지지하는 사람에게 "당신들은 균일취급을 명령하는 평등이 예외를 허용하지 않는다고 보는가?"라고 묻는다면, 일부는 그렇다고 대답할 것이고, 나머지 그렇지 않다고 대답할 것이다. Ba설을 지지하는 자 중 위의 상대적 평등설을 주장하는 자가 없지 않다. 浦部가 그렇게 주장했다. 균일취급 + 예외허용.

(3) 평등의 의미

Ba설에서 말하는 상대적 평등설은 다른 취급을 하더라도 예외적으로 위헌으로 결정되지 않을 수 있다는 내용을 담은 입장인데, 그러면, 원칙적으로 법의 내용에 대한 평등의 명령은 무엇인가 하는 물음에 대해서는 밝힌 바가 없다.

그러면, Ba설은 헌법상의 평등이 무엇을 명령하고 있다고 보는가? Ba설은 여기에 관한 명시적 記述이 없다.[145)] 형식 논리만을 두고 보면, 평등의 의미에 관해서는 말하지 아니하였다. 단지 평등으로부터 벗어난 상태, 즉 차별이 있더라도 그 차별이 예외적으로 허용될 수 있다고만 말하였다. 이

144) '균일취급'과 '예외허용'을 연결하면 위에서 본 浦部의 입장이 된다.
145) 다만 樋口陽一, 『憲法(改訂版)』 創文社, 2004, 203에는 균일취급을 평등의 의미로 이해하고 있다고 보이는 記述들이 있다. 이 점은 위에서 보았다.

경우에 그 차별은 위헌이 아닌 것으로 판단된다.

Ba설은 평등의 명령을 어떤 것으로 이해하고, 그것을 전제로 위와 같은 상대적 평등설을 주장한 것인가? 위에서 이미 말하였지만, Ba설은 평등이 균일취급을 명령하고 있다고 이해하는 것으로 보인다.

樋口의 교과서에는 다음과 같은 표현이 있다.[146] (i) 불균일취급이 헌법 제14조에서 금지된 차별이 되는지, 합리적인 불균등 취급이라고 봐도 되는지, (ii) 불평등의 적극적 해소조치(affirmative action)는 헌법론의 견지에서 말하면, "어디까지라면 헌법 제14조에 어긋나지 않는가"라는 형태로 문제가 되는 성질의 것이다.[147]

위의 표현들은 모두 균일취급이 차별로 인식될 수 없음을 전제로 한다. 만약 樋口가 C설을 받아들인다면, 積極的 解消措置(affirmative action)가 차별로 인식되지 않을 수 있다. 그 조치가 헌법상의 평등에 부합하는 조치로 인식될 수도 있다. 그러나 그는 이것을 부정했다. 이것은 그가 A설을 받아들인 것을 보여준다.[148][149]

---

146) 樋口陽一, 『憲法(改訂版)』 創文社, 2004, 203.

147) (i) 異なった取扱いが一四条で禁止された差別となるか、合理的な不均等取扱いと見てよいかが、(ii) 不平等の積極的 解消措置(affirmative action)は憲法論の見地からいえば、「どこまでなら一四条に反しないか」という形で問題となる性質のものとなる

148) 가장 쉽게 평등을 이해하는 방법은 균일취급이다. 長谷部恭男, 『憲法(第7版)』 新世社, 2018, 171 참조.

149) A설을 전제로 한다면, '不平等의 積極的 解消措置'라는 표현은 적절하지 아니하다. 不平等의 積極的 解消措置(affirmative action)이라 불리는 조치는 '不平等'을 '積極的으로 解消'하는 '措置'가 아니라, '不平等'을 실현하는 '措置'이기 때문이다. 여기서 樋口는 '평등'을 '正義'의 의미로 사용한 것으로 보인다. 不平等의 積極的 解消措置를 不正義를 해소하는 措置라고 이해한 것 같다. 이 점은 아래에서 長谷部恭男, 『憲法(第7版)』 新世社, 2018, 167에서 사용된 '평등'의 의미에 관련해서도 지적하였다.
하나의 체계 안에서 하나의 단어는 하나의 의미로 사용되어야 한다. 다르게 사용하기 위해서는 따로 설명을 붙여야 한다. 이 논문에서 'Ba설 중의 절대적 평등'이라는 표현을 사용하는 것은, 樋口가 사용하는 '절대적 평등'이라는 말이 이 논문의 다른 곳에서 사용되는 절대적 평등과 다르기 때문이다.

그렇게 이해하면 어떤 문제가 생기는가? 위에서 Ba설 중의 절대적 평등설[150]의 내용이 바로 평등의 의미에 관한 내용이고, 그 내용은 평등이 均一取扱을 명령한다는 것이다. 그런데도 그는 均一取扱으로 이해되는 평등의 의미를 부정했다. 그런데 위에서 보인 문장들은 그가 사실 균일취급이 평등의 의미라는 점은 전제하고 있음을 보여준다.

왜 이런 문제가 생겼을까? 위에서 본 바대로 그가 말하는 상대적 평등설은 평등의 의미에 관한 학설이 아니고, (평등의 의미를 무엇으로 하든) 평등한 상태에서 벗어난 경우, 즉 차별이 있는 경우 그 차별이 허용될 수 있는가에 관한 학설일 뿐이다.

그런데 그는 평등이 균일취급을 명령하고 있음을 스스로 밝히고 싶지는 않았다. 왜 밝히고 싶지 않은가? 평등의 모순에 부딪히기 때문이다. 그 모순을 해소할 수 없는 상태에서, 평등이 균일취급을 명령한다고 보는 것은 '입법의 부정'처럼 느껴졌을 수도 있다.

그래서 그는 평등이 "사실상의 차이를 고려하지 않는 균일취급"[151]이 아니라 "사실상의 차이도 고려하여 다르게 취급하는 것 자체를 배제하지 않음을 의미한다"[152]는 아주 기이한 문장을 쓰게 되었다.[153]

결국, Ba설은 A설을 전제로 한다. 법이 어떤 사태를 구획하여 법적 효과를 부여하면 늘 헌법의 이상에서 멀어진 상태, 즉 차별로 인식된다. 이 차별은 정당화 심사를 거쳐 정당화될 때에는 위헌이 아니라고 이해된다. 조금 거칠게 말하면 모든 법은 정당화 심사의 대상으로 된다.[154] 단지 사태를 구

---

150) 균일취급설, A설.

151) "事実上の異をも考慮に入れない均一取扱い"

152) "事実上の差異をも考慮に入れて異なった取扱いをすること自体を排除しないを意味する"

153) 물론, 필자는 이것이 樋口의 고민으로 만들어진 것은 아니라고 본다. 오래도록 이 문장이 사용되어져 왔고, 樋口는 이것을 그대로 수용하였을 뿐이다.

154) 長谷部恭男, 『憲法(第7版)』 新世社, 2018, 170은 이 점을 지적한다. "法は、一定の要件に一定の法的効果を結びつけるものであるから、あらゆる法は、広い意味では差別をしていることになる。"[법은 일정한 요건에 일정한 법적 효과를 연결하는 것이기 때문에 모든 법은 넓은 의미에서는 차별을 하고 있는 것이 된다.]

획하지 아니하는 법, 즉 '모든 국민'에게 똑같은 법적 효과를 부여하는 법은 정당화 심사를 받지 아니한다. 이런 법을 염두에 두지 않는다면, 모든 법은 정당화 심사의 대상이 된다.

Ba설을 전제로 하면 평등권 침해 여부에 관한 심사는 (i) 차별의 존부와 (ii) 정당화 심사로 나누어 이루어진다. 이 심사에 있어서는 차별이 있는가를 따지는 데는 거의 노력을 들이지 않는다.[155] 불균일취급은 바로 차별로 인식된다. 차별에 합리적 이유가 있는가 하는 점만이 거의 유일한 쟁점이다.

(4) 案山子[156]エラー(strawman fallacy)

이 학설의 전개에 있어서 특이한 점은 自說을 스스로 설명하지 않는다는 것이다. 自說이 옳음을 설명하는데 있어서 먼저 다른 주장을 앞에 내세운다.[157] 그것이 옳지 아니하다는 점을 논증하고, 그러므로 自說이 옳다고 결론을 맺는 방식을 채택한다. 그런데, 自說에 대한 논증의 양은 零(zero)이다. 이러한 논증방식은 허수아비 때리기 오류(strawman fallacy)로 오해받을 우려가 있다.[158]

---

155) 논점으로 될 수 있는 것은 단지 구획만 하는 것도 차별로 되는가, 주장하는 쪽에 유리한 불균일취급도 차별로 될 수 있는가 하는 정도의 쟁점이 있을 것이다.

156) かがし.

157) C설도 마찬가지다. C설도 그냥 평등은 '같은 것은 같게, 다른 것은 다르게' 취급할 것을 명령하고 있다고 설명하지 않는다. 그 앞에 균일취급을 내세운 후, 그것이 옳지 않고 自說이 옳다고 말한다. 우리는 이 주장들이 왜 이런 형식을 취하는지에 대해 생각해 보아야 한다. 바로 그렇게 말하는 것이 낯설고 받아들여지기 어렵다고 스스로 생각하기 때문이다. 평등한 취급을 '균일취급'이라고 이해하는 것이 옳기 때문이다. 그리고 이 논문의 결론에 해당하는 것이지만, 헌법은 '균일취급'을 명령하고 있지 않다. B설이나 C설은 '헌법 제14조 제1항의 명령'을 '균일취급'이라고 이해한 후, 이것이 옳지 않으니까 自說을 채택해야 한다고 설명하고 있다. 그런데 필자의 주장대로, 헌법상의 평등조항이 평등한 취급 중의 일부, 즉 열거된 사유(또는 이에 보태어서 이것들과 동등한 사유까지 포함된 사유)에 기한 불균일취급을 금지하고 있다고 이해한다면, B설과 C설의 양상은 달라질 것이다. 이 주장은 문면의 지지를 받는다.

158) 이에 대해서는 아래에서 새로 본다.

만약 B설이 옳다고 생각한다면, 합리적 이유가 있다면 차별이 허용되어야 한다는 논증을 하면 된다. 그러나 樋口는 절대적 평등을 내세우고, 그것이 부당하다고 하였다. 사실 어떤 것이 '절대적'인 것으로 받아들여지는 경우는 흔치 아니하다.[159] '절대적'인 것과 '상대적'인 것을 대비시켜 두면, 절대적인 것이 옳다고 받아들여지기는 어렵다. 절대적인 것을 옳다고 주장하는 것은 교조적인 것으로 이해되기 쉽다. 거기에 대비되어지는 '상대적'이라는 말은 보다 쉽게 받아들여질 수 있다.

그런데 문제는 樋口의 記述 중, Ba설 중의 절대적 평등의 내용에는 '절대적'이라는 말이 감당해야 할 내용이 들어 있지 않다. 단지 '사실상의 차이도 고려하지 않는 균일취급'이라고만 하고 있을 뿐이다.[160] 단지 그 주장의 이름에만 '절대적'이라는 말이 들어 있다. 그가 상대적인 것으로 대비시켜 둔 절대적 평등설 안에는 전혀 '절대적'인 것이라 표현할 만한 것이 없다.

만약 그가 절대적 평등, 상대적 평등이라는 말을 쓰지 않고 논증하였다면 양상은 상당히 달라졌을 것이다. Ba설의 표현 중 절대적 평등과 상대적 평등이라는 말을 빼고 옮겨 적어보자.

"사실상의 차이도 고려하지 않는 균일 취급을 의미하는 것이 아니라, 사실상의 차이도 고려하여 다르게 취급하는 것 자체를 배제하지 않는다."[161] 라고 記述하였다면, 아마도 이 주장이 옳다고 받아들여지기는 어려웠을 것

159) 君塚正臣,『憲法』成文堂, 2023, 216. "一般に法理論、否、社会科学の分野の議論で「絶対」と主張することは패배への第一歩となることがほとんどである。なぜならば、事象には例外があるからである。対して、拷問の禁止など、規範を語る場合は「絶対」や「唯一」を語れる。"[일반적으로 법이론, 아니 사회과학 분야의 논의에서 '절대'라고 주장하는 것은 패배로의 첫걸음이 되는 것이 대부분이다. 왜냐하면, 사건에는 예외가 있기 때문이다. 반면 고문금지 같은 규범을 말할 때는 '절대'나 '유일'을 말할 수 있다.] '절대'를 허수아비로 내세우면 논증이 성공할 확률이 높다. 그러니 아무도 주장하지 않는 절대적 평등을 허수아비로 내세운다. 自說을 쉽게 납득시킬 수 있기 때문이다.

160) A설과 같은 내용이다.

161) 樋口陽一,『憲法(改訂版)』創文社, 2004, 202-203.

이다.

우선 비교의 대상이 서로 동일한 성격을 가지고 있지 않다. 전자는 평등의 의미, 즉 평등이 입법자에게 부과하는 '명령'이 무엇인가를 다루었고, 후자는 평등의 명령을 전제로 (그 명령이 무엇이든 간에) 그 명령으로부터 벗어난 상태가 허용되는 경우가 있는가를 말하고 있다.

전자는 명령(must)의 문제를 다루고 있고, 후자는 허용(may)의 문제를 다루고 있다.[162] 양자는 하나의 평면 위에 올려질 수 없다. 서로 다른 차원의 문제다. 양자는 서로 모순 관계에 있지 않다.

모순관계에 있지 않다는 말을 좀 더 설명해 보자. 樋口의 위 문장 중의 전단과 후단은 모두 옳을 수도 있고, 모두 틀릴 수도 있다. 불균일취급이 평등에 의해 금지되지만(prohibited), 예외적으로 허용될(permit) 수 있다.

그런데 만약 위의 문장을 아래와 같이 조금 변용해 보자. "사실상의 차이를 고려하지 않는 균일 취급을 의미하는 것이 아니라, 사실상의 차이를 고려하여 다르게 취급하여야 한다" 이렇게 표현하면 양자는 서로 모순관계에 있게 된다. 이 경우 양자는 서로 얽혀(entangled) 있는 상태다. 전자가 옳으면 후자가 틀리고 전자가 틀렸으면 후자가 옳다. 이 경우에는 전자가 옳지 않다는 것이 후자가 옳다는 것에 대한 충분한(sufficient) 논증으로 된다.

樋口는 여기에, '절대적 평등', '상대적 평등'이라는 말을 끼워놓음으로써 마치 양자가 얽힌(entangled) 것 같은 외양을 만들었다.[163] 그 후 절대적인 평등은 옳지 아니하고, 그러므로 그와 얽힌(entangled) 상대적 평등이 옳다는 결론에 쉽게 도달할 수 있다. 성공적으로 논증을 해낸 것처럼 보인다. 허수아비 오류(strawman fallacy)라고 할 만하다.

---

162) '逸脫'이라고 표현하는 것이 더 정확할 수도 있겠다.

163) 만약 절대적 평등설과 상대적 평등설이 예외의 허부 문제로 대립한다면, 양자는 서로 얽혀 있다(entanglement)고 할 수 있다. 그래서 절대적 평등설이 옳지 않으면 상대적 평등설이 옳다고 결론낼 수 있다. 그러나 '균일취급'과 '예외의 허용'은 서로 얽혀 있지 않다.

앞의 균일취급과 뒤의 예외 허용은 서로 별개의 문제이므로, 따로 따로 논증되어야 할 문제이다. 앞에서 본 浦部의 주장을 보면 이 점을 분명하게 알 수 있다.

라. 실패

위에서 본 바에 의하면, Ba설은 위에서 제시된 평등의 모순을 해소하지 못하였다. 합리적 이유가 있으면 그 차별이 정당화된다고 설명하였지만, 평등의 명령을 이상적으로 따르는 상태가 균일취급이라는 점을 그대로 전제한 학설이라는 점에서 위의 모순을 극복한 것으로 이해될 수 없다.[164)]

즉, 불균일취급의 체계를 만드는 일을 본연의 과업으로 삼는 사람들에게 불균일취급을 하는 법을 만들지 말라는 명령을 부과하는 것이 모순이라는 주장에 대해서 불균일취급을 하지 말아야 하는 것은 맞지만 불균일취급에 정당한 이유가 있으면 불균일취급이 허용된다고 말하고 있을 뿐이다. 법을 만들지 않거나 만들더라도 사태를 구별하지 아니하는 것이 평등의 이상이라는 점 자체는 전혀 부정하지 못하였다.

필자가 보기에는 Ba설의 입론은 완벽하게 浦部와 같은 것이다. 그러나 양자가 이것을 설명하는 방식은 매우 달랐다. 우선 Ba설은 균일취급이 평등의 명령이라는 것을 밝히지 않았다. 도리어 그의 명시적인 記述을 보면 이것을 부정했다. 그러나, 그는 균일취급은 차별로 인식될 수 없고,[165)] 불균일취급이 차별이라고 記述함으로써 스스로 모순에 빠져버렸다.

더 나아가 그는 '균일취급'과 '예외허용'을 대비시켜 두고 전자는 틀렸고,

---

164) 물론, 아래에서 보는 필자의 제안에 따른다면, 헌법 제14조 제1항 후단에 기재된 사유를 어떻게 보는가에 따라 모순을 극복하였는지 여부가 달라진다. 예시적 열거설을 부정하거나 예시적 열거설을 긍정하면서도 內包(connotation)를 확정하지 아니하여 실제로는 內包를 零으로 보는 입론을 따른다면, 결국 평등의 모순을 극복하지 못한 것으로 된다. 필자는 후단 사유의 內包의 量이 零이 아니라고 본다. 그렇게 이해하면 평등의 모순은 해소된다. 아래에서 상세히 본다.

165) 積極的 解消措置(affirmative action)는 헌법적 관점에서 차별이라 보았다.

후자가 타당하다는, 비논리적인 논증을 하였다. 이 논증의 비논리성을 숨기기 위하여, '절대적 평등'이라는 허수아비를 세웠다. 이것은 허수아비오류(strawman fallacy)에 해당한다.

필자가 보기에 Ba설은 평등의 의미에 관한 학설로 존속할 수 없다. Ba설은 평등의 의미를 밝힌 것이 아니라 평등권의 성격을 밝힌 것이다. 합리적 차별을 허용한다는 Ba설은 평등의 의미에 관한 어떤 학설과도 병존할 수 있다. A설과 B설이 결합할 수 있고, 아래에서 볼 C설과도 결합할 수 있다.

3. C설(아리스토텔레스의 정의론)

가. 도입

아리스토텔레스는 자산이 구성원 각자의 품성 양에 비례하여 배분되었을 때, 정의롭다고 보았다. 그는 공동체의 부나 명예와 같은 공동체의 자산을 구성원에게 어떻게 배분할 것인가에 관한 원리로, '같은 사람에게 같은 몫'[166]이 배분되어야 한다는 원리, 즉 각자가 가진 品性의 비율에 따른 배분원리를 제시했다.

만약 甲과 乙이 있을 때, 그들의 품성의 비가 A : B라면 갑과 을에게 각기 분배될 자산 a, b는 다음과 같이 결정되어야 한다. A : B = a : b. 즉 a / A = b / B가 성립할 때 정의가 실현되었다고 본다. 이를 '比例的 正義'(proportional justice)라고 한다. 각 구성원이 가진 품성(quality)의 比'와 '그

166) Nicomachean Ethics, V.3, 1131a30. "즉 우리는 법을 평등하다고 간주한다. 법은 또한 평등이기도 하지만 같은 것에 대한 평등이지 모든 것에 대한 평등인 것은 아니다. 그리고 우리는 불평등을 법이라고 간주한다. 물론 불평등은 또한 법이기도 하지만 모든 것에 대한 불평등이 아니라 같지 않은 것에 대한 불평등인 것이다." Nicomachean Ethics, V.6, 1131a. Robert Alexy(이준일 譯), 『기본권이론』 한길사, 2007, 466의 각주 15.

구성원에게 배분된 共同體 資産의 比'가 일치하였을 때 비례적 정의는 완성된다.

여기서 C설이라 통칭하는 주장은 아리스토텔레스의 정의론을 기반으로 한 것이다. 평등한 배분이란 정의로운 배분이라 이해했다. 아리스토텔레스의 비례적 정의를 평등의 내용으로 充塡하였다. 그런데, 아리스토텔레스의 정의론을 얼마나 충실하게 받아들이는가에 따라서 몇 가지 다른 주장이 있다.

나. 다양한 형태

(1) 같은 것은 같게, 다른 것은 다르게(Ca설)[167]

(가) 내용

長谷部의 다음과 같은 記述을 보자.

> "(i) 평등은 언뜻 보면 이해하기 쉬운 관념이다. 사람은 천부적으로 평등하며, 따라서 평등하게 대우받아야 한다. 그러나, 이 알기 쉬움은, 누구를 어떻게 취급해야 하는가라고 하는 구체적인 단계에서는 금세 사라진다. (ii) 모든 사람을 평등하게 취급해야 한다고 해서 범죄를 저질렀는지 아닌지에 관계없이 모든 사람을 감옥에 보내야 한다고는 할 수 없고, 재산이나 소득의 다과에 관계 없이 모든 사람으로부터 (iii) 같은 금액의 세금을 징수하는 것이 평등하다고는 할 수 없다. 수입, 재산, 체력, 지력, 사회적 지위 등 사람이 처한 여러 상황이나 특징의 차이에도 불구하고 사람을 (iv) 평등하게 취급하는 것은 애초에 가능할까. 일반적으로는 '같은 것은 같게, 다른 것은 다르게' 취급해야 한다는 법언이 이 주제를 해결하는 지침이 될 것으로 생각된다. 범죄자와 그렇지 않은 자를 부자와 빈자를 다르게 취급해야 하는 것은 그들이 애초에 다르기 때문이다."[168][169]

---

167) 일본의 서석에서는 주로, '等しいものは等しく、等しくないものは等しくなく'로 표현된다. '같게'와 '等しく' 사이에는 의미상의 차이가 있다. 취급의 내용이 동일할 때 '같은 취급'이라 할 수 있다. 그런데, 취급의 내용 자체가 동일하지 않더라도, 양자를 평가하여 均等하다고 볼 수 있으면 '等しい'하다고 말할 수 있을 것처럼 보인다. 어떤 상황에서는 이것이 문제될 수 있다. separate but equal의 상황을 염두에 두면 그 상황을 상상할 수 있다.

168) 長谷部恭男, 『憲法(第7版)』 新世社, 2018, 167. 밑줄과 첨자는 필자가 추가한 것

(나) 검토

① C설 중 가장 일반적으로 주장되는 형태다. 이 입론에 따르면, 불균일취급이 있다고 하여 바로 차별로 인식될 수 없다.[170] 불균일취급을 받는 집단 사이에 본질의 동일성이 먼저 심사되어야 하고,[171] 그 본질의 동일성이 부정

이다. "平等は一見するとわかりやすい観念である。人は生来平等であり、したがって平等に取り扱われなければならない。しかし、このわかりやすさは、誰をいかに扱うべきかという具体的な段階ではたちまち消失する。すべての人を平等に扱うべきだからといって、犯罪を犯したか否かにかかわらず、あらゆる人を刑務所に入れるべきだとはいえないし、財産や所得の多寡にかかわらず、あらゆる人から同額の税を徴収することが平等とは限らない。収入、財産、体力、知力、社会的地位など、人の置かれたさまざまな状況や特徴の違いにもかかわらず、人を平等に扱うことは、そもそも可能だろうか。一般的には「等しい者を等しく、等しくない者を等しくなく扱うべし」という法諺が、この間題を解決する指針となると考えられている。犯罪者とそうてない者とを、富者と貧者とを,異なって扱うべきなのは、彼らがそもそも異なっているからである。"

169) "평등원칙은 입법자에게 본질적으로 같은 것을 자의적으로 다르게, 본질적으로 다른 것을 자의적으로 같게 취급하는 것을 금하는 것이다."(헌재 2010. 7. 29. 2009헌바218, 판례집 22-2상, 386, 399: 헌재 1996. 12. 26. 96헌가18, 판례집 8-2, 680, 701; 헌재 2003. 1. 30. 2001헌가4, 판례집 15-1, 7, 20; 헌재 2007. 6. 28. 2004헌마643, 판례집 19-1, 843, 852-853. 이 판시는 '자의적으로'라는 말을 개입시킴으로써, 평등의 의미, 즉 '같은 것은 같게, 다른 것은 다르게'와 평등권의 성격을 결합하여 설시한 것이다. 유사한 취지의 대법원 판례로는 대법원 2007. 10. 29. 선고 2005두14417 전원합의체 판결; 대법원 2008. 11. 20. 선고 2007두8287 전원합의체 판결).

170) A설에서는 불균일취급이 차별의 필요충분조건(necessary and sufficient condition)이라 설명하였다.

171) 한국 헌재의 판례는 두 개의 사실관계가 본질적으로 동일한가 여부를 "일반적으로 당해 법률조항의 의미와 목적"을 보고 판단하여야 한다고 본다. 헌재 2010. 7. 29. 2009헌바218, 판례집 22-2상, 386, 399. 필자로서는 이해하기 어려운 말이다. 만약 이 말이 맞다면 평등권 심사가 법률 체계의 정합성 심사로 된다. 법률이 스스로 정한 바를 법률이 잘 지키고 있는가를 따지기 때문이다. 同位의 법들끼리는 충돌할 수 있다. 그렇다고 효력의 문제가 생기지 않는다. 해석의 문제가 남을 뿐이다. "어떤 법률조항의 내용이 다른 법률조항의 내용과 서로 충돌된다 하여 원칙적으로 이들 법률조항이 헌법에 위반된다는 등 헌법문제가 발생되는 것은 아니고, 이들 법률조항들을 어떻게 조화롭게 해석할 것인가의 법률해석 문제가 생길 뿐이다."(헌재 1998. 11. 26. 96헌마54, 판례집 10-2, 742, 752; 헌재 1998. 11. 26. 96헌마74, 판례집 10-2, 764, 781; 헌재 2005. 10. 27. 2003헌바50, 판례집 17-2, 238, 252; 헌재 2009. 4. 30. 2007헌바73, 판례집 21-1하, 131, 140) 원칙 조항과 예외 조항 사이의 문제를 생각해 보면 금방 이해할 수

된다면[172] 불균일취급이 있더라도 그 상태는 정당화를 필요로 하는 상태가 아니다.[173] 그 상태가 바로 평등의 이상에 부합하는 상태이기 때문이다.

이 입론에 따른다면, 양자에 대해 균일취급을 하고 있다고 하여 바로 차

있는 문제다. 이 경우 특별법 우선의 원칙에 따라 예외가 우선 적용된다.

172) 좀 더 정확하게는, 그 본질이 다르다면. 본질이 같지 아니하다는 것과 본질이 다르다는 말은 서로 다른 말이다. 같지 않다고 다르다고 할 수 없다. 본질이 같지 않다고 하여 바로 다르다고 할 수 없다. 본질이 같다는 점에 대한 논증이 실패하였을 뿐이다.

173) 사실 이 문제도 이렇게 단순하게 정리될 수 있는 문제가 아닌 것은 분명하다. 본질적으로 다르다고 하여 다른 취급이 무조건 정당화된다고 보는 것은 이 입론이 추구하는 바가 아니다. 양자 간에 본질이 다르다면, 그 본질의 다름에 비율이 있고, 취급에 있어서의 차이의 비율도 본질의 차이 사이의 비율과 일치하여야 한다. 이것이 Cb설이다.

예를 들어서 살인을 한 사람과 절도를 한 사람 사이에 본질이 다르다고 가정해 보자. 그래서 다른 취급이 명령된다고 보자. 그런데 살인한 사람에 대해 5년 이하의 징역에 처하고(형법 제325조 절도죄에 대해 정해진 법정형), 절도를 한 사람에 대하여 사형, 무기 또는 5년 이상의 징역(형법 제250조 제1항 살인에 대해 정해진 법정형)에 처한다고 생각해 보자. 양자가 본질적으로 다른 점을 전제로 한다면 그 취급에 있어서도 다른 것이므로 이 취급은 정당화될 수 있을 것처럼 보인다. 이 입론은 본질적으로 다른 경우에 대해 다르게 취급하는 것은 차별이 아닌 것으로 이해하고, 본질적으로 다른 것에 대해 다른 취급을 하고 있기 때문이다.

그러나, 이 입론을 지지하는 사람들은 위에서 필자가 제시한 사안을 그렇게 이해하지는 않을 것이다. 이 입론자는, 살인과 절도 사이에는 본질에 있어 서로 다른 바가 있다고 본다. 이 입론에서는 그 기준이 중요한데, 형벌을 부과하는데 있어서의 기준은 예를 들면, 행위반가치, 결과반가치 등 여러 가지가 있겠지만, 그 기준에 따랐을 때, 차이의 비율이 있을 것이고, 이 비율이 취급에도 반영이 되어야 한다고 본다. 절도에 비하여 살인이 다섯 배의 본질에 있어서의 차이가 있다면, 취급에 있어서도 살인에 대해서는 절도에 대한 것보다 다섯배의 차이가 있어야 한다고 본다. 그런데, 위의 사례에서는 살인에 대한 취급과 절도에 대한 취급이 다르기만 한 뿐, 그 비율이 맞지 않기 때문에 평등에 부합하는 취급이라 보지 않는다.

이 입론의 원형을 이루는 아리스토텔레스의 정의론을 검토해 보면 알 수 있다. 만약 그렇게 본다면 이 입론이 내세우는 판단 방식은 같은 것은 같게 다른 것은 다르게 가 아니고, '같은 것은 같게, 다른 것은 그 비율에 따라 다르게'로 표현되어야 한다. 표면에 내세운 판단의 방식과 내심으로 기대하는 판단의 방식이 다르다. 하지만 여기서는 이 문제에 대해서는 더 이상 상론하지 않겠다.

별이 없다고 단언할 수도 없다. 양자 간에 본질적으로 다름에도 불구하고 균일취급을 하고 있다면 이 또한 차별로 이해될 수밖에 없다. 서로 다른 것을 같게 취급한 것이다.

② 이 입론에 따른다면 양자 간에 균일취급이 있든, 불균일취급이 있든, 두 사태 사이의 본질적인 같음과 다름이 먼저 판단되어야 하고, 그 판단 이후에 비로소 차별의 존재 여부가 판단될 수 있다. 위에서 든 A설[174]이 두 집단 사이에 불균일취급을 하면 바로 차별이 있다고 판단하고, 균일취급을 하면 바로 차별이 없다고 말할 수 있는 것과 다르다.

③ 長谷部가 '같은 것은 같게, 다른 것은 다르게'를 필자의 의견과 같이 이해하였는가에 대해서는 의문을 가지지 않을 수 없다. 몇 가지 근거를 대보자.

長谷部는 "어떤 점에 착안하여 같은 사람과 같지 않은 사람을 구별해야 하는지를 모르는 한, 역시 문제는 해결되지 않는다."[175]고 한다. 그런데 Ca설, 좀 더 넓게는 C설 전체에 있어서 가장 중요한 것은 어떤 상태를 차별이라고 말할 것인가, 하는 것이다. 넓게 보면 철학에서의 正義論과 같은 것이다. 정의의 기준이 서지 않으면 평등의 문제를 해결할 수 없다고 하면서도 이 문제에 대해서는 아무런 언급을 하지 않으니, 일응 그가 충분히 Ca설을 주장하고 있다고 보기는 어렵다.[176]

더 나아가 "문제는, 법이 정한 취급이 합리적인 근거에 기초한 차별인가, 아니면 불합리한 차별인가이다."[177]라고 한다. 그러나 이것은 Ca설의 관점에서 보면 덜 중요한 문제다. Ca설에서 가장 어려운 문제는 분배의 원리,

---

174) 명시적이지 않지만 B설도 마찬가지다.

175) "いかなる点に着目して等しい者と等しくない者とを区別すべきかがわからない限り、やはり問題は解決しない。"(長谷部恭男, 『憲法(第7版)』 新世社, 2018, 168)

176) 필자가 보기에 C설을 충분히 주장하려면 그 주장의 부록으로 '정의론'을 서술하여야 한다. Ca설을 주장하는 자는 정의론을 다루는 철학자도 되어야 한다.

177) 長谷部恭男, 『憲法(第7版)』 新世社, 2018, 170. "問題は、法の定める取り扱いが合理的な根拠に基づく差別か、それとも不合理な差別かとなる。"

正義의 基準을 정하는 것이다. 앞에서는 분배의 기준이 서지 않으면 평등의 문제를 판단할 수 없다고 하고도, 뒤에서는 이것은 덜 중요하고 합리적 이유가 있는가가 중요하다고 한다. Ca설의 의미를 충분히 이해하였으면 이렇게 말할 수 없다.

하나 더 長谷部가 Ca설의 의미를 잘 이해하였는가에 대해 의심을 가지게 하는 것은, 그가 Stereotype의 문제와 연결시켜 평등을 이해한다는 점이다.[178] '인종'과 '성별'은 그렇게 이해할 수 있다. 즉, Stereotype가 작동할 수 있다. 그런데, 그가 예로 드는 세금의 문제, 형벌의 문제는 Stereotype의 문제와 무관하다. 분배질서에 관한 문제이다. 분배질서의 문제는 '인종'이나 '성별'에 따라 사람을 어떻게 취급할 것인가에 관한 문제에 한정되지 않는다. Ca설을 토대로 사회적 약자를 우선적으로 취급하는 것은 Stereotype와 전적으로 무관하다. Affirmative action의 경우도 무관하다.

더 나아가 그는 열거된 사유들의 의미를, 차별의 존부를 판단하는데[179]는 무의미한 것으로 이해한다.[180] 그러므로, 그의 이해를 따른다면 인종이나 성별 외에도 차별금지 사유는 무한하다. 그런데도 왜 차별하는가 하는 물음에 관하여 Stereotype을 들어 설명하는 것은 곤란하다.

④ 위의 문장을 분석해 보자. (i)에서 평등이 그리 어렵지 않은 관념이라고 하는데 이때의 평등은 균일취급을 의미한다. (ii)를 보면 이 점을 알 수 있다. 범죄를 저질렀는지 아닌지에 관계없이 모든 사람을 감옥에 보내고, 재산이나 소득의 다과에 관계없이 모든 사람으로부터 같은 금액의 세금을 징수하는 것이 평등하다고 본다. 이것이 (ii)에서 말하는 평등이다. 이것은 정확하게 위에서 본 A설이다. 이렇게 이해하면 그리 어렵지 않게 평등을

178) 長谷部恭男, 『憲法(第7版)』 新世社, 2018, 169.
179) 필자의 입장에 따르면, 엄밀하게는 정당화 심사가 필요한지 여부.
180) 長谷部恭男, 『憲法(第7版)』 新世社, 2018, 172. 심사기준에만 영향을 미친다고 본다. 헌법이 금지하는 차별의 범위를 제한하는 데는 역할을 하지 않는다고 본다. 필자의 표현을 따른다면, 內包가 零이고, 外延이 無限大다.

이해할 수 있다.

그런데 동액의 세금을 부과하는 것이 평등한 것이 아니라고 말할 때의 평등, 즉 (iii)의 평등은 더 이상 앞에서 말한 (i)의 평등과 같은 의미로 사용되지 않았다. 앞에서 동액의 세금을 부과하는 것은 어느 모로 보나 (i)의 평등에 부합하는 것이다. 그러니까 (i)의 평등에 부합하는 조치가 갑자기 (iii)의 평등에 부합하지 않는다고 한다.

필자가 보기에 (iii)의 평등은 (i)에서 말한 평등이 아니다. (iii)의 평등은 '정당함', '정의로움'을 의미한다. 그래서 (i), 또는 (ii)의 평등이 정당하지 아니하다, 正義에 부합하지 않는다고 말하기 위해서 (iii)의 평등이 사용되고 있다. 이것은 이상하다. 하나의 단어를 서로 다른 의미로 사용하고 있다.

그러면 (iv)의 평등은 무엇인가? (i)에서 본 균일취급을 의미하는가? 그렇게 본다면 技術的으로 불가능하지 않다.[181] 모든 사람에게 균일취급하는 것이 技術的으로 불가능한 것은 아니다.[182] 그는 '가능할까'라고 물었지만, '타당한가' 정도의 질문을 하고 싶었던 것 같다.

그런데 법의 해석론에서는 먼저 그 의미가 무엇인가 하는 것이 검토되어

---

181) 君塚正臣,『憲法』成文堂, 2023, 216도 예외 없이 같게 취급하는 것이 불가능하다고 한다. 그런데, 그가 타당하다고 한 것은 Ca설이라고 하다가 결국은 B설로 돌아갔다. A설, 즉 균일취급설로 돌아갔다. 君塚正臣,『憲法』成文堂, 2023, 216. "通説は、同條は国会も拘束し、法内容の平等も條求めており、また、1項後段を例示列挙と解し、これらを含め、等しいものは等しく扱い異なるものは異なって扱う、合理的な区別は許されるが不合理な差別は許されない、という、相対的平等を法は要請したと考えてきたのである。"[통설은, 이 조는 국회도 구속하고, 법내용의 평등도 요구하고 있으며, 또, 1항 후단을 예시 열거로 해석해, 이것들을 포함해, 같은 것은 같게 취급하고 다른 것은 다르게 취급한다, 합리적인 구별은 허용되지만 불합리한 차별은 허용되지 않는다, 라고 하는 상대적 평등을 법은 요청했다고 생각해 왔던 것이다.] 그의 주장이 B설이라 하면 모르겠으나, Ca설이라 하면 그것이야말로 불가능하다. 그가 Ca설에서 A설로 되돌아갔다는 점은 뒤에서 논증하였다. IV.6. 참조.

182) 도리어 그가 주장하는, '같은 것은 같게, 다른 것은 다르게 취급하는 것은 技術的으로 불가능하다. 세상 사람들을 그들이 가진 품성의 비율에 따라 전부 다르게 취급하여야 하기 때문이다. 長谷部는 세금을 예로 든다. 모든 국민의 담세능력을 파악하여 그 비율에 따라 세금을 부담시킬 수 있는가? 불가능하다.

야 한다. 균일취급을 하는 것이 타당하지 않으니까, 평등의 의미는 그런 것이 아니라고 말하는 것은 곤란하다. sollen에서 sein을 추론하는 것이다. 道德主義 誤謬(moralistic fallacy)[183]에 해당한다. 돈이 필요하므로(sollen), 돈이 있다(sein)고 말하면 이상하다.

법의 의미를 밝히고 그것이 타당하지 않으면 법을 폐지하거나 개정하여야 한다. 그런데 長谷部는 같은 취급으로서의 평등은 받아들일 수 없으므로 '같은 것은 같게, 다른 것은 다르게'로 이해되어야 한다고 설명한다. 무척 납득하기 어렵다. 필자가 보기에는 오류다.

⑤ 長谷部는 Ca설을 주장하지만, 그 주장을 충분히 이해한 것으로 보이지 않고, Ca설을 A설과 같이 이해하고 있는 것으로 보인다. 앞에서 든 판례의 입장[184][185]을 마치 그의 입장과 같은 것으로 이해하는 것은, 그 점을

183) 자연주의 오류의 역이라 이해할 수 있을까? 자연주의 오류는 sein에서 sollen을 추론한다. 헌법 제14조 제1항 전단의 문제를 다루면서 언급하였다. 모든 사람이 평등하다는 것으로부터 어떤 규범을 이끌어내는 것은 자연주의 오류를 범하는 것이다.

184) "憲法一四条一項及び地方公務員法一三条にいう社会的身分とは、人が社会において占める継続的な地位をいうものと解されるから、高令であるということ は右の社会的身分に当らないとの原審の判断は相当と思われるが、右各法条は、国 民に対し、法の下の平等を保障したものであり、右各法条に列挙された事由は例示的なものであつて、必ずしもそれに限るものではないと解するのが相当であるから、原判決が、高令であることは社会的身分に当らないとの一事により、たやすく上告人の前示主張を排斥したのは、必ずしも十分に意を尽したものとはいえない。しかし、右各法条は、国民に対し絶対的な平等を保障したものではなく、差別すべき合理的な理由なくして差別することを禁止している趣旨と解すべきであるから、事柄 の性質に即応して合理的と認められる差別的取扱をすることは、なんら右各法条の 否定するところではない。"[헌법 제14조 제1항 및 지방공무원법 제13조에서 말하는 사회적 신분이란 사람이 사회에서 차지하는 계속적인 지위를 말하는 것으로 해석되기 때문에 고령이라는 것은 오른쪽의 사회적 신분에 해당하지 않는다는 원심의 판단은 상당하다고 생각되지만, 오른쪽 각 법조는 국민에 대하여 법 아래의 평등을 보장한 것이며, 오른쪽 각 법조에 열거된 사유는 예시적인 것으로서 반드시 그것에 한하는 것은 아니라고 해석함이 상당하므로, 원판결이 고령인 것은 사회적 신분에 해당하지 않는나는 한 가지 사유로 쉽게 상고인의 앞의 주장을 배척한 것은 반드시 충분히 뜻을 다한 것이라고는 할 수 없다. 그러나 오른쪽 각 법조는 국민에 대해 절대적인 평등을 보장한 것이 아니며, 차별해야 할 합리적인 이유 없이 차별하는 것

보여준다.[186)]

왜 그렇게 보는가? 長谷部는 앞에서 언급한 판례를 들고, '따라서'[187)]라는 접속사를 두고, '문제는 차별에 합리적인 이유가 있는가 여부다'라는 결론에 연결시켰다. 이 결론은 자신의 것이다. 그 논거로 판례를 들었다는 것은, 판례의 입론을 수용한다는 뜻이다.

한편, 앞에서도 이미 언급하였지만, Ca설의 핵심은 차별에 합리적인 이유가 있는가 여부가 아니다. 어떤 상태를 차별이라고 인식할 것인가 말 것인가의 문제, 즉 正義의 基準이 논의의 핵심이다. 이것이 해결되지 않으면, 아예 차별에 정당한 이유가 있는가는 논의조차 될 수 없다.

이에 비하여 A을 따르면, 차별의 존부는 거의 문제되지 않는다.[188)] 불균일취급이 있으면 바로 차별이 있다고 판단할 수 있다. A설에서의 핵심적 질문은 '차별에 합리적인 이유가 있는가 여부'뿐이다. 長谷部는 이 말을 하고 있다. A설을 주장하는 사람이 할 말을 하고 있다. Ca설을 주장하는 사람이 하여야 할 말은 하지 않았다.

長谷部는 상대적 평등의 의미를 예외의 허부 문제와 연결시켜 이해한다.[189)] 합리적 이유가 있는 차별이라면 허용된다는 것이 상대적 평등이고,

---

을 금지하는 취지로 해석해야 하므로, 사안의 성질에 즉응하여 합리적으로 인정되는 차별적 취급을 하는 것은 오른쪽 각 법조가 부정하는 바가 아니다.](最大判昭和39年5月27日民集18巻4号676頁)

185) 판례의 설시 중 '道徳、正義、合目的性等の要請より', 'それぞれの対象の差に従ひ'(最大判昭和25年10月11日刑集第4巻10号2037頁), '事柄の性質に即応して'(最大判昭和39年5月27日民集18巻4号676頁)라는 표현들은 상당히 Ca설의 영향을 받은 것이라는 점은 앞에서 설명하였다. 그리고 타당하지 아니함도 보았다.

186) 長谷部恭男,『憲法(第7版)』新世社, 2018, 170.

187) したがって.

188) 구분한 후 균일취급을 하는 것이 차별로 인식되는 경우가 있을까, 하는 문제가 생길 수는 있다. separate but equal과 관련된 논점이다. 같은 품질의 수도꼭지를 설치한 후, 한쪽은 유색인종이, 다른 한쪽은 백인이 쓰도록 하는 상황을 예로 들 수 있다. 미국에서 실제로 그런 일이 있었다.

189) 長谷部恭男,『憲法(第7版)』新世社, 2018, 170.

그것이 자신의 입장이기도 하다[190]고 말한다. 그는 절대적 평등이 무엇을 의미하는가에 대해서는 말하지 않았다.[191] 다만, 판례에서 언급하는 절대적 평등의 의미를 그대로 수용한 것으로 보이기는 한다.[192]

⑥ 더 큰 문제는 長谷部도 언어적으로는 평등이 균일취급을 명령하고 있다고 이해하면서, 그것이 부당하다고 한 후에는 '모든 사람에게 전부 다른 취급을 하는 것이 평등한 취급'이라고 주장하는 것이다. '같은 것은 같게, 다른 것은 다르게'를 평등의 의미로 받아들이는 순간, '균일취급'은 예외 없이 차별이다.

가장 쉬운 예를 하나 들어보자. 세상에 키가 똑같은 사람이 있을까? 없다. 그와 마찬가지로 담세력이 똑같은 사람도 존재할 수 없다.[193] 결국 담세력에 따라 과세하여야 한다는 원칙[194]을 받아들이는 순간, 모든 사람에게는 전부 다른 세금이 부과되어야 한다.

長谷部는 모두 똑같이 취급하여야 한다는 평등에서 출발하여 모두를 다르게 취급하여야 한다는 평등에 도달했다. 전자가 부당하므로, 후자를 채택하여야 한다고 했다. 이것이 가능한 논증일까? 이렇게 결론이 완전히 달라지는데, 해석으로써 그 의미를 바꿀 수는 없다. 長谷部가 쉽게 받아들일 수

---

190) 長谷部恭男, 『憲法(第7版)』 新世社, 2018, 170.

191) 예외의 허부 문제로 상대적 평등을 다루었다면 당연히 절대적 평등도 예외의 허부 문제로 다루는 것이 맞다고 본다. 그러나 균일취급을 절대적 평등으로 이해하는 입론들이 적지 아니하므로(樋口, 安西의 입론은 분명히 그러하고, 芦部의 입론도 마찬가지인 것으로 보인다), 단언하기는 쉽지 않다.

192) 長谷部恭男, 『憲法(第7版)』 新世社, 2018, 170에서 판례를 언급하고 이를 수용하는 서술을 한다.

193) 그러므로 세법학에서 말하는 수평적 정의 또는 공평은 欺瞞的인 말이다. 이론상 담세력이 같은 사람은 존재하지 않는다. 모든 사람의 담세력은 다르다. 그러므로 수직적 평등 또는 공평만이 존재한다. 수평적 평등 또는 공평이 하는 역할은 사람을 현혹시키는 것이다. 뭔가 균일취급을 지향하는 바가 있음을 보여줌으로써, 평등과의 연결고리를 만들어 주는 역할을 한다. 그러나 이것은 欺滿이다. '같은 것은 같게, 다른 것은 다르게' 중에서 전자가 하는 역할이 이것이다. 기만하는 것이 전자의 역할이다. 필자는 이 눈속임이 학계에서 통하고 있다.

194) 응능부담원칙.

있는 평등에 문제가 있으면 그 법을 폐지하여야 한다. 폐지하지 아니하고 전적으로, 완전하게 다른 의미로 해석하는 것은 해석론의 한계 안에 있는 것이 아니다.

⑦ 필자는 前者[195]가 부당한 것[196]은 맞다고 생각한다. 그러나 헌법이 그것을 명령하고 있다고 보지는 않는다. 필자는 열거된 사유[197]에 기한 불균일취급만을 헌법이 금지한다고 본다.

그런데 이것을 오해하여, 모든 사람이나 사태에 대하여 균일한 취급을 하여야 한다는 의미로 이해하고, 이것이 부당하니까 정의로운 분배를 헌법이 명령하고 있다고 주장하고, 결국은 모든 사람이나 사태에 대해 불균일취급을 하여야 한다는 결론에 도달했다. 본말이 전도된 해석이다. 그리고 이것이 도덕주의 오류(moralistic fallacy)에 속한다는 것은 앞에서 말하였다.

필자의 입론대로 이해하면, '평등'의 의미를 유지하고도 전혀 부당하지 아니한 결론에 도달할 수 있다. 필자의 주장대로 이해되는 평등권[198]은 역사적으로 보았을 때 실천이 어려운 것은 분명하다. 그러나, 이론적으로 어려운 것은 아니다.

그런데, 헌법이 평등권 조항을 통해 명령하는 바를 오해한 것을 기화로, 평등과 평등권을 전혀 다른 문제로 전환하는 것이 Ca설이다. '열거된 사유[199]에 기한 불균일취급을 금지'하는 아주 단순한 규범을, '正義'를 명령하고 있다는 해석하였다. 필자는 이것을 법학의 BIG BANG이라 표현한다. 이론적으로 보면 거의 아무것도 아닌 것(almost NOTHING)을 법의 전부(EVERYTHING)로 만들어 버렸다.

---

195) 균일취급.
196) 正義롭지 아니하다는 의미의 부당이다. 옳지 아니하다는 의미가 아니다.
197) 예시적 열거설을 받아들인다면, 이것들과 동등한 사유를 포함하여.
198) 필자는 '평등'이란 말과 '평등권'을 다르게 사용한다. 전자는 균일취급을 의미하고, 후자는 열거된 사유(예시적 열거설을 받아들인다면, 이것들과 동등한 사유를 포함하여)에 기한 불균일 취급을 받지 않을 것을 보장한다고 이해한다.
199) 예시적 열거설을 받아들인다면 열거된 사유와 동등한 것 포함.

이렇게 되면 학문으로서의 법학은 붕괴한다. 뒤에서 볼, 安西도 이 점에 대해 공감하는 것처럼 보인다.[200] 그는 Cb설을 주장하면서도 두려워하고 있다.

(2) 같은 것은 같게, 다른 것은 그 비율에 따라 다르게(Cb설)

(가) 내용

安西는 다음과 같이 記述하였다.

> "평등의 의미에 관해 검토하자. 이에 대해서는 그것이 절대적 평등을 의미하는지, 상대적 평등을 의미하는지가 의문이다. (i) 절대적 평등이란 것은 모든 사람에게 똑같은 취급을 한다. 사람의 사정 차이를 고려하지 않고 동일한 취급을 한다. 이것에 대해 (ii) 상대적 평등은, 같은 것은 같게, 같지 않은 것은 같지 않은 정도에 따라 같지 않게 취급한다, 라고 하는 것을 요구한다. 이 대립에 관해 통설은 상대적 평등설을 취한다. (iii) 사정이 다른 사람에 대하여 동일한 취급을 한다면 그것은 惡平等이며, 오히려 (iv) 허용되지 않는 차별이 되기 때문이라고 논한다."[201]

(나) 검토

① C설 중 가장 아리스토텔레스의 정의론에 부합하는 입론이다. 安西는 '같은 것은 같게, 다른 것은 그 정도에 따라 다르게' 취급하는 것이 상대적 평등[202]을 의미하고, 균일취급을 의미하는 절대적 평등[203]은 받아들일 수

200) 杉原泰雄編, 『新版体系憲法事典』 青林書院, 2008, 448(安西文雄 執筆).

201) 杉原泰雄編, 『新版体系憲法事典』 青林書院, 2008, 448(安西文雄 執筆). 밑줄은 필자가 추가한 것이다. "平等の意味に関して検討しよう。これについては、それが絶対的平等の意味か、相対的平等の意味かが問われる。絶対的平等とは、すべての人に対して全く同じ扱いをする。人の事情の相違を考慮に入れず、同一の処遇をする、というものである。これに対し相対的平等とは、等しいものは等しく扱う、等しくないものは、等しくない程度に応じて等しくなく扱う、ということを求める。この対立に関し通説は、相対的平等説をとる。事情の異なる者に対して同一の処遇をするとなれば、それは悪平等であり、かえって許されない差別となるから、と論ずる。"

202) 여기서 말하는 상대적 평등은 A설의 浦部가 말하는 상대적 평등과 B설의 상대

없다고 한다.

위에서 본, '같은 것은 같게, 다른 것은 다르게'를 평등이라 이해하는 입론과는 조금 다른 점이 있다. 安西는 다른 것을 다르게 취급하는 것만으로는 평등한 취급이라 할 수 없다고 한다. 다른 것을 다르게 처우하되 '다른 정도에 따라' 다르게[204] 취급할 때 비로소 평등한 취급이 된다고 본다.

累進稅制度를 예로 들어보자. 세금의 분배원리로 應能負擔原理를 받아들이면, 누진세제도는 '같은 것은 같게, 다른 것은 다르게'를 평등으로 이해하는 Ca설에 의해서는 평등한 취급을 하는 제도로 이해될 수도 있을 것이지만,[205] Cb설에 의하면 평등한 취급을 하는 제도로 이해될 수 없다.[206] 누진

적 평등과는 전혀 다른 의미다. 앞의 두 경우가 예외의 허부 문제에 관한 것이라면, 安西의 것은 '평등의 의미'에 관한 것이다. 물론, Ba설은 형식적으로 보면, 평등의 의미에 관하여 상대적 평등이라는 말을 썼으나, 내용상으로는 예외가 허용된다는 의미로 썼다. 필자는 安西가 쓰는 상대적 평등이라는 말이 적절하지 아니한 것으로 본다. 이 논문에서는 '절대적', '상대적'이라는 말을 예외의 허부 문제와 관련시켜 사용한다. 그것이 언어의 일반적 의미에 부합한다고 본다. 뒤에 언급할 일이 있겠지만, 각 학자들의 언어 사용이 얼마나 혼란스러운가를 환기시켜 준다. 앞에서 Ba설 중의 절대적 평등이라는 말을 썼으므로, 여기서 安西가 사용하는 상대적 평등도 Cb설 중의 상대적 평등이라고 쓰는 것이 맞다. Cb설 중의 절대적 평등'도 마찬가지다. 이런 혼란스러운 상황이 정리되지 않으니, 奥平는 모르겠다고 고백할 수밖에 없지 않았을까. 奥平康弘, 「人はすべて平等に創られ……」考(上), 法学セミナー, 2000年1月, 86頁 참조.

203) 앞에서 Ba설 중의 절대적 평등이라는 말을 썼는데, 여기서 Cb설에서 말하는 절대적 평등은 Ba설중의 절대적 평등과 같은 내용이다.

204) 엄밀하게는 '같지 않은 것은 같지 않은 정도에 따라'라고 번역하여야 할 것이나, '같지 않은 것'을 '다른 것'으로 번역하였다. 논리적으로는 분명히 양자가 다르다.

205) 이 입론에서는 담세능력이 다른 사람에게, 서로 다른 세액을 부담시키기만 하면 다른 것을 다르게 취급한 것으로 된다.

206) 이 입론을 따르면, 다른 것을 다르게 취급하더라도 차별로 될 수 있다. 다름의 비율과 취급의 비율이 다르면 그 상태는 평등에서 벗어난 상태다. 같은 것은 같게, 다른 것은 그 비율에 따라 다르게 취급하여야 한다는, 이른바 아리스토텔레스의 정의론을 그대로 받아들인다면, 담세능력의 다름의 비율과 세액의 다름의 비율이 일치하여야 한다. 예를 들어 담세력의 비율이 1:2라면, 세액의 비율도 1:2이어야 한다. 이것이 正義라고 아리스토텔레스는 이해했다. 그런데, 누진세 제도는 그 비율을 달리한다. 예를 들면 담세력의 비율이 1:2라면 부담하는 세액의 비율은 1:2가 아니라 1:3 또는 1:4가 되어야 한다고 본다. 이것은 아리스토텔레스가

세는 담세력이 다른 程度와 조세부담이 다른 정도가 일치하지 않기 때문이다. 이 입론에 부응하는 조세제도는 累進稅制度가 아니라 單一比例稅(FLAT TAX) 제도이다. 단일비례세 제도야말로 담세력의 같지 아니한 정도와 조세부담의 같지 아니한 정도가 일치하는 조세제도다.

② 밑줄 친 (i) 부분은 浦部의 입론에서 말하는, A설의 내용이다. 절대적 평등설이 아니다. Ba설의 樋口도 이것을 절대적 평등이라 말했는데, 그것이 타당하지 아니하다. 절대적인가, 상대적인가는 예외의 허부에 관한 말이다. 판례도 그렇게 이해한다. '모든 사람에 대해 전적으로 같은 취급을 하는 것'을 절대적 평등이라고 말해서는 곤란하다. 굳이 이름을 붙인다면 균일취급설이다. '모든 사람에게 똑같은 취급' 안에는 '절대적'이라는 말의 내용이 없다.

③ '모든 사람에 대해 똑같은 취급을 하는 것'을 평등의 의미라 보고도, 여기에 대해 예외가 허용되는가에 따라 절대설과 상대설의 대립이 있을 수 있다. 같은 것은 같게, 다른 것은 그 비율에 따라 다르게 취급하면서도 예외가 허용되는가는 별개의 문제로 논의될 수 있고, 여기서도, 절대적 평등설과 상대적 평등설이 제시될 수 있다,

④ "사정이 다른 사람에 대하여 동일한 취급을 한다면 그것은 惡平等"라고 하나, Cb설의 관점에서 보면, 그것은 평등하지 아니한 상태이지, 惡平等한 상태는 아니다. 즉 같지 아니한 것을 같게 취급한 것이다. 이 상태는 차별이다. 평등한 상태가 아니다. 평등한 상태가 아닌데 惡平等[207]이라고 말할 수가 없다. 그런데, 惡平等한 상태라고 하고 다시 이를 차별이라고 할 수는 없다. 평등과 차별 사이에 중첩되는 영역이 있다는 논증을 하지 않고, '惡平等'하면서 '차별적'이라 말하는 것은 틀렸다고 할 수밖에 없다.[208]

이해한 正義에 반한다. Cb설에 따르면, 이것은 차별로 인식될 수밖에 없다.

207) 평등 안에 種概念으로 '악평등'과 '선평등'이 있음을 생각해 보면 분명하다. 평등의 바깥에 惡平等이 있을 수 없다.

208) 집합 A와 집합 B는 교집합이 없으면, 집합 A의 元素는 집합 B의 元素로 될 수 없다.

설령 '사정이 다른 사람에 대하여 동일한 취급'을 하는 것이 '허용되지 않는 차별'이라고 말하고자 하는 의도라 하더라도, '사정이 다른 사람에 대하여 동일한 취급'을 하는 것이 '차별'이라고 말하는 것을 넘어서 '허용되지 않는' 차별이라고 말하는 것은 성급한 판단이다.

Cb설을 전제로 하더라도, '사정이 다른 사람에 대하여 동일한 취급을 하는 것'이라는 판단은 차별을 인식하는 데는 충분하지만(sufficient),[209] '허용되지 않는 차별'이라고 인식하는데는 불충분하다(insufficient). 차별이라 하여 모두 '허용되지 않는' 차별이라 할 수는 없다.[210]

⑤ 나아가 安西는 자신의 주장이 통설이라고 하는데 그런 것 같지는 않다. 필자가 보기에 A설이 거의 완벽한 통설이다. 판례도 마찬가지다. 이것을 확인하는 방법은 단순하다.

차별의 존재를 확인하는데, 배분의 기준을 검토하는지를 보면 된다. 서로 다른 취급이 있음을 확인하고 바로 차별이 있다고 한다면, 이것은 완벽하게 安西가 말하는 절대적 평등설, 또는 A설을 따르는 것이다. 필자가 보기에는 安西도 자신의 주장이라는, Cb설을 관철하지 않는다.[211]

⑥ 다음과 같은 記述은 어떨까?

---

209) 필요(necessary)하지는 않다. 다른 차별 사유도 존재한다. 본질적으로 같은 것을 다르게 취급하는 것도, Cb설은 차별로 이해한다.

210) 그가 어떠한 차별도 허용되지 않는다는 의미의 절대적 평등설을 취한다고 볼 자료는 없다.

211) 아래 ⑩ 참조.

"확실히 통설이 말하는 것처럼, 일반적으로 어느 쪽이 타당한가를 묻는다면, 상대적 평등설을 취할 것이다. 그러나, 어떠한 맥락에서 그것이 논해지는지, 꼼꼼하게 검토하는 것도 요구될 것 같다. 예를 들어 개인의 존엄이 직접적으로 관련되는 맥락에 있어서는 절대적 평등론이 설득력을 갖는다. 또한 선거권 등이 관련되는 경우 역시 절대적 평등 혹은 그에 가까운 입장이 강한 설득력을 갖는다. 다만, 각 사람의 재력, 교육 등 구체적 사정은 선거권과의 관계에서 관련성을 지니지 않는 것이기 때문에, 상대적 평등설을 채택하더라도 균일취급을 요구하게 된다고 생각할 수도 있을 것이다. 어쨌든 상대적 평등설은 범용성을 갖는 이론으로서 어떠한 경우에도 적용할 수 있는 이점을 갖는 반면, 융통성이 없고 규범으로서의 틀의 의미를 갖지 않을 우려가 따른다."[212)]

安西는 절대적 평등과 상대적 평등을 서로 모순되는 관계라고 이해하는 것 같다. 본래적 의미의 절대적 평등과 상대적 평등을 두고 이해하면 그 말이 맞다. 즉 예외가 허용되는가, 허용되지 않는가의 관점에서 보면, 서로 拮抗한다. 논리적으로 모순이다.

그러나 그가 이해하는 절대적 평등과 상대적 평등은 평등의 의미에 관한 것이다. 절대적 평등은 평등이 균일취급을 요구한다는 내용이고, 상대적 평등은 Cb설이다. 이 양자는 서로 拮抗하지 않는다. 安西가 절대적 평등이 타당하다고 보는 예들은 Cb설로도 설명할 수 있다. 같으므로 같게 취급하여야 하는 예라 이해하면 족하다. 예를 들어 평등선거는 같으므로 같게 취급

---

212) 杉原泰雄編,『新版体系憲法事典』青林書院, 2008, 448(安西文雄 執筆). "確かに通説の説くように、一般的にどちらが妥当か問われるならば、相対的平等説をとるであろう。しかし、いかなる文脈でそれが論じられるか、入念に検討することも求められそうである。例えば個人の尊厳が直接に関わるような文脈においては、絶対的平等論が説得力をもつ．また選挙権などが関わる場合, やはり絶対的平等、あるいはそれに近い立場が強い説得力をもつ。ただし、各人の財力, 教育など具体的事情は選挙権との関係で関連性をもたないものであるから、相対的平等説をとっても同一扱いを求めることになると考えることもできよう。ともあれ相対的平等説は、汎用性をもつ理論であって、いかなる場合にもあてはまる利点をもつ反面, 融通無碍であって規範としての枠の意味をなさないおそれが伴う。場合によっては、規範としての自己崩壊の危険すら伴うものといえる。"

하는 경우라 설명하면 족하다. 그가 이해하는 절대적 평등은 상대적 평등의 특수한 형태다.[213)]

⑦ 그런데, 安西는 다음과 같이 記述한다.

> "소득이 100인 자에게는 소득세를 10, 소득이 30인 자에게는 소득세 3과 같이 형식적으로 1할의 세금을 부과할 때 형식적 평등에 의했다고 할 수 있다. 이것에 대해, 소득이 100인 사람에게 소득세 10, 소득이 5인 사람에게는 소득세 0이라고 하는 것처럼, 소득이 낮은 사람에 대해서는 그 생활을 보호하는 취지로 세율을 경감하고, 소득이 높은 사람에 대해서는 그 담세력을 고려해 누진적으로 중세를 부과하여, 실질적 고려를 가미할 때, 실질적 평등론에 입각한 것이라 할 수 있다."[214)]

생각해 보자. 우선 FLAT TAX를 형식적 평등이라 이해하는 것은 타당하지 아니하다. (단일비례세가 아니라 세액 자체가 동일한) 균일세[215)]를 부과한다면 형식적 평등에 부합하는 것이다. 개인이 가진 구체적 사정을 고려하지 않는다는 관점에서 그렇게 말할 수 있다.

그러나, 단일비례세(FLAT TAX)는 개인의 담세력이 고려된 것이다. 누진세가 되어야만 개인의 담세력이 고려되었다고 말할 수 없다. 사람은 '돈'을 세금으로 낸다. '비율'을 세금으로 내는 것이 아니다. 단일비례세라 하더라도,

---

213) 다만, '각 사람의 재력, 교육 등 구체적 사정은 선거권과의 관계에서 관련성을 지니지 않는 것'이라는 생각이 현재 지배적인 것은 분명하지만, 논리적으로 꼭 그런 것은 아니다. 역사적으로 보면 납세액에 따라, 교육 정도에 따라 투표권의 양을 다르게 한 경우가 없지 않았다. 헌법이 평등선거를 규정하여 두었다는 사정은 또 별개의 문제다.

214) 杉原泰雄編, 『新版体系憲法事典』 青林書院, 2008, 448(安西文雄 執筆). "所得100の者には所得税を10, 所得30の者には所得税3.というように、形式的に1割の税を課するとき、形式的平等によったといえる。これに対し, 所得100の者に所得税10 , 所得5の者には所得税0、というように , 所得の低い者に対してはその生活を保護する趣旨から税率を軽減し、所得の高い者に対しては, その担税力を考慮して累進的に重税を課するというように、実質的考慮を加味するとき、実質的平等論に立つといえる。"

215) 日本 地方税法 第23條의 均等割 道府県民税를 예로 들 수 있다.

소득에 비례하는 세액을 부담한다.

누진세제도는 Cb설과 어울리지 않는다. 담세력의 比와 세액의 比가 일치하지 않기 때문이다. 이 점은 앞에서 다루었다. 그런데, 단일비례세는 실질적 평등에 부합하지 않고, 누진세가 실질적 평등에 부합한다는 것은, Cb설에서는 도저히 도출될 수 없는 결론이다.[216)]

⑧ 安西가 '不均一取扱禁止原則(ant-difierentiation principle)'[217)]과 '卑下禁止原則(anti-subordinationprinciple)'[218)]을 가지고 평등을 설명하는 것[219)]은 납득하

---

216) "토초세는 토지에 관한 자본이득에 대한 과세라는 점에서 실질적으로 보아 양도소득세와 그 궤를 같이하는 조세이고, 어느 의미에서는 양도소득세의 예납적 성격을 띠고 있다고 보아도 과히 잘못이 없다. 그럼에도 불구하고 굳이 토초세의 세율 체계를 이렇다 할 합리적인 이유도 없이 양도소득세와는 달리 단일비례세로 한 것은, 단순한 입법정책의 문제를 떠나 소득이 많은 납세자와 소득이 적은 납세자 사이의 실질적인 평등을 저해하는 결과를 낳고 있다고 볼 수 있다. 따라서 토초세법 제12조는 헌법상의 재산권 보장규정과 평등조항에 위배된다."(헌재 1994. 7. 29. 92헌바49, 판례집 6-2, 64, 109-110, 밑줄은 필자가 추가한 것임.)는 판례는 安西의 이 부분 주장과 부합하는 면이 있다. 다른 점은 安西의 경우 '같은 것은 같게, 다른 것은 그 비율에 따라 다르게'를 전제로 하였고, 한국 판례의 경우는 이를 전제로 하지 않았다는 것이다. 安西의 경우는 비교적 분명하게 틀렸다고 할 수 있고, 한국 판례의 경우에는 '실질적인 평등'이라는 애매한 말의 뒤에 숨이 있어서 그 논증 여부에 따라 오류 여부가 달라질 수 있다. "조세는 세목의 종류에 따라 그 과세목적과 정책목적이 다르므로 그에 상응하여 세율의 체계도 서로 달리할 수 있는 것인바, 종토세의 정책목적, 경과세 또는 중과세로 분리과세하는 경우와 별도 합산과세하는 경우 및 전국의 모든 토지를 납세 의무자별로 합산과세하는 경우 등 세 가지 과세표준으로 구분과세하여야 할 정책적 필요성, 과세표준액의 평가방식, 세액단계별 납세의무자 및 납세액의 분포, 종토세의 실제 조세부담율 등을 종합하여 볼 때, 종합합산과세표준의 세율이 합리적인 누진구조를 벗어났다거나, 조세체계상 현저히 균형을 상실한 것이라고 보기 어렵다. 우리나라의 심각한 토지소유 편중현상을 감안할 때, 초과누진세율의 체계는 담세능력에 상응한 공평과세의 원칙을 관철함으로써 오히려 실질적 평등에 이바지하고자 하는 제도라고 볼 수도 있다."(헌재 2001. 2. 22. 99헌바3, 판례집 13-1, 226, 248-249, 밑줄은 필자가 추가한 것임.)의 경우는 '초과누진세율의 체계를 담세능력에 상응'하는 것으로 이해하는 것은 비교적 분명하게 틀린 축에 속한다. 단일비례세가 담세능력에 상응하는 것이다. 여기서 필자는 '상응한다'는 말을 '다른 비율에 따라 다르게'로 이해하였다.

217) 원문은, 別異扱い禁止の原則.

218) 원문은, 格下げ禁止の原則.

기 어렵다.

불균일취급금지는 A설에서만 할 수 있다. Cb설에 따르면 불균일취급과 균일취급은 논리적으로 동일한 지위에 있다. Cb설에 따른 심사를 진행하기 위해서는 어떤 부담이나 혜택을 분배함에 있어서의 기준이 무엇인가를 결정하여야 한다. 이것이 결정되지 아니하면 더 이상 심사에 나아갈 수 없다. 양자가 본질적으로 다른 것이라면, 양자는 '당연히' 다르게 취급되어야 한다. 더 나아가 그 비율까지 일치하여야 평등한 취급으로 된다.

Cb설에서는 Stigma, 성급한 일반화의 오류(fallacy of hasty generalization), 편견(prejudice) 등과 같은 개념과는 상당한 거리가 있다. 위에서 든 개념들은 뒤에서 볼[220] 필자의 제안을 뒷받침한다.

헌법 제14조 제1항 후단에 열거된 사유들이 편견과 성급한 일반화의 오류와 관계된 것들이다. 어떤 특정한 性은 어떤 품성을 가지고 있으므로 어떤 특정한 취급을 하여야 한다고 본다면, 그것이 편견이고 성급한 일반화의 오류를 범하는 것이다. 그것을 헌법 제14조 제1항 후단이 금지한다. 이것이 뒤에서 제시하는 필자 제안의 골자다.

그러나 Cb설은 이런 분석과는 거리가 있다. 다시 반복한다면, Cb설은 (i) 어떤 가치 또는 부담의 분배질서를 정하고, (ii) 각자의 품성의 양을 확인하고, (iii) 각자의 품성의 비율에 따라 가치 또는 부담을 배분하여야 한다고 본다. 거기에는 '卑下'의 관념이 들어설 자리가 없다.

⑨ 安西가 Affirmative action을 설명하면서,[221] 이것이 평등한 조치인가, 아니면 차별적 조치인가에 대해 논하지 않는 것은 의아하다. 스스로 이것을 적극적 차별 시정 조치라고 하면서도, 다른 것을 다르게 취급하는 것이어서 아예 차별이 아니라 볼 것이 아닌가 하는 점을 검토하지 아니하였다. 만약

---

219) 杉原泰雄編,『新版体系憲法事典』青林書院, 2008, 450-451(安西文雄 執筆).
220) V. 새로운 해석 참조.
221) 杉原泰雄編,『新版体系憲法事典』青林書院, 2008, 450(安西文雄 執筆).

양자가 본질적으로 다르다면, 양자를 다르게 취급하는 것이 평등에 부합하는 것이다. 이 경우 더 이상 논의를 진전시킬 필요가 없다. 심사가 종결된다.

그러면, 安西가 다루는 교육이라는 가치는 어떻게 분배되어야 하는가? 이 점을 논의하는 것이 Cb설에 따른 심사를 하는 첫 단추다. 만약 修學能力에 따라 교육이라는 혜택이 부여되어야 하는가? 그러면 다투는 집단 사이에 修學能力은 어떠한가? 修學能力이 같은데도 다른 취급을 받았는가? 만약 그렇다면 이것은 차별로 인식될 수밖에 없다. 그런데 安西는 마치 불균일취급이 있으므로, 이것에 대해 무언가 설명을 하여야 한다는 생각을 한 것 같다. 필자가 보기에는 그렇지 않다.

나아가 그는 Affirmative action을 적극적 차별 시정 조치라고 번역하였고, 이것을 '평등의 의미'에 관한 목차 아래에서 다루었다. 446쪽에서 시작되는 '1. 평등의 의미' 중 (8)에서 다루었다. '2. 불합리한 차별의 금지와 위헌심사기준' 보다 앞에서 다루었다. '적극적 차별 시정 조치'라는 말은 그것이 차별이 아니라는 印象을 강하게 준다. 그 결론은 且置하더라도 Affirmative action이 평등의 의미라는 관점에서 보았을 때, 차별인가 아닌가를 다루었어야 한다고 본다.

⑩ 安西는 비적출자의 상속분을 적출자의 상속분의 2분의 1로 정한 민법 규정을 다루면서[222] 상속에 있어서의 분배원리가 무엇인가, 그 관점에서 적출자와 비적출자는 본질적으로 같은 것인가, 다른 것인가의 문제는 다루지 않았다. 단지 차별이 정당화되는가 하는 점만 다루었다. 위에서 다룬 몇 개의 脚註와 합쳐서 보면, 필자로서는 安西가 Cb설을 이해하고 주장하였다고 보기 어렵다. 필자가 보기에는 浦部의 입론과 전혀 다르지 않다.

---

222) 杉原泰雄編,『新版体系憲法事典』青林書院, 2008, 454(安西文雄 執筆).

(3) 같은 것은 같게(Cc설)

(가) 내용

芦部는 다음과 같이 記述하였다.

> "법 아래의 '평등'이란 각 사람의 성별, 능력, 연령, 재산, 직업 또는 사람과 사람의 특별한 관계 등의 여러 가지 사실적 · 실질적 차이를 전제로 하여 법이 주는 특권의 면에서도 법이 부과하는 의무의 면에서도 (i) 동일한 사정과 조건 아래에서는 균등하게 취급하는 것을 의미한다. 평등이란 절대적·기계적 평등이 아니라 상대적 평등이라 말해지는 것은 그런 뜻이다. 따라서 자의적인 차별은 허용되지 않지만, 법상 취급에 차이가 마련되는 사항(예를 들면 세금, 형벌)과 사실적·실질적인 차이(예를 들면 빈부의 차이, 범인의 성격)와의 관계가 (ii) 사회통념에 비추어 합리적인 한, 그 취급상의 차이는 평등 위반이 아니다. 예를 들어 근로조건에 대해 여성을 우대하고(산전산후휴가, 육아시간, 생리휴가 등), 연소자에 한해 특정 법률을 적용하며(미성년자 흡연금지 등), 각 개인의 자력에 따라 세액에 차이를 두고(누진과세), 특정 직업에 종사하는 자에 대해 업무상 특별한 주의의무를 부과하는 것(업무상과실치사죄 등)은 일반적으로 (iii) 위헌이라고 할 수 없다. 덧붙여 미국에서는, 역사적으로 차별을 받아 온 그룹, 특히 흑인이나 여성에 대해, 대학 입학이나 고용등에 대해 특별한 제도를 마련해, 우선적인 처우를 해주는 적극적 차별 해소 조치(affirmative action)가 입법등을 통해서 진행되어 왔다. 이것은, 지나치면 「역차별」이 되어,[223] 평등 위반의 문제가 생기지만, 그렇지 않는 한, 기회의 평등을 회복해 실태에 대응하는 합리적인 평등을 실현하는 것으로서 용인되고 있다. 우리나라의 차별받는 부락 해소를 위한 동화대책이나 아이누민족의 보호대책등의 특별조치는, 그것에 해당한다."[224]

---

223) 사소한 말이지만, 심해야 역차별이 되는 것은 아니다. 심하지 않아도 역차별인지 여부는 달라지지 않는다. 다만 정당화 가능성에 있어서 심한지, 안 심한지가 작동한다.

224) 芦部信喜(高橋和之補訂), 『憲法』 岩波書店, 2011, 129-130. 밑줄은 필자가 추가한 것이다. "法の下の「平等」とは、各人の性別、能力、年齢、財産、職業、または人と人との特別な関係などの種々の事実的 · 実質的差異を前提として、法の与える特権の面でも法の課する義務の面でも、同一の事情と条件の下では均等に取り扱うことを意味することである。「平等」とは絶対的 · 機械的平等ではなく、相対的平等だと言われるのは、その趣旨である。したがって、恣意的な差別は許されないが、法上取扱いに差

(나) 검토

① 이 입론은 평등이 동일한 사정과 조건하에서는 균등하게 취급할 것을 명령한다고 본다. 이것은 Ca설이나 Cb설에서 사용하는 말을 동원한다면, '같으면 같게' 취급해야 된다는 의미이다. Ca설 중, 전단만을 채택하였다. 그러므로 다르게 취급하지 아니하면, 즉 같게 취급하면 차별이 문제될 여지가 없다.[225][226] 나아가, 다르게 취급한다고 하여 모두 차별로 인식되는 것도

異が設けられる事項(たとえば税、刑罰)と事実的・実質的な差異(たとえば貧富の差、犯人の性格)との関係が、社会通念からみて合理的であるかぎり、その取扱い上の違いは平等違反ではないとされる。たとえば、労働条件について女性を優遇し(産前産後休暇、育児時間、生理休暇など)、年少者にかぎり特定の法律を適用し(未成年者の喫煙禁止など)、各人の資力に応じて税額に差異を設け(累進課税)、特定の職業に従事する者に対して業務上特別の注意義務を課すこと(業務上過失致死罪など)は一般に違憲とは言えない。なお、アメリカでは、歴史的に差別を受けてきたグループ、とくに黒人や女性に対し、大学入学や雇用等につき特別枠を設け、優先的な処遇を与える積極的差別解消措置(affirmative action)が立法等を通に進められてきた。これは、行きすぎると「逆差別」となり、平等違反の問題が生じるが、そうでないかり、機会の平等を回復し実態に応ずる合理的な平等を実現するものとして、容認されている。わが国の被差別部落解消のための同和対策やアイヌ民族の保護対策などの特別措置は、それに当たる。"

225) 다르면 어떻게 취급해야 된다는 것인가? 즉 서로 본질적으로 다른데 같은 취급을 하는 경우에도 차별로 인식될 수 있는가? 이 해석은 여기에 대하여 말하고 있지 않다. 논리적으로 말한다면 어떻게 취급하더라도 헌법상의 평등 문제와는 무관하다. 즉, 같게 취급하든지 다르게 취급하든지 어느 쪽이라도 평등과는 무관하다.

반대해석을 한다면 '다르게 취급'하여야 한다. 즉, '같은 것은 같게'라고 써두었더라도 같은 것은 같게, 다른 것은 다르게, 라고 이해하여야 한다는 주장이다. 그러나 과연 이렇게 이해될 수 있는가에 대해서는 의문이 제기될 수밖에 없다.

이 주장을 받아들이는지 여부에 따라 결론이 달라질 수 있는 대표적인 영역은 '範疇(category)'를 설정하는 경우이다. 범주를 설정한다는 것은 서로 다른 것을 같게 취급하는 것이다. 만약 반대해석을 받아들이면 범주를 설정한 법은 전부 평등권 침해에 관한 정당화 심사를 받아야 하고, 반대해석을 부정한다면 범주를 설정한 것 자체는 차별로 인식되기 어려울 것이다. 다르게 취급하지 않았으므로 차별의 의심도 받지 않기 때문이다.

필자는 반대해석을 받아들이기는 어려울 것이라고 생각한다. '같은 것은 같게, 다른 것은 다르게'와 '같은 것은 같게'는 다른 말이다. 아래에서 보는 한국 헌재의 판례도 이와 같은 입장이다. 헌재 2015. 6. 25. 2011헌마769, 판례집 27-1하, 513, 421.

226) 헌재 2017. 7. 27. 2015헌마1094, 판례집 29-2상, 219, 226은 이 점을 보여준다.

아니다. '동일한 사정과 조건 아래에서'[227] 균일취급을 하여야 한다. '동일한 사정과 조건'이 아니라면 다르게 취급하더라도 차별이 아니다.

이 해석을 전제로 한다면 불균일취급을 하였을 때 비로소 '차별'의 '의심을 받게 되고', 불균일취급되는 두 집단이 서로 본질적으로 같다고 판단되는 경우에 비로소 차별이 확정된다. 서로 같지 아니한데 다르게 취급되는 경우라면 아예 차별이 인정되지 아니한다. Cc설이 차별로 인식하는 범위는, 앞에서 다룬 A[228]설이나 Ca설,[229] Cb설[230]이 차별로 인식하는 범위보다 좁다.[231]

예를 들어서 어떤 두 집단에게 서로 다른 세금을 부담시키더라도, 그 두 집단이 같지 아니하다면 아예 차별이 아니다.[232] 차별이 아니면 더 이상 심사할 것이 없다. 즉 정당화 심사에 나아가지 않는다.[233] 이 점은 아래에서

"청구인은 심판대상행위가 표본조사 대상이 된 사람에게만 개인정보를 요구함으로써 표본조사 대상이 아닌 사람에 비하여 청구인을 차별한다는 취지로도 주장한다. 그런데 헌법상 문제되는 평등권은 동일한 법적 효과를 받아야 할 자들에 대해 동일한 법적 효과를 주지 않는 공권력행사를 한 경우에 발생하는 문제라고 할 것이므로(헌재 2009. 3. 26. 2006헌마72 참조), 표본조사 대상자를 선정하는 과정에서 아무런 차별취급이 발생하지 않는 이 사건에서는, 표본조사 대상자로 선정된 사람이 선정되지 않은 사람과 다른 취급을 받는다는 주장은 결국 심판대상행위가 과도하게 청구인의 기본권을 제한하는지 여부를 다투는 것에 불과하여, 이에 대해 과잉금지원칙 위반 여부를 판단하는 이상 이 주장에 대해 따로 판단하지 아니한다."

227) '同一の事情と条件の下で'

228) 불균일취급이 있으면 모두 차별로 인식한다.

229) 균일취급을 하더라도 차별로 인식될 수 있다. 같은 것을 다르게 취급하면 차별이다.

230) 차별로 인식되는 범위가 Ca설보다 넓다. 다른 것을 다르게 취급하더라도 차별로 인식되는 경우가 있다. 다른 정도에 따라 취급되지 않으면 그것도 차별로 된다.

231) 나아가 균일취급은 차별로 인식되지 아니한다.

232) A설을 두고 판단한다면 당연히 차별이 있고, 정당화 심사에 나아가게 된다. 최고재판소의 판례가 그러하다는 점은 위에서 보았다.

233) 한국 헌재도 아래와 같이 판시한 사례가 있다. "헌법상 문제되는 평등권은 동일한 법적 효과를 받아야 할 자들에 대해 동일한 법적 효과를 주지 않는 입법을 한 경우에 발생하는 문제라고 할 것"(헌재 2009. 3. 26, 2006헌마72, 판례집 21-1상, 542, 553). 헌재 2015. 6. 25. 2011헌마769, 판례집 27-1하, 513, 421은 다음과 같이 판단하였다. (i) 서로 다른 취급이 있다. (ii) 하지만 양자가 본질적

다시 본다.

② 위 인용문 중, 정당화 심사의 단계에서 원용되는 사유들은 거기에 언급될 것이 아니다. 예를 들어 '사람의 자력에 따라 세액의 차이를 설정하는 것'[234]은 차별인지 여부를 결정하는 기준이다.

즉, 조세의 부담에 관한 기준이 담세능력이라면,[235] 담세능력이 같은데도 다른 세액이 부담되었을 때 비로소 차별이 있다고 판단된다. 담세능력이 다르면, 그들을 다르게 취급하다라도 그것은 아예 차별로 인식되지 않는다. 같은데도 다르게 취급하였을 때, 비로소 차별로 인식된다. 따라서 담세능력에 따라 세금을 부담시켰다면, '정당화' 심사가 필요 없다.

(응능부담을 헌법상의 원리로 전제하였을 때), 세금은 담세능력에 따라 배분되어야 하는데(그것이 평등한 것인데), 담세능력이 같음에도 불구하고 다른 세금을 부과한다면 그것이 차별이다. 이 차별[236]이 정당화될 수 있는가, 하는 것이 정당화 심사 단계에서 심사된다. 담세능력에 따른 과세의 원칙이 정당화 사유로 되는 것이 아니다. 이때 법적 안정성 등의 사정이 정당화 사유로 원용될 수 있다.

그런데, 위에서 芦部가 '각 개인의 자력에 따라 세액에 차이를 두는 것(누진과세)'이 사회통념에 비추어 합리적인 것이어서 위헌이 아니라고 설명하는 것은, Cc설과 부합하지 않는다.

응능부담원리를 수용하는 것을 전제로 하고, 부담능력이 커서 세금을 많이 부담하는 사람이 부담능력이 작아서 적은 세액을 부담하는 사람과의 차별을 주장하는 경우를 살펴보자.

으로 동일한 비교집단으로 볼 수 없다. (iii) 그러므로 차별취급이 있다고 볼 수 없다. (iv) 평등권 침해 문제는 발생하지 않는다.

234) '各人の資力に応じて税額に差異を設け'

235) 이것이 먼저 결정되어야 한다. 芦部는 이것을 당연한 것으로 받아들이는 것 같으나. 그렇지 않다. 응능부담원리 외에도 應益負擔原理도 있을 수 있고, 均等主義도 얼마든지 想定해 볼 수 있다.

236) 담세력이 같은데도 다르게 세금을 부과하는 것.

Cc설의 입장에서는 양자가 '동일한 사정과 조건' 아래에 있지 않다고 본다. 그래서 양자 사이에 차별이 존재하지 아니하고, 정당화 심사에 나아가지 않는다고 판단한다.

위의 세금 부담의 문제에 있어서, 양자 사이에 불균일취급이 있음을 확인하고 바로 차별을 인식한 후 정당화 심사에 나아가는 것은 A설의 논리다. A설에서는 응능부담원리가 합리적 이유가 있는지 여부의 판단 자료로 된다. 그래서 차별은 인정되나 응능부담원리에 따른 것이므로 차별이 정당화된다고 판단할 수 있다.

그러나, Cc설 입장에서는 불균일취급이 있다고 하여 바로 차별로 인식할 수 없다. 양자가 '동일한 사정과 조건' 아래에 있다는 점이 확인될 때에야 비로소 차별로 인식되고 정당화 심사에 나아간다. 그런데, (응능부담원칙을 수용한다면) 양자는 다르다. 그러므로 균일취급을 요구할 자격이 없다. 芦部가 이 점을 충분히 인식하고 위의 예를 든 것인가에 의문이 생긴다.

③ 위에서 제시한 인용문 중, 'したがって'[237]라는 말로써 정당화 심사 문제와 연결시키는 것은 이해하기 어렵다. 평등이 무엇을 의미하는가 하는 문제와, 합리적 이유가 있으면 차별이 허용되는가 하는 문제는 서로 다른 문제다. 필자가 보기에는 결국 芦部도 자신의 의견을 관철하지 못하고, B설을 거쳐 A설로 돌아갔다고 보인다.

④ affirmative action을 어떻게 이해할 것인가에 대해서는 많은 논의가 필요하다.

(i) 먼저 affirmative action의 대상자에게 우선적 처우를 해주는 것이 아예 차별이 아니라 볼 여지도 얼마든지 있다. affirmative action에서 배제된 그룹이 평등권 침해를 주장하는 경우, 양자는 '같지 아니하므로' 동일한 처우를 요구할 수 없다는 결론도 얼마든지 가능하다. 아예 차별이 없다는 결론에 이를 수 있다.

---

237) '따라서'

(ii) 여기서 보는 바와 같이 위 (i)에 대한 검토 없이 바로 역차별에 해당한다고 판단하고 정당화 심사에 나아간다는 것은, 평등이 동일한 사정과 조건 아래에 있는가에 관계없이 같은 처우를 하여야 한다고 명령하고 있다고 이해하는 것이다. 이것은 평등을 '동일한 사정과 조건 아래서라면 균일하게 처우하는 것이라 이해한 전제와 충돌한다.

(iii) 나아가 정당화 심사에 관해 보더라도, 위의 記述과 같이 당연히 정당화되는 것은 아니다. 최근 미국의 SFFA 판결[238]에서 아시아계 미국인인 원고들이 하버드 대학의 소수인종 우대정책 때문에 자신들의 평등권이 침해되었다고 주장했고, 최고법원은 이 주장을 받아들였다.

물론 위 판결이 affirmative action 자체를 부정했는가에 대해서는 논란이 있을 수 있겠지만, affirmative action에 해당하면 당연히 정당화된다는 논지가 부정된 것만은 분명하다. 어떤 정책이 affirmative action인지 여부에 따라 바로 어떤 결론에 도달하기는 어렵다.[239] 차별을 정당화하는 하나의 논거가 될 수 있을 것이지만, 사안마다 구체적 사정들이 모두 다르기 때문이다.

⑤ 아래와 같은 판시는 흥미롭다.

> "또한 동 조항이 국민을 정치적, 경제적 또는 사회적 관계에서 원칙적으로 평등하게 취급하여야 한다는 것을 규정한 것은 기본적 권리의무에 관하여 국민의 지위를 주체의 입장에서 관념한 것으로, 국민이 그 관계하는 각 개의 법률관계에 있어서 각각의 대상의 차이에 따르는 취급을 받는 것까지를 금지하는 취지를 포함하는 것은 이니다."[240]

238) Students for Fair Admissions, Inc. v. President and Fellows of Harvard College, 600 U.S. 181, 143.

239) 상술하지는 않지만 이전에도 Affirmative action이 위헌으로 결정된 사례가 있다.

240) 最大判昭和25年10月11日刑集第4巻10号2037頁. "また同条項が国民を政治的、経済的又は社会的関係において原則として平等に取り扱うべ きことを規定したのは、基本的権利義務に関し国民の地位を主体の立場から観念したものであり、国民がその関係する各個の法律関係においてそれぞれの対象の差に従ひ異る取扱を受けることまでを禁

이 표현은 Cc설에 부합한다. 불균일취급을 하더라도, 그것이 '각각의 대상의 차이에 따라 취급'한 것이라면, 그 불균일취급은 금지되지 않는다, 즉 차별로 인식되지 않는다는 것이기 때문이다. Cc설이 '같은 것을 다르게' 취급하는 것을 금지하는 것이지, '같지 아니한 것을 다르게' 취급하는 것을 금지하는 것은 아니라는 것을 생각해 보면 이해할 수 있다.

그러나 판례는 Cc설을 따르지 않는다. 이 사건[241]에서도 불균일취급을 확인하고도, 그것이 '각각의 대상의 차이에 따라 취급'하는 것인지에 대해 검토하지 않았다. 바로 정당화 심사로 나아갔다. 판례가 부주의하게 설시한 것으로 보인다. 그 취지를 바르게 표현한다면, "국민이 그 관계하는 각 개의 법률관계에 있어서 각각의 대상의 차이에 따르는 취급을 받는 것은 허용될 수 있다."라고 기재하였어야 한다.[242]

아래의 판례는 조금 다른 표현을 하고 있다. 그러나 적절하지 않기는 마찬가지다. '방해하지 않는다'는 말은 금지하지 않는다는 말과 같은 말이다.

> "그렇지만 이것은 법이 (ii) 국민의 기본적 평등의 원칙 범위 내에서 각 사람의 연령, 자연적 소질, 직업, 사람과 사람 사이의 특별한 관계 등의 각 사정을 고려하여 도덕, 정의, 합목적성 등의 요청에 따라 보다 적당한 구체적 규정을 하는 것을 방해하지는 않는다."[243]

止する趣旨を包含するものではないのである"

241) 존속상해치사상을 규정한 형법 제205조 제2항이 헌법 제14조 제1항에 위배되는지 여부가 문제된 사건.

242) 물론, '대상의 차이에 따르는 취급'을 하는 경우에만 예외적으로 차별이 허용된다고 보는 것도 타당하지 아니하다. 이 부분 설시도 타당하지 아니하다. '대상의 차이에 따르는 취급'이 아니라도 차별이 허용될 수 있다. 법적 안정성은 '대상의 차이에 따르는 취급'이 아니면서 차별을 정당화하는 대표적인 사유이다.

243) 最大判昭和25年10月11日刑集第4巻10号2037頁. "しかしながら、このことは法が、国民の基本的平等の原則の範囲内において、各人の年令、自然的素質、職業、人と人との間の特別の関係等の各事情を考慮して、道徳、正義、合目的性等の要請より適当な具体的規定をすることを妨げるものではない。"

(4) 정리

위에서 제시된 어느 입장을 따르는가와 관계없이, 이 입론들[244)]은 아리스토텔레스의 正義論을 기반으로 하였다. 가장 철저하게 따른 것이 安西의 입론[245)]이고, 이것들을 조금씩 완화시킨 것이 長谷部[246)]와 芦部[247)]의 입론이다.[248)][249)]

이 입론들을 관통하는 가장 본질적인 성격은, 정의로운 취급이 평등한 취급이라 보는 것이다. 즉 A설이 평등한 취급이라 보는 취급 즉, 균일취급이 아니라, 정의로운 취급이 평등한 취급이라고 이해한다.

그러면 평등한 취급인가 여부를 판단하는데 이미 규범적인 판단이 필요하다.[250)] 조세의 경우를 예로 들어보자. C설을 채택하면 조세의 부과원리[251)]를 파악하여야[252)] 비로소 집단 간의 조세부담 상태가 평등한 것인가, 그렇지 않은가를 판단할 수 있다. 그러므로 집단 간에 다른 취급이 있다는 사실을 파악하는 것만으로는 양 집단에 대해 차별이 있다고 판단할 수 없다. 또, 양 집단에 대해 같은 취급을 하고 있다고 하여 바로 차별이 없다고 할 수 없다.[253)]

---

244) Ca설, Cb설, Cc설을 포함하는 C설.

245) Cb설.

246) Ca설.

247) Cc설.

248) 아리스토텔레스의 정의론을 준수하는 정도의 순으로 보면, Cb설 - Ca설 - Cc설의 순이다. Ca설이 가장 널리 받아들여지는 것이어서, 위 순서에도 불구하고 Ca설이라 이름 붙였다. 한국의 헌법재판소 판례에도 Ca설이 가장 빈번하게 언급된다.

249) 차별의 인식 가능성의 폭이라는 점에서 보면, Cb - Ca - Cc. 앞의 것이 뒤의 것보다 넓다. Cc의 경우 A설보다 차별 인식의 폭이 좁다.

250) A설은 불균일취급으로부터 바로 차별이라는 결론을 이끌어낸다.

251) 조세는 어떤 기준에 의하여 부과되어야 하는가 하는 문제를 정한 원리. 균일세주의, 응능부담원리, 응익부담원리가 논의될 수 있다.

252) 예를 들어본다. A 집단이 누리는 편익의 양은 3이고, 담세력의 양은 5다. B집단이 누리는 편익의 양이 3이고, 담세력의 양도 3이다. 이 경우 應益負擔原理를 받아들이면 양 집단은 같고, 應能負擔原理를 받아들이면 양 집단은 다르다. 균일세주의를 채택하면 양자는 같다.

이 입론들의 논의를 전개하는데 있어서 가장 중요한 것은 같고 다름을 구별하는 기준이다. 이 기준을 정하지 아니하면, 같게 취급을 한다고 하여 차별이 없다고 할 수 없고,[254] 다른 취급을 하고 있다고 하여 바로 차별이 있다고 할 수 없다. 분배의 기준이 확정되지 아니하면 같고 다름은 판단될 수 없다.

이 논문에서는 이하에서 Ca설, Cb설, Cc설을 모두 묶어서 C설이라 설명한다. 같고 다름을 정하여야 차별이 존재하는지 여부를 판단할 수 있다는 점을 C설의 속성으로 이해하고 논의하여도 이 논문의 전개에는 아무 문제가 없기 때문이다. 구체적인 문제를 두고 보면 어느 입론을 따르는가에 따라 조금씩 결론이 달라지겠지만 이 논문은 그 문제를 다루지 않는다. 이 논문에서는 長谷部의 입론, 즉 '같은 것은 같게, 다른 것은 다르게'[255]를 C설의 대표적 입론으로 보고 논의한다.

다. 성공

위에서 본 B설이 평등의 모순을 해결하지 못하였다는 것을 살펴보았다. 왜 해결하지 못하였는가? 위에서 본 B설은 모순의 전제가 되었던, 이상적인 평등의 상태를 그대로 둔 채, 특별한 경우에는 평등의 상태에서 벗어나더라도 위헌이 아니라고 말하였을 뿐이기 때문이다.[256] 모든 사태에 대해서 같은 취급을 하여야 한다, 그것이 평등의 명령이다, 라는 점에 대해서는 다른 의견을 내지 못하였다. 그래서 사태를 나누고 거기에 대해 서로 다른 취급을 하는 법을 만드는 입법자에게 다른 취급을 하지 말라고 명령하는 것이 모순 아닌가 하는 질문에 대해 적절한 해결책을 제시하지 못하였다.

---

253) 물론, 芦部의 주장에 반대해석을 허용하지 아니하면 이 경우는 차별이 아니다.

254) 芦部의 입론에 따른다면 다른 결론이 나올 수 있다.

255) Ca설.

256) 평등의 명령이 무엇인가에 대해서는 A설과 같은 결론이다. Ba설이 A설을 부정하는 듯한 記述을 한 것, 즉 균일취급을 절대적 평등이라 定義한 것은 실수로 이해할 여지도 크다. 그도 결국은 A설, 즉 균일취급을 평등의 의미로 받아들인 것으로 보인다. 판례를 부정하지 않는 것이 가장 큰 근거다.

C설은 위의 A설이나 B설이 전제한 것과 달리 헌법이 평등을 통하여 사태를 구획하지 않고 모든 사태에 대하여 같은 취급을 해야 한다고 하는 이해를 부정했다. 평등이 균일취급을 명령할 뿐만 아니라, 불균일 취급을 명령하기도 한다고 이해한다.[257)][258)]

C설은 평등이 모든 사태에 대해서 같은 취급을 하도록 명령하고 있지 않고, 만약 두 집단이 본질적으로 같으면 같게 취급하고, 본질적으로 다르면 다르게 취급할 것을 명령하고 있다고 본다. 본질이 같으면 같게 취급해야 하고, 본질이 다르면 다르게 취급하는 것이 이상적인 평등의 모습이라고 설명한다. 이 입론에 따르면 위에서 말한 평등의 모순은 해결된다. 그런 면에서 본다면 이 입론은 위의 A설이나 B설보다는 우위에 있다고 볼 여지가 있다. 그런데 이 C설은 위의 평등의 모순을 어떻게 극복했는가를 아는 것은 중요하다.

---

257) 이 상황이 모순이라 할 수는 없다. 만약 하나의 사태에 대해 균일취급과 불균일 취급을 명령한다면 그것은 모순된 명령이다. 그러나 Ca설은 같으면, 같게 취급하고, 다르면 다르게 취급하라는 것이다. 사태가 하나가 아니고, 두 개다. 어느 사태에 있는가에 따라 명령의 내용이 달라진다. 이것을 '평등의 첫 번째 내재적 모순'이라고 하는 학자가 있다. 이준일, 『헌법학강의(제8판)』 홍문사, 2023, 411. 필자는 모순이라는 것 자체를 인정하지 않는다. 이준일이 모순을 해결하는 방안이 타당하다고 생각하지도 않는다. 더 나아가 모순이 해결되면 더 이상 모순이 아니다. 모순처럼 보일 뿐이다. 이 부분에 대해서는 다른 논문에서 자세히 다룰 것이다. 여기서는 더 이상 상론하지 않는다. 정주백, 『평등정명론』 충남대출판문화원, 2019, 106 이하에 간단한 설명이 있다.

258) '실질적 평등'도 이 계통에 속한다. 실질적 평등이 같은 취급을 명령할 뿐만 아니라, '다른 취급'을 명령하기도 한다고 본다. 실질적 평등은 같은 취급을 하는 것을 두고, 평등에 반하는 상태라고 이해할 수 있는 토대를 마련해 주는 개념이다. 통상 '실질적'이라고 하는 관형어가 붙는 말들은 피수식어의 영역의 크기를 변경할 뿐, 피수식어의 개념 자체를 흔들지는 않는다. 형식적이든 실질적이든, 그 말이 붙는 말의 본질을 바꾸지는 않는다. 그러나 평등의 경우에는 평등의 본질 자체를 바꾸어 버린다. 균일취급하라는 명령을 균일취급과 불균일취급을 합친 명령으로 전환시켜 버린다. 다른 '실질'에 관한 논의보다 훨씬 더 이론적으로 심각한 문제를 일으킨다. 필자는 '실질'이라는 말이 법학을 오염시키는 나쁜 말이라고 생각한다.

라. 평가

(1) 도입

C설은 평등의 모순이 채택한 전제를 부정했다. 이 논문은 평등의 모순을, 불균일취급의 체계를 만드는 입법자에게 불균일한 취급을 금지하는 것이라 定義했다. 그런데 C설은 평등이 불균일취급을 명령하지 않는다고 주장함으로써 평등의 모순을 극복했다.

그러면, 학설이 모두 이 C설을 전면적으로 수용할 만한데, 그렇지는 않다. 대부분의 학설이나 판례는 A설을 받아들인다.[259)][260)] C설을 주장하는 학자들도 C설의 고유한 의미를 이해하지 못하고, A설을 전제로, 차별이 허용되는 경우에 관한 이론적 근거로 C설을 원용하는 것으로 보인다.[261)]

(2) 혼동

C설을 주장하는 학자도 자신의 주장과 A설이 다르다는 점을 이해했는지에 대해 의심을 가지게 한다. 즉, C설을 합리적 차별을 허용하는 근거로 이해한다.

---

259) 그러나 명시적으로 이를 받아들이는 학자는 浦部의 A설 외에 발견하지 못하였다. 더 있을 수는 있지만, 이번 연구를 통해 검토한 범위 안에서는 그렇다.

260) 놀랍게도 C설을 받아들이는 학자들은 自說을 상대적 평등설이라고 하고, 이것이 통설과 판례라고 하는데, 필자가 보기에는 틀린 말이다. 불균일취급이 있으면 차별이 있다고 인식하는 것이 타당하다고 보는 입장은 C설과 和同하지 않는다. A설과 和同한다. 불균일취급을 바로 차별이 있다고 인식하는 것을 비판하는 학설이 없다. 나아가 분배의 기준을 세우지 않는 입장을 비판하는 학설도 없다. 그러면 C설은 없는 것이다. 뒤에서 보지만 C설은 B설을 거쳐 전부 A설로 돌아갔다. 그런 것이 C설이라면 상당히 있는 것 같다. 그러나 통설이라 할 정도인지는 모르겠다. 학자들이 自說을 통설이라 하는 거의 유일한 근거는, 自說의 이름이 '상대적 평등설'이고, 그 반대편에 있는 '절대적 평등설'이라는 이름의 학설을 지지하는 학자가 없다는 것뿐이다. 그러나 그 입장들이 얼마나 多岐한지를 생각해 보면 쉽게 상대적 평등설 또는 自說이 통설이라 할 수 없다. 기표(記標, signifiant)는 집중되어 있으나, 기의(記意, signifié)는 분산되어 있다.

261) 奥平는 Ca설의 내용을 견지한다. 奥平康弘, 『憲法Ⅲ』 有斐閣, 1993, 117 이하.

芦部는 다음과 같이 記述하였다.

"자의적인 차별은 허용되지 않지만, 법상 취급에 차이가 마련되는 사항(예를 들면 세, 형벌)과 사실적 · 실질적인 차이(예를 들면 빈부의 차이, 범인의 성격)와의 관계가 사회통념에 비추어 합리적인 한, 그 취급상의 차이는 평등 위반이 아니라고 여겨진다."[262)]

芦部는 서로 다른 취급이 있으면 일단 차별이 있다고 본다. 다만 그 차별이 정당화될 수 있다고 본다. 예를 들어 부자에게 더 많은 세금을 부담시킨다면 그것이 차별적이라 하더라도 정당화되어 위헌이 아니라고 한다.

그런데, C설을 따른다면 위와 같은 상태[263)]는 아예 차별이 아니다. 불균일취급을 차별이라 말할 수 있는 요건은 그들이 본질적으로 같다는 것이다. 그들이 균일취급을 받아야 하는 전제가 받아들여졌음에도 불구하고 다른 취급을 하였을 때 비로소 그 상태는 차별로 된다.[264)]

---

262) 芦部信喜(高橋和之補訂), 『憲法(第(第6版)』 岩波書店, 2015, 130. "恣意的な差別は許されないが、法上取扱いに差異が設けられる事項(たとえば税、刑罰)と事実的・実質的な差異(たとえば貧富の差、犯人の性格)との関係が、社会通念からみて合理的であるかぎり、その取扱い上の違いは平等違反ではないとされる。"

263) 담세능력에 따라 세금을 부과한 상태.

264) 이 점이 C설의 본질적 특성이다. A설을 따르면 차별하는 것이 정의로운 분배라 하더라도, 불균일취급은 바로 차별로 인식한다. 정의와 평등은 분리된다. 단지 정의로운 분배라면, (상대적 평등설을 전제로 했을 때), 정당화 심사 단계에서 정당한 것으로 인정되이 위헌이 아닌 것으로 판단될 수 있을 뿐이다. 한편, 반드시 정의로운 것이어야 정당화되는 것도 아니다. 정의롭지 아니한 것이라 하더라도, 공적 이익의 달성을 위하여 차별이 정당화될 수 있다. 예를 들어 법적 안정성을 위하여 차별이 정당화될 수도 있다. 이에 비하여 C설은 정의로운 분배라면 그것은 아예 차별이 아니라고 본다. 정당화 심사에 나아가지도 않는다. (상대적 평등을 전제로 한다면) 정의롭지 아니한 분배질서라 하더라도 반드시 위헌으로 되는 것은 아니다. 예를 들어 같은 것을 다르게 취급하거나, 다른 것을 같게 취급하더라도 그것은 차별로 인식될 따름이고, 이 차별이 공적 이익의 달성에 필요하다면 정당화될 수 있다.

조세의 부담에 관하여 같고 다름을 가르는 기준은 무엇인가? 담세능력이라 가정하면[265] 빈자에게는 적은 세금을, 부자에게는 많은 세금을 부과하는 상태[266]는 차별이 아니다. 그러므로 부자가 왜 자신들에게 더 많은 세금을 부과하느냐고 다투면, (응능부담원칙을 채택한) C설 주장자라면 그 상태는 차별이 아니고, 정당화 심사에도 나아갈 필요가 없다고 대답하여야 한다.[267]

그런데, 芦部는 일단 위의 상태가 차별이고, 부자에게 많은 세금을 빈자에게 적은 세금을 부담시키는 것은 양자 간의 사실적 · 실질적 차이를 반영하는 것이므로 자의적인 차별이 아니어서 평등권을 침해하지 않는다고 본다.[268] 이와 같은 판단은 A설을 전제로 한 것이다. 부자나 빈자에게 모두 같은 세금을 부과하여야 평등하다는 것을 전제한 것이다.

Cc설의 입론을 따른다면 다음과 같은 논증을 거쳐야 한다. (i) 양자 사이에 세부담을 달리하고 있으므로 일응 차별의 의심을 받게 된다. (ii) 양자가 본질적으로 같은가를 판단하여야 한다.

그러면 세부담을 가르는 기준은 무엇인가? 만약 응능부담원리를 받아들인다면,[269] 양자는 조세부담의 배분에 있어서 본질적으로 같지 않다. 그렇다

---

265) 반드시 應能負擔原則을 전제할 필요는 없다. 應益負擔原則이어도 좋고, 均一稅主義도 좋다. 그런데 이것을 정하는 것은 평등론 바깥의 문제다. 한국의 헌법재판소에서는 '평등'이라는 두 글자를 뚫어지게 쳐다보면 應能負擔原則이 도출된다고 한다. "조세평등주의라 함은 헌법 제11조 제1항에 규정된 평등원칙의 세법적 구현으로서, 조세의 부과와 징수를 납세자의 담세능력에 상응하여 공정하고 평등하게 할 것을 요구하며 합리적인 이유없이 특정의 납세의무자를 불리하게 차별하거나 우대하는 것을 허용하지 아니한다." (헌재 1999. 11. 25. 98헌마55, 판례집 11-2, 593, 608) 이해하기 어려운 말이다. 하여간 芦部가 '貧富의 差'를 언급하는 것으로 보아, 그가 응능부담원칙을 조세부담의 원칙으로 이해하고 있는 것으로 보인다.

266) 예를 들어 소득의 20%를 세금으로 내도록 명령하는 상태(FLAT TAX).

267) Cb설을 따른다면 담세력의 比와 세액의 比가 일치하는지도 검토하여야 한다.

268) 芦部信喜(高橋和之補訂), 『憲法(第6版)』 岩波書店, 2015, 130-131. 다만 그는 누진과세를 응능부담원칙의 논리적 귀결이라 보는 것 같으나, 그렇지는 않다. 단일비례세가 응능부담원칙에 부합한다.

269) 쉽게 받아들일 문제가 아니다. 그러나 일단 받아들이자.

면 그들을 균일취급하여야 한다는 헌법적인 명령은 인정되지 않는다. 같은 것에 대해서만 같게 취급할 헌법적 명령이 인정되기 때문이다. 따라서 차별은 존재하지 않는다. 더 이상의 심사를 진행할 필요가 없다. 이런 논리로 부자의 평등권 침해 주장을 기각할 수 있다.

그런데도 芦部는 이 논증 과정을 거치지 아니하고, 불균일취급으로부터 바로 차별을 확인하고 정당화 심사에 나아갔다. 이것은 Cc설의 논증 과정이 아니고, A설의 논증과정이다.

앞에서 설명하였지만[270] 安西도 Cb설의 논지를 관철하고 있지는 못하다. '불균일 취급 금지의 원칙(ant-difierentiation principle)[271]은 Cb설에서 도출될 수 없다. 균일취급과 불균일취급은 Cb설 아래에서 논리적으로 동등하다.[272] 불균일 취급이 반드시 금지되는 것은 아니다. 다른 것이라면 다르게 취급되어야 한다. 다른 것을 같게 취급하면 그것도 차별이다. 그의 위 표현은 A설에서만 유효한 표현이다.

長谷部가 Ca설을 관철하고 있는 것 같지도 않다. 우선 그가 Ca설을 전제로 하였을 때 따라야 할 논증 방식에 따라 차별 여부를 판단한 사례가 하나도 없다. 교과서에 언급된 모든 사례에서 불균일취급을 차별로 인식하는 것에 대해 어떠한 의견도 내지 않았다.

나아가 Affirmative action을 적극적 차별시정조치로 번역하면서도 이를 (차별을 전제로 한) 차별의 정당화 심사 단계에서 언급하였다.[273] 적극적차별시정조치가 '逆差別'의 의심을 받는다[274]고 하면서도, 차별인지 여부에 대

270) Cb설에 관한 脚註 참조.

271) 杉原泰雄編, 『新版体系憲法事典』 青林書院, 2008, 450-451(安西文雄 執筆).

272) 이론상으로만 보면 같으므로 같게 취급되어야 할 상황은 없다. 관념적으로만 있을 수 있다. Cb설은 모든 것을 다르게 취급하여야 한다는 주장이다. '같은 것은 같게'는 트릭(trick)일 뿐이다. Cb설은 평등의 의미를 완전한 '균일취급'에서 완전한 '불균일취급'으로 전환시켰다. 이 말을 이해한 사람만이 Cb설을 안다 말할 수 있다.

273) 長谷部恭男, 『憲法(第7版)』 新世社, 2018, 175.

274) '차별시정조치'가 '차별'의 의심을 받는다고 말하는 것은, 양자 중 어느 한쪽의

해서는 언급하지 않았다. Ca설의 입장에서는 먼저 차별 여부를 검토하여야 한다.[275)]

(3) C설 = 合理的 理由 있는 差別을 許容?

아래와 같은 표현들은 C설의 주장자들이, '다르게 취급하여야 한다'를 '다르게 취급할 수 있다'로 이해하고 있음을 보여준다. 誤解다. 위에서 본 바대로, 이 주장자들이 A설을 전제로 하고 있다.

> "(i) 동일한 사정과 조건 하에서는 균등하게 취급하는 것을 의미하는 것이다. 평등이란 절대적 기계적 평등이 아니라 상대적 평등이라는 말을 듣는 것은 그 취지다. 따라서 자의적인 차별은 허용되지 않지만, (ii) 법상 취급에 차이가 마련되는 사항(예를 들면 세, 형벌)과 사실적 · 실질적인 차이(예를 들면 빈부의 차이, 범인의 성격)와의 관계가 사회통념으로 보아 합리적인 한, 그 취급상의 차이는 평등 위반이 아니라고 여겨진다."[276)]

위 記述 중 (i)은 Cc설의 내용이다. 모든 事態에 대해 균일한 취급을 할 것을 말하고 있다 않다. 그런데 마치 이것이 '합리적 차별을 허용하는 것'과 같은 의미인 것처럼 설명하고 있다. (ii)가 그것이다. 아래[277)]에서 보는 記述들도 전부 그러한 것으로 보인다.

---

naming이 잘못된 것이다. 필자는 前者가 잘못된 것이라 본다.

275) Affirmative action을 적극적 차별시정조치라 이름 붙였다는 것은 이것이 차별이 아니라는 것을 전제로 한 것이다. 이런 판단을 하지 않는 중립적 이름을 붙인다면 '優先的 措置' 정도가 적절하다. 영어식 표현과도 부합한다.

276) 芦部信喜(高橋和之補訂), 『憲法』 岩波書店, 2011, 129-130. "同一の事情と条件の下では均等に取り扱うことを意味することである。「平等」とは絶対的 · 機械的平等ではなく、相対的平等だと言われるのは、その趣旨である。したがって、恣意的な差別は許されないが、法上取扱いに差異が設けられる事項(たとえば税、刑罰)と事実的 · 実質的な差異(たとえば貧富の差、犯人の性格)との関係が、社会通念からみて合理的であるかぎり、その取扱い上の違いは平等違反ではないとされる。"

277) IV.

필자가 보기에 C설을 주장하는 많은 사람들이 동일한 오류를 범하고 있다.[278] C설을 주장하는 자는, 모름지기 어떤 기준으로 같고 다름을 판단할 것인가, 그 판단을 누가 할 것인가? 사법부의 재판관들이 그런 판단을 하여도 권력분립원칙을 위배하는 문제는 발생하지 않는가? 이런 점들에 대한 논의를 하여야 한다. 이론적으로만 말한다면, C설의 주장자들은 헌법 교과서의 별책으로 '正義論'을 다루는 책을 따로 써야 할지도 모르겠다. 그래야 C설이 완성된다.

이런 논의를 하지 않는 것은, C설을 주장하면서도 자신들이 C설을 주장하고 있다는 사실을 인지하지 못했기 때문이다.[279][280] 바로 아래에서 보는 바와 같이, 長谷部는 적어도 이 문제들에 대해 인식은 하고 있는 것으로 보인다.

(4) 確信?

다른 한편, C설을 주장하는 학자들도 자신의 주장에 대해 자신감이 없다. 長谷部는 다음과 같이 記述한다.

278) 아래 IV.에서 좀 더 많은 예를 들어 설명하였다.

279) 李俊一, 『헌법학강의(제8판)』 弘文社, 2023, 409은 이 문제들을 논리적으로 설명해 보려고 교과서 중 상당히 많은 지면을 사용하였다. 奧平康弘, 『憲法Ⅲ』 有斐閣, 1993, 117은 Ca설이 가진 문제점을 파악하고 이를 교정해 보려는 노력을 했다. 다만 자신이 논증에 성공했나고 생각하지는 않았던 것 같다. 奧平康弘, 「「人はすべて平等に創られ…」考(上)」, 『法學セミナー』 2000年1月, 86頁을 보아 알 수 있다. 그는 이 논문에서 자신은 평등을 이해하지 못하고 있다고 記述했다. 序文에 그의 글이 인용되어 있다.

280) 결국 C설은 A설을 부정하였지만, 종국적으로는 A설로 돌아왔다. 왜 C설을 제기하였나. 하는 의아함을 가지게 된다. A설이 평등의 모순을 일으키니까 A설을 부정하고 C설을 주장하다 슬그머니 다시 A설로 돌아왔다. 말도 안 된다고 하였던, 바보 같은 명령을 하는 A설로 돌아왔다. 필자가 보기에는 그들은 돌아온 줄도 모르는 것 같다.

"모든 사람은 어떠한 점에서는 같고, 어떠한 점에서는 다른 것이기 때문에, 어떠한 점에 주목해 같은 사람과 같지 않은 사람을 구별해야 하는지를 모르는 한, 역시 문제는 해결되지 않는다."[281]

결국 C설을 채택했을 때 본질적인 문제는, 무엇을 분배의 기준으로 삼아야 하는가? 하는 것이다. 만약 이것이 분명하다면 평등이라는 기본권은 불필요하다. 평등뿐만 아니라 다른 기본권도 불필요하다.[282] 결국 법이란 것은 같고 다름을 결정하는 기준이다. 그런데 그 기준이 분명하다면 그 기준으로써 재판을 하면 충분하다.

이 점을 Westen이 정확하게 지적했다. 분배의 기준이 알려졌으면 '같은 것은 같게, 다른 것은 다르게'라는 의미에서의 평등은 불필요하다. 그것이 알려져 있지 않으면 空虛하다.[283] 조세의 분배원리가 정해져 있으면, 그 분배원리에 따라 분배되었는가를 살펴보면 족하다. 그 분배원리를 평등조항 안에 充塡한 후 평등권 침해 여부의 관점에서 재평가할 필요는 없다.

위의 長谷部는 그 분배원리를 모른다면 문제는 해결되지 않는다고 한

---

281) 長谷部恭男, 『憲法(第7版)』 新世社, 2018, 169. "あらゆる人はなんらかの点では等しく，なんらかの点では異なっているものであるから、いかなる点に着目して等しい者と等しくない者とを区別すべきかがわからない限り、やはり問題は解決しない。"

282) '각자에게 그의 것을'을 헌법으로 받아들이고, 각자에게 돌아갈 것을 정확하게 안다면 법이 왜 필요하겠는가? 더 나아가 '같은 것은 같게, 다른 것은 그 비율에 따라 다르게'는 '각자에게 그의 것을' 보다 적용범위가 좁다. 전자는 비율만을 정해 주고, 후자는 절대량을 정해 준다. 그러면 후자를 받아들임으로써 완벽하게 법을 대체할 수 있다. 그런데 왜 후자를 채택하지 않을까? 우선 후자를 도출할 헌법적 근거가 없기 때문이라는 대답은 널리 호응을 얻기 어렵다. 굳이 근거를 댄다면 법치주의, 좀 더 나아가 실질적 법치주의를 근거로 대는 것이 그리 어렵지는 않다. 필자가 보기에는, 재판관이 그에게 부여될 이익 또는 불이익의 '量'을 숫자로 말할 수 있다고 주장하기 어려웠기 때문이라 생각된다. 그나마 '비율'을 말하는 것은 '量'을 말하는 것보다는 쉽다고 느꼈을 것이다. 이로 인하여 正義에 공백이 생겼다. 비교 대상이 없으면 평등은 작동하지 못한다.

283) Peter Westen, The Empty Idea of Equality, 95 Harvard Law Review 537 (1982) p.542.

다.[284] 그 분배원리를 모른다고 자인하지는 않았지만, 자인한 것과 마찬가지다. 그 기준을 다 알게 된다면 正義論은 그 생명을 다한 것이다.

수 천년 동안 무엇이 옳은가, 어떠한 분배가 정의로운가를 두고 연구를 하였지만 우리는 그것을 모르고 있다. 조금씩 더듬거리면서 잠정적으로 정의로운 것으로 보이는 것을 합의하고 그것을 법에다 적어서 운용하고 있을 뿐이다. 그것도 제약된 공간과 시간 안에서 효력이 있다. 이 조건들이 달라지면 '정의로운 것'의 내용은 또 달라진다. 시간과 공간의 제한 아래서 그것들이 작동한다. 그러면 그때그때 정의로운 것을 정하는 것은 재판관이 될 수밖에 없다.

재판관이 정의로운 분배원리를 정하고 그 원리에 따라 재판하는 나라, 그것이 法治國家일까. 필자는 단호히 아니라고 본다. 길게 말할 필요가 없다. 논문이라서 소리친다는 말을 안 쓰지만, 필자의 마음 속에서는 크게 소리치고 있다. 그리고 또 묻자. 그런 나라가 民主主義國家인가? 필자는 당연히 아니라고 본다. 민주주의는 '국민'이 분배원리를 정하는 체제다. 재판관이 아니라 국민이 분배원리를 정할 때, 그런 나라를 민주주의 국가라고 한다.

재판관이 분배원리를 정하는 나라를 司法國家라고 부를 수 있겠다. C설을 주장하는 사람들은 이런 나라를 좋은 나라라고 보는 사람들이다.[285] 그리고 헌법이 그런 나라를 만들라고 정해 두었다는 주장을 한다. 이렇게 되면 새로운 모순이 하나 더 생기는 것은 아닐까? 헌법이 民主主義國家와 司法主義國家를 동시에 명령하고 있다는.

安西의 논의도 크게 다르지 않다. 그는 Cb설을 평등의 의미라 이해하면서도 그것이 규범으로서 작동할 수 있겠는가에 대해서는 믿음을 갖지 못하였다. 다음 문장을 보자.

---

284) 논리학에서는 이런 것을 Begging Question Fallacy라 한다.

285) 그런데, 위에서 본 바대로 C설의 주장자들이 자신들은 A설과 (예외를 허용한다는 의미의) 상대적 평등설을 따르고 있다고 항변하더라도 비난을 받을 이유는 있다. 그들이 정확히 그들의 의사를 표현하지 못하였기 때문이다.

> “그러나, 어떠한 문맥으로 그것이 논의되는지, 꼼꼼하게 검토하는 것도 요구될 것 같다. 예를 들어 개인의 존엄이 직접적으로 관련되는 맥락에 있어서는 절대적 평등론이 설득력을 갖는다. 또한 선거권 등이 관련되는 경우 역시 절대적 평등 혹은 그에 가까운 입장이 강한 설득력을 갖는다. 다만, 각 사람의 재력, 교육 등 구체적 사정은 선거권과의 관계에서 관련성을 지니지 않는 것이기 때문에, 상대적 평등설을 채택하더라도 균일취급을 요구하게 된다고 생각할 수도 있을 것이다. 어쨌든 상대적 평등설은 범용성을 갖는 이론으로서 어떠한 경우에도 적용할 수 있는 이점을 갖는 반면, 융통성이 없고 규범으로서의 틀의 의미를 갖지 않을 우려가 따른다.”[286]

당해 학설을 주장하면서도 그 학설에 대해 확신을 가지지 못하면서 어떻게 다른 사람을 설득할 수 있을까. C설이 설득력을 가지기 어려운 이유 중에는 위와 같은 확신 없는 記述도 포함되지 싶다. 필자가 아는 한, 자신의 학설에 이렇게 자신 없는 모습을 보이는 경우는 없다.

필자는 安西의 우려가 당연하다고 생각한다. C설은 헌법제정권력을 재판관에게 넘기는 이론이다. 국민의 대표가 만든 법률을 재판관 앞에 가져다 놓고, 재심사를 받아야 한다고 보는 이론이다. 재판관이 어떻게 판단할지는 예측할 수 없다.[287] 재판관이 판단할 때까지 국민과 국민의 대표는 숨을 죽

---

286) 杉原泰雄編,『新版体系憲法事典』青林書院, 2008, 448(安西文雄 執筆). “しかし、いかなる文脈でそれが論じられるか、入念に検討することも求められそうである。例えば個人の尊厳が直接に関わるような文脈においては、絶対的平等論が説得力をもつ。また選挙権などが関わる場合, やはり絶対的平等、あるいはそれに近い立場が強い説得力をもつ。ただし、各人の財力, 教育など具体的事情は選挙権との関係で関連性をもたないものであるから、相対的平等説をとっても同一扱いを求めることになると考えることもできよう。ともあれ相対的平等説は、汎用性をもつ理論であって、いかなる場合にもあてはまる利点をもつ反面, 融通無碍であって規範としての枠の意味をなさないおそれが伴う。場合によっては、規範としての自己崩壊の危険すら伴うものといえる。

287) 헌법재판은 예측하기 어렵다. 재판관이 어떤 결론을 탐내면 따로 이론을 만들어서라도 그 결론을 도출해 낸다. 그런 예를 하나 들라 하면, 수도이전 결정을 든다. 헌재가 수도 이전을 위헌으로 결정하기 위해 노력한 것을 보려면, 정주백, “지금, 대한민국의 수도는 어디인가”,『법학연구』제28권 제2호, 충남대, 2017, 9 이하 참조, 대부분 행정수도 이전 결정이 관습헌법 위반을 이유로 했다고 생각하지만, 그렇지 않다.

이고 기다려야 한다.[288] C설을 주장하는 학자들은 그래도 민주주의에 문제가 없다고 본다.

4. C설에 대한 학리적 비판[289]

이 원리가 헌법이 정하고 있는 평등의 원리로 원용되기에 적절한 것인가 하는 점을 살펴보기로 한다.[290]

가. 空虛·Begging the Question

C설이 법원리로서 부적절하다는 것, 즉 공허하다는 점을 가장 잘 논증한 논문으로는 Westen의 것을 들 수 있다. 그는 The Empty Idea of Equality 라는 논문에서, 평등은 분배원리의 도움 없이는 아무 것도 독자적으로 결정할 수 없다는 것을 지적했다.[291]

그의 지적은 타당하다. C설이 규범으로 작동하기 위해서는 먼저 두 비교집단이 본질적으로 같은가, 다른가가 결정되어야 한다. 그런데, 두 개의 비교집단이 같은가, 다른가를 결정하기 위해서는 '무엇을 기준으로' 같음과 다름을 결정할 것인가가 결정되어야 한다. 이것을 물어야 한다. 묻고 그 답을 찾지 않으면 더 이상 논의를 진행할 수 없다. 논리학에서는 이런 것을 순환

---

288) 奥平康弘, 「「人はすべて平等に創られ…」考(上)」 『法學セミナー』, 2000年1月, 86頁도 자신이 주장하는 Ca설에 대한 확신 없는 모습을 보여준다. 그는 奥平康弘, 『憲法Ⅲ』 有斐閣, 1993, 117에서 Ca설을 주장했다.

289) 이하의 기술은 필자의 『평등정명론』의 기술을 기반으로 하였다. 추가되거나 제외된 부분이 있다.

290) 이하의 내용은 정주백, 『평등정명론』 충남대출판문화원, 2019, 97 이하; 鄭柱白, 『平等の正しい意味』 忠南大學校出版文化院, 2023, 100 이하의 내용을 정리한 것이다. 특히 앞의 책에 있는 각주가 생략되었을 수 있다.

291) Peter Westen, The Empty Idea of Equality, 95 Harvard Law Review 537(1982) p.542.

논법, 또는 Begging the question[292]이라고 부른다.[293]

그러면 어떤 가치 또는 부담의 분배원리가 평등 안에 있는가? 즉, 헌법상의 평등조항만 분석하면 거기로부터 분배원리가 도출될 수가 있는가? 평등이 형식적인 것이라는 것은 평등 안에 특정한 분배원리가 들어 있지는 않고 다만 분배의 규칙이 정해졌을 때 위헌 여부를 판단하는 틀(frame)을 제공해 줄 뿐이라는 것이다. 그 말은 평등을 이해한다고 하여 거기로부터 분배원리가 도출되는 것은 아니라는 것을 의미한다.

평등조항에서 어떤 구체적인 분배원리를 도출해 낼 수 있다는 생각은 妄想이다. 만약 그것이 망상이 아니라면 평등조항을 제외한 모든 헌법조항들을 모두 삭제하여도 아무 문제가 없을 것이나, 그렇지는 않다.[294]

무엇이 본질적으로 같고 무엇이 본질적으로 다른지를 결정하는 것, 즉 어떤 가치나 부담의 분배원리는 논리로써 연역되는 것이 아니라 그것을 바라보는 공동체의 '가치관'에 그것을 결정한다. '필요'에 의해 분배할 것인가, '업적'에 따라 분배할 것인가를 '평등조항'을 들여다본다고 하여 알아낼 수 있는 것이 아니다. 사회주의 · 공산주의 국가에도 평등조항은 있다.

---

292) 왜 균일취급을 하여야 하느냐, 논거를 대라는 요구에 대해, '같으므로'라고 대답하였다고 하자. 그러면 처음에 질문한 사람은 추가적으로 질문을 할 수밖에 없다. 왜 같으냐. 이렇게 질문을 부르는 논증이라고 하여 Begging the question이라 불린다.

293) 이것을 오류라고 하기는 어려운 바 있다. A=A라고 말하는데 오류는 없다. Tautology이고, 논증의 量이 零인 것이 문제일 뿐이다. 그러나 논리학에서는 자주 이를 오류의 일종으로 처리한다.

294) C설을 따르면, 평등에게는 늘 친구가 필요하다. 자기 스스로는 말할 수 없다. 누군가가 어떤 가치나 부담에 관한 문제를 평등에게 물어보면, 평등은 '그 가치나 부담은 어떤 질서에 의하여 배분되어야 하는지'를 친구에게 묻는다. 평등의 친구가 그에 대답하면 평등은 비로소 위 누군가의 물음에 대답할 수 있다. 평등의 친구가 의견을 바꾸면 평등도 의견을 바꾼다. 그렇다면, 평등은 필요한가? 그의 친구가 없으면 평등은 아무 말도 할 수 없고, 한편 가치 · 질서를 어떤 질서로 배분해야 할지는 친구가 안다. 평등은 모른다. 그의 친구가 있으면 평등이 없더라도 분배할 수 있다. 바로 평등의 친구에게 물어보는 것이 낫지 않는가? 평등이 말한다고 하여 평등이 판단한 것인가? 이것이 위 Westen의 주장의 핵심이다.

예를 들면 中华人民共和国宪法 제33조 제2문[295]과 제4조 제1문[296]이 그것이다. 전자는 헌법 제14조 제1항 전단에 해당하고, 후자는 같은 항 후단에 해당한다. 그런데, 중화인민공화국은 사회주의가 근본적인 제도라고 천명한다.[297] 이는 사회주의적 배분양식과 평등이 배치된다고 이해되지 않는다는 것을 전제로 하는 것이다. 다시 말하여 평등이 어떤 특정한 분배방식과 결합하여야 하는 것은 아니라는 것이다. 평등은 그것들보다는 더 근본적인 것을 담고 있다.

Westen이 평등조항에 관하여 두 번째로 지적한 것은, 분배의 rule이 확정되고 나면 '같은 것은 같게, 다른 것은 다르게'라는 의미에서의 평등은 무의미하고 무용하다는 것이다.[298] 분배원리가 정해졌다면, 그 분배원리에 따라 분배되었는가를 살펴보면 족한 것이지, 그 분배원리를 평등조항 안에 충전한 후 평등의 관점에서 분배 상태를 재평가할 필요는 없다. C설에 따른다면, 분배원리가 존재하지 아니하면 평등조항은 작동할 수 없고, 분배원리가 확정되고 나면 평등조항은 존재할 필요가 없다.

나. 진리?

아리스토텔레스의 정의론 즉 여기서 말하는 C설은 오래도록 수용되어 왔을 뿐 아니라, 앞으로도 배척되지 아니할 것이다. 왜 그런가? 아리스토텔레스의 정의론 또는 C설은 아무 것도 말하고 있지 않기 때문이다. 아무것도

---

295) "中华人民共和国公民在法律面前一律平等。"[중화인민공화국 공민은 법률 앞에서 일률적으로 평등하다.]

296) "中华人民共和国各民族一律平等。"[중화인민공화국의 각 민족은 일률적으로 평등하다.]

297) 第一条第二文 "社会主义制度是中华人民共和国的根本制度。中国共产党领导是中国特色社会主义最本质的特征。禁止任何组织或者个人破坏社会主义制度。"[사회주의제도는 중화인민공화국의 근본제도이다. 중국공산당의 영도는 중국식 사회주의의 본질적 특색이다. 어떠한 조직이나 개인도 사회주의 제도를 파훼할 수 없다.]

298) Peter Westen, The Empty Idea of Equality, 95 Harvard Law Review 537 (1982) p.542.

말하고 있지 않으니까 틀릴 일도 없고, 틀리지 않으니까 배척될 일도 없다.

Ca설은 같은 것은 같게 대우하고, 다른 것은 다르게 대우하여야 한다는 것인데, 같고 다름을 판정할 수 있는 자체적인 메커니즘을 가지고 있지는 못하다는 점을 위에서 설명하였다. 그에 따라 평등의 외부에서 같게 대우하여야 할 것인가, 다르게 대우하여야 할 것인가의 규범을 찾아내어서 그것을 평등의 프레임에 장착하면, 결국 평등이라는 프레임은 같이 취급하여야 할 집단을 같이 취급하고 있는가, 다르게 취급하여야 할 집단을 다르게 취급하고 있는가를 판정하여 주는 역할만 담당하게 된다.

이때 우리는 Ca설에 따른 평등을 적용하여 어떤 사태에 대한 모종의 판단을 내린 것으로 생각하지만, 실제는 그렇지 아니하다. 우리는 평등의 명령을 검토하여 판단한 것이 아니라, 평등을 충전한 분배질서를 적용하여 판단한 것일 뿐이다. 즉 C설에 따른 평등은 같다는 '사실'에 대해 '같은 취급'을 해 주는 것이 아니라, 평등의 외부에서 결정된 '같은 취급을 해 주어야 할 사람'에게 '같은 취급을 해 주는 것'[299]이다.

평등의 관점에서만 보면 'A=A이다'의 원리로 귀결된다.[300] 이 원리는 지극히 자명하다. 그래서 오래도록 부인되지 아니하였다. 그런데 문제는 항상, 언제라도 틀리지 않는다는 것은 아무 것도 말한 바가 없다는 自白과 다르지 않다. '산은 산이요, 물은 물이다' 라는 말은 언제라도 틀릴 수 없다. '평면상 한 점에서 똑같은 거리에 있는 점들의 집합은 圓이다'라는 말도 마찬가지다. 아리스토텔레스의 정의론은 그 안에 명령의 실체가 없다. 그러니 틀릴 일이 없다.

다른 분배의 rule을 들어보자. '각자에게 각자의 것을'이라는 rule은 아리스토텔레스의 정의론보다 더 우월하다. 왜냐하면 이 규칙은 '비교'를 전제로

299) Peter Westen, The Empty Idea of Equality, 95 Harvard Law Review 537 (1982), p.547.

300) Peter Westen, The Empty Idea of Equality, 95 Harvard Law Review 537(1982), pp.543-545.

하지 않기 때문이다. C설에 따라 검토하기 위해서는 비교대상으로 되는 집단이 2개 이상 존재하여야 한다. 예를 들어서 5시간 일한 사람에게 5달러를 주었다. Ca설을 따랐을 때 평등에 반하는가, 라고 묻는다면 대답할 수 없다. 급료가 일한 양에 따라 지급되어야 한다는 rule이 확정되어 있더라도 마찬가지다. 일한 시간에 '비례하여' 급료가 지급되면 족하기 때문이다.

이에 비하여 '각자에게 각자의 것을'이라는 rule은 비교대상을 전제하지 않고도 정의에 부합하는지를 판단할 수 있다. '각자의 것'은 비교를 전제로 하지 않고 독자적으로 정해질 것을 전제로 하기 때문이다. 그러나 이 rule도 '각자의 것'을 말하지 않는다. 어떤 사람에게 분배할 가치 또는 부담의 양이 결정되고 나서야, 그에게 분배하여야 할 가치 또는 부담의 양만큼 분배되면 정의로운 것이요, 그렇지 아니하다면 정의롭지 않은 것이다. 이 rule도 틀릴 일이 없다. 그래서 배척되지 않고 오래도록 존속하였다. 그러나 우리들이 정작 궁금해 하는 것에 대하여는 아무 것도 말해주지 않는다. 과연 각자의 것은 얼마나 되는 것인가?

다. 개방성·유연성

혹자는 C설을 두고 헌법의 '開放性' 또는 '柔軟性'이라는 말로 미화하려고 한다. 평등 개념 자체가 가치세계에 대하여 열려있음으로 인해, 헌법상의 평등조항은 헌법이 처해 있는 시대와 상황을 평등조항에 반영할 수 있게 된다는 의미에서 유연성과 지속성을 지니게 되고, 한편 평등의 개념 자체가 공허하다는 점이 지속 가능한 규범으로 만들어 준다고 한다.

그러나 필자는 동의하지 않는다. 헌법을 포함하여, 법이란 무엇인가? 미리 한 약속이다. 헌법에 기본권을 규정하여 둔 이유는, 이를 정치적 논란의 영역으로부터 분리시켜 다수결에 의한 결정이 미치지 못하는 곳에 두고자 함이다.[301] 전적으로 그 내용을 해석자가 채워야 한다면 그것은 이미 규범

으로서의, 법으로서의 기능을 상실한 것이다.[302]

만약 그 개방성과 유연성이 중요하다면, '같은 것은 같게, 다른 것은 다르게'보다 적용범위가 넓고, 분배의 규칙을 전제하지 아니하는 '각자에게 각자의 것을'이라는 규범을 채택하는 것이 낫지 않느냐고 제안할 수 있다. 전자는 비교를 전제로 하는 것이어서, 비교대상이 존재하지 아니하면 심사를 진행할 수 없다. 거기에 비하여 후자는 비교를 전제로 하지 아니하므로 적용범위가 전자에 비하여 넓다.

그런데, Ca설을 지지하는 쪽에서는 거부할 것이다. 평등은 비교를 전제로 하는 rule인데, '각자에게 각자의 것을'은 비교하지 않고 결론에 이르는 rule이기 때문에 평등의 의미로 이해될 수 없다는 것일 것이다. 대답이 이와 같다면, 평등은 완전한 정의의 rule은 아니라는 것을 자인하는 것과 같다.

라. 不知

Ca설이 의미를 가지기 위해서는 사회적 자산 또는 부담의 분배원리를 미리 알고 있어야 한다. 예를 들어, 교육이라는 가치는 어떻게 배분되어야 하는가, 즉 교육이라는 공동체의 자산이 각 구성원이 가진 어떤 자질에 따라 분배되어야 하는가를 미리 알 수 있어야 한다.

모든 사람들이 같은 분배원리를 공유하고 있다면, Ca설에서 말하는 평등의 관념은 불필요하다. 그런데 다른 한편으로 그와 같이 공유되는 분배원리가 없다면, Ca설은 아무런 내용도 없는 것이다. 결국은 무엇을 분배원리로 할 것인가에 관한 다툼은 가치논쟁이라 할 수 있고, 그 가치논쟁의 결과는

---

301) West Virginia State Board of Education v. Barnette 319 US 625, 638(1943).

302) 杉原泰雄編, 『新版体系憲法事典』 青林書院, 2008, 448(安西文雄 執筆)도 이 점을 걱정한다. "어쨌든 상대적 평등설은 범용성을 갖는 이론으로서 어떠한 경우에도 적용할 수 있는 이점을 갖는 반면, 융통성이 없고 규범으로서의 틀의 의미를 갖지 않을 우려가 따른다."[相対的平等説は、汎用性をもつ理論であって、いかなる場合にもあてはまる利点をもつ反面, 融通無碍であって規範としての枠の意味をなさないおそれが伴う。場合によっては、規範としての自己崩壊の危険すら伴うものといえる。]

명문으로 표현될 수밖에 없다. 그것이 없더라도 '같은 것'과 '다른 것'을 궁리해 보아 헌법해석을 하는 식자들이 결론을 도출해 낼 수 있다는 생각은 지나온 역사를 무시하는 것이다.[303)]

그래서 Westen은 '평등'을 법의 영역에서 追放하여야 한다고 주장했다.[304)] 그는 Ca설이 당연히 '평등'을 의미한다는 것을 전제로 하였기 때문에 그와 같은 결론에 도달하였다. 그러나 그렇게 할 일은 아니다. 그가 말했어야 하였던 것은 Ca설을 평등의 의미로 이해해서는 안 된다는 것이다. 즉 Westen이 Ca설의 공허성을 논증한 것은 매우 훌륭한 것이었으나, Ca설을 평등의 내용으로 이해한 것이 틀린 것이다.

마. 矛盾

Ca설은 한편으로는 같은 취급을, 다른 한편으로는 다른 취급을 명한다. 이것을 혹자는 '평등의 첫 번째 內在的 矛盾'이라 부른다.[305)] 그러나 이것은

---

303) "일반적으로 수락가능한 근거가 불평등 취급 내지 불평등 배분을 정당화하지 않는 한, 협력체의 구성원은 일단 평등하게 취급되고 또 공동협력의 산물인 이익과 부담은 일단 평등하게 배분되어야 한다"(심헌섭, "정의에 관한 연구-정의의 기본개념과 기본원리", 『법학』 제29권 2호, 서울대, 1988, 99)는 말은 이해하기 어렵다. 여기서 다루고 있는 '같은 것은 같게, 다른 것은 다르게'는 분배의 기준을 정하고, 그 기준에 따라 분배하여야 한다는 원리이다. 그런데 심헌섭의 주장은 분배의 기준이 확정되지 아니하였다면 모든 사람에게 같게 분배하여야 한다는 것이다. 한 쪽에서는 성과주의를 주장한다. 또 한 쪽에서는 평등주의를 주장한다. 어느 쪽으로 해야 할지 모르겠으니까, 똑같이 나누어 주면 된다는 생각이다. Ca설의 가장 큰 난점인, 무엇이 분배의 규칙으로 되어야 하는가 하는 문제를 가볍게 지나쳐 버리는 주장이다.

304) Peter Westen, The Empty Idea of Equality, 95 Harvard Law Review 537(1982) p.596.

305) 이준일, 『헌법학강의』 홍문사, 2015, 419. 이 책에는 같은 처우, 다른 처우 대신에 '평등대우', '불평등대우'라는 말을 사용한다. '평등' 안에 '평등'과 '불평등'이 함께 들어갈 수 있다는 생각이다. 그것은 논리적으로 타당하지 않다. '평등'이 '불평등'을 명령할 수 는 없다. 이 논문에서는 '균일취급(또는 같은 취급, 같은 처우)', '불균일취급(또는 다른 취급, 다른 처우)'라는 말로 대체하여 쓴다. 위 책의 기술은 다행히 2023년판, 408에는 고쳐졌다. 동등한 처우와 차등적 처우라 한다.

모순이 아니다. 하나의 사태에 대하여 같은 처우를 명하다가, 다른 처우를 명령하는 것이 아니라, 같은 것에 대해서는 같은 처우를, 다른 것에 대해서는 다른 처우를 명령하고 있으므로, 같은 처우를 해야 할 대상과, 다른 처우를 해야 할 대상이 다른 것이다. 하나의 대상에 대하여 같은 처우와 다른 처우를 하도록 명하고 있지 않다.[306)]

다만 위 상황에 대한 대처 방법에 관한 주장은 誤謬이다. 같은 것과 다른 것을 어떻게 구별할 것인가를 판단하여야 할 지점에서 이준일은, "평등원칙을 잠정적으로 '평등대우에 유리한 명령'으로 해석"해야 한다고 주장한다.[307)]

그 주장을 요약하자면 "같은 것은 같게"와 "다른 것은 다르게"가 논리적으로 동등한 가치를 가치는 것이 아니라, 전자가 후자에 비하여 우월하다는 것이다. 왜 그런가? 거기에 대한 논증은 없다. "같은 것은 같게"라는 말이 "다른 것은 다르게"라는 말보다 앞에 있기 때문인가? 그렇다면 평등을 "다른 것은 다르게, 같은 것은 같게"로 이해하면 그 결론이 달라질 수 있다는 것이 될 것이나, 이는 도저히 이해하기 어려운 논리이다.[308)][309)]

논리적 문제는 해소되었다. 그렇다고 그 내용이 옳은 것은 아니다. 평등이 차등처우를 명령할 수는 없다. 한국의 교과서에서 평등을 어떻게 다루는가 하는 책을 따로 낼 예정이다. 거기서 좀 더 상세히 다루기로 한다.

306) 자신의 이론이 '矛盾'을 만났다고 인정하면서도 이를 철회하지 않는 것은 이해하기 어렵다. '모순처럼 보이는 상태'가 있고 이것이 해소될 수 있다면 그것은 모순이 아니다. 해소될 수 없을 때 모순이라 한다.

307) 이준일, 『헌법학강의』 홍문사, 2015, 419.

308) 논리적으로 'A and B'와 'B and A'가 다르다는 논증이 필요하겠으나, 그와 같은 논증이 이루어졌다고는 보이지 않는다.

309) 여기서 오래 상론할 생각은 없다. 다만, '같은 것은 같게'는 欺瞞的인 표현이라는 점만은 기록해 둔다. 분배의 규칙이 정해지면, 그 기준에 따라 판단했을 때 같고 다름이 정해진다. 그 기준에 따라 같은 것이 존재할 수 있을까? 응능부담원리를 채택했을 때 담세능력이 똑 같은 사람이 있을까? 없다. 그렇다면 같은 것은 같게, 또는 세법학에서 말하는 수평적 공평은 詐欺다.

바. 완벽? - Tautology

Ca설, 좀 더 거슬러 올라가면 아리스토텔레스의 정의론은 아주 오래도록 받아들여졌다. 이것은 아리스토텔레스의 정의론이 옳아서라기보다는, 아리스토텔레스의 정식이 아무것도 말하고 있지 않기 때문이다. 빵을 어떻게 분배하여야 하는가 하는 물음에 대하여 '같은 것은 같게, 다른 것은 다르게' 처우하라는 대답은 틀리지는 않지만, 질문을 한 사람에게는 아무런 도움이 안 되는 대답이다. '각자에게 각자의 것을 주라'는 대답도 마찬가지다. 질문을 한 사람은 각자가 가져가야 할 빵의 양이 얼마나 되는지, 빵을 나누는 기준을 무엇으로 할 것인지를 알고 싶어서 질문을 하였는데, 어떠한 분배원리도 포섭할 수 있는, 매우 추상적이고 형식적인 틀(frame)만을 제공하였을 뿐이다.[310]

알맹이가 없을수록 틀릴 가능성도 낮아진다. 동어반복은 틀릴 수가 없고, 公理가 그 대표적인 경우이다. '한 점에서 같은 거리에 있는 점들의 집합을 원이라 한다'는 진술은 틀릴 수 없는 것이다. 그러한 집합을 '원'이라 지칭하기로 정의했기 때문이다.

그런데 '같은 것은 같게, 다른 것은 다르게'라는 명제에서 같은 것과 다른 것을 선험적으로 판단할 수 없다면, '같은 것'은 '같게 처우하여야 할 것'으로, '다른 것'은 '다르게 처우하여야 할 것'으로 각각 치환될 수밖에 없다. '같은 것은 같게, 다른 것은 다르게'는 '같게 처우하여야 할 것은 같게 처우하고, 다르게 처우하여야 할 것은 다르게 처우하여야 한다'는 것으로 치환될 수밖에 없다. 완벽한 동어반복(tautology)이다.

사. 무의미

만약 위의 Ca설을 받아들인다면, '평등'을 쟁취하였다는 말은 무의미한 것

310) 그래서 Begging the question이라 불린다.

이 되고 만다. 위 정식의 논리대로라면 어떠한 상태도 정당화될 수 있기 때문이다. 奴隷制나 남녀차별, 인종차별이 정당화될 수 있는 논리가 모자랄 일 또한 없게 될 것이다.[311] 그리고 얼마나 오래도록 남녀차별과 인종차별이 나름대로 정당한 근거를 가지고 유지되어 왔는가를 이해하는 데에는 그리 오랜 시간이 걸리지 않는다.

Ca설을 곧 평등의 의미로 받아들이면, 평등은 '확립된 가치의 실현'이 문제되는 것이 아니라, 무엇을 평등으로 볼 것인가 하는 '평등 안에서의' 概念論爭으로 수렴되고 말 것이다. 그리 본다면 우리 人類史는 늘 평등했었다.[312] 그리고 인류의 다툼은 결국 평등과 또 다른 평등의 抗爭이었다는 것으로 귀착된다.

아. 평등에서 차별로

Ca설이 평등의 내용으로 받아들여질 수 있었던 이유 중 가장 큰 것은, '같은 것은 같게, 다른 것은 다르게'에서 '같은 것은 같게' 부분이 있었기 때문이라고 보인다. 평등은 같은 처우를 요구하는 것인데, 같게 처우할 것을 요구하고 있고, 다른 것은 다르게 부분은 '같은 것은 같게'의 다른 표현 아닌가 하는 생각을 하였던 것으로 보인다.

그러나, 우선 '같은 것은 같게'와 '다른 것은 다르게'는 같은 말이 아니다. '같은 것은 같게 처우하라'와 동치는 '같지 아니하게 취급받은 것은 같지 아

311) Alan Parker 감독의 Mississippi Burning(1988) 중, 00:54:16/02:06:21 부분을 보라. 영화의 배경으로 되는 1964년 당시 백인들은 흑인들에 대한 처우가, 현재의 관점에서 보았을 때 말도 안 되는 것으로 보이는 처우가 정당한 것이라 생각하였다. 어느 기자가 백인 여성에게 미시시피 주에서 흑인들이 어떻게 대우받았다고 생각하느냐고 물었다. 백인 여성은, "They're treated about fair. About as good as they ought to be."(그들은 정당하게 대우받고 있어요. 대우받을 만큼 대우받고 있지요.)라고 대답하였다. Ca설을 받아들이면 규범적으로 이런 결과를 만날 수 있다.

312) 인도의 카스트 제도는 어떨까? 쉽사리 불평등한 것이라 말하기 어려울 것이다.

니한 것이다.' 즉, '다르게 취급받은 것은 다른 것'이다.[313][314] 그런데 '같은 것은 같게'는 '다른 것은 다르게'의 일부분을 구성하는 것일 뿐, 서로 대등한 것이 아니다. '다른 것은 다르게' 중 '다름'의 양이 零에 가까워지면 취급도 같음에 가까워진다. 따라서 '같은 것은 같게'는 무의미하고, 오로지 '다른 것은 다르게'만이 유의미한 것이다. 전자는 후자의 매우 특수한 예 중 하나에 불과하기 때문이다.

나아가 세상에는 완벽하게 동일한 것은 존재하지 않는다. 예를 들어 담세력에 따라 각자가 부담할 세액이 정해져야 한다는 rule이 확립되었을 때, 동일한 세액이 부과되어야 할 대상이란 존재할 수 없다.[315] 그러므로 '같은 것은 같게'가 작동할 여지는 없다.[316] 그러므로, 응능부담을 이야기하면서 垂直的 公平과 水平的 公平을 이야기하는 것은 詐欺에 가깝다. 수평적 공평은 수직적 공평의 아주 특수한 형태일 뿐이다. 수평적 공평이 한 유일한 역할은, '같음'을 매개로 하여 평등과의 연결고리를 만들어 준 것뿐이다. 이 말을 이해하면 응능부담원리는 평등과 결별하여야 한다는 결론에 도달할 수 있게 될 것이다.

자. 자연주의 오류

C설은 자연주의적 오류(naturalistic fallacy)를 범하고 있다. '같다'는 사실로부터 같이 취급하여야 한다는 규범을 이끌어냈다. 이것은 자연주의적 오류

313) 이 사이에 '같지 아니한 것'을 '다른 것'으로 보고 논의가 연결되었다. 이 점에 대해서도 논란이 있을 수 있다. 예를 들면 陽數가 아니라 하여 陰數인 것은 아니다. 그 사이에 零이 있다.

314) 논리학적으로 p → q와 동치인 것은 ~q → ~p이다. '같은 것은 같게'와 '다른 것은 다르게'를 같은 말이라고 보는 입장은 p → q와 ~p → ~q 가 서로 동치라고 보는 것이다. 논리적으로 틀린 주장이다.

315) 이 입론을 따르면 範疇化(categorizing)는 바로 차별이다. 서로 다른 것을 묶어서 하나의 법적 효과를 부여하기 때문이다.

316) 세법에서는 수직적 공평과 수평적 공평이라는 말을 사용하는데, 수평적 공평이라는 무용하다는 것이다.

에 속한다. 법이 어떤 것을 정하였다면, 법이 그것을 정하였다는 사실 자체에 의하여 효력이 생긴다. 균일하게 취급하여야 한다고 법이 정하였으면 균일하게 취급하여야 한다. 생각해 보자. 법이 성별을 구별의 표지로 삼지 말라, 성을 이유로 다른 취급을 하지 말라고 하였다는 것은, 남성과 여성이 같다는 것을 전제로 하지 않는다. 양자의 본질이 다르더라도, 같게 취급하여야 한다고 법이 정하였으면 그대로 효력이 있다.[317)][318)]

5. 소결론

우선 판례는 평등권 침해가 주장되는 사례에서 그 본질의 같고 다름을 판단하지 않는다. 불균일취급이 있으면 자동적으로 차별이 있음을 확인하고 정당화 심사에 나아간다.[319)] A설에 해당한다.

317) 평등선거를 한 번 생각해 보자. 필자는 헌법 제14조 제1항과 평등선거는 무관하다고 본다. 보통선거가 헌법 제14조 제1항의 평등과 훨씬 친한 개념이다. 어쨌든 평등선거는 공동체 운영에 기여한 양에 따르거나 각 개인이 가진 지적 역량에 따른 차등 선거를 부정하였다는 데 그 의의가 있다. 다르게 취급할 수 있는 이런 요소들을 무시하고 다 같이 한 표를 행사하여야 한다고 정하였다는데 평등선거의 규범으로서의 가치가 있다. 단지 같음을 확인하여 같은 취급을 명령한 것이 아니다. 혹자는 민주주의 사회에서는 모두가 동등하므로 당연히 투표권도 동등하게 배분되어야 한다고 주장할지 모르겠으나. 그 발언이 바로 위에서 말한 순환논법이다.

318) 다른 한편 균일취급이 타당하지 아니하므로 C설을 채택해야 한다는 입장들은 전부 도덕주의 오류(moralistic fallacy)에 빠진 것이다.

319) 最大判昭和39年5月27日民集18巻4号676頁. 한국 헌법재판소는 균일취급에 대하여 그 본질이 다름을 논증하고, 차별이 있다고 확인한 후, 정당화 심사에 나아간 사례들은 여럿 있다. 예를 들어 헌재 2004. 10. 28. 2002헌마328, 판례집 16-2하, 195, 210. 이것은 위의 A설로는 도달할 수 없는 결론이다. 또, 불균일취급을 하는 두 사태에 대하여, 청구인이 차별적이라고 주장하는데도, 두 사태 사이에 본질적 차이가 있다면서 정당화 심사에 나아가지 아니하는 경우도 있다. 헌재 2006. 1. 17. 2005헌마1214, 공보 112, 216, 217. 이것들은 모두 여기서 다루고 있는 C설을 전제로 해야만 도달할 수 있는 결론이다.

이것들은 모두 실무에 있어서의 이론적 혼선을 보여주는 사례들이다. 균일취급

학설과 판례는 왜 전면적으로 C설을 수용하지 못하는가? 가장 중요한 이유는 헌법의 문언으로부터 너무 멀리 떨어져 있다는 것이다. 평등으로부터 '불균일취급'이 도출될 수 없다. 헌법 제14조 제1항 전단은 모든 국민이 법의 아래에서 평등하다고 말하고 있다. 이 전단이 입법자를 구속하는가가 문제될 수 있다. 가사 헌법 제14조 제1항 전단이 입법자를 구속한다고 하더라도 입법자에 대한 명령은 헌법 제14조 제1항 후단에 의하여 구체화된다.

헌법 제14조 제1항 전단의 평등이 (정의론을 기반으로 하여) 같음뿐만 아니라 다름을 의미할 수 있다고 보더라도, 이 평등이 구체화된 내용을 보이는 후단의 차별의 의미와 연계되어 이해될 수밖에 없다. 헌법 제14조 제1항 후단의 차별이 불균일취급을 의미하는 것이라면 헌법 제14조 제1항 전단의 평등은 그 반대의 것을 의미한다고 이해될 수밖에 없다.

더 나아가서 구별하지 아니함이 차별로 이해될 수 있다는 입론은, '인종, 신조, 성별, 사회적 신분, 가문'[320]을 처리하는 데 상당한 어려움을 겪을 것이다. 어떤 법령이 사람 또는 사태를 구별하지 않고 있으면, 거기에는 어떠한 표지도 표시되지 않는다. 그런데도 그것이 '인종, 신조, 성별, 사회적 신분, 가문'을 이유로 구별하지 아니한 것이라는 논증은 거의 불가능하다.

결국 헌법 제14조 제1항 전단의 평등과 후단의 차별은 서로 얽혀 있다. 서양의 理論史를 들어서 평등이 정의를 의미한다고 하는 이해를 받아들인다고 하더라도 그러한 이해는 후단에 의하여 차단될 수밖에 없다. 그러므로 후단의 차별이 불균일취급을 의미한다는 것을 전제로 한다면 전단의 평등은 정의론에 의지하여 불균일취급을 의미하는 것으로 이해될 수 없다.

법에 써진 말은 그 의미가 분명하여야 한다. 헌법이라고 그러하지 아니하여도 좋을 이유가 없다.[321] 같음과 다름은 평등과 차별의 의미를 구성하는

이 문제되는 경우와 불균일취급이 문제되는 경우 사이에, 논증의 일관성이 없다.

320) '人種、信条、性別、社会的身分又は門地'

321) 입법자도 자신에게 주어진 헌법적 제약을 알 수 있어야 한다. 헌법의 명령이 막연하고 헌법재판과정을 통하여 구체화될 수밖에 없다면 법적 안정성은 크게 위

본질적인 부분이 될 수밖에 없다. 그런데 헌법 제14조 제1항 후단이 불균일 취급을 금지하고 있음에도 불구하고, 이를 뒤틀어서 같으면 같게 취급하고, 다르면 다르게 취급하라는 명령으로 전환시킬 수는 없다.

예를 들어 살인하지 말라는 명령을 죽여야 할 사람이면 죽이고, 죽이지 말아야 할 사람이면 죽이지 말라는 명령으로 전환시키는 것을 이해할 수 없다고 본다면, 그와 같은 입장은 평등이나 차별에도 똑같이 적용되어야 된다.[322)]

헌법 제14조 제1항을 정의의 명령, 즉 같은 것은 같게, 다른 것은 다르게 처우하라는 명령으로 이해되는 순간, 헌법은 빅뱅(BIG BANG)을 경험한다. 사람을 차별하여 대우하지 말라는,[323)] 단순하고 명료한 명령이 세상의 모든 문제에 적용될 '正義'의 규범으로 확장된다.

다른 한편, 법의 명령이 완전히 正義의 명령과도 일치하는 것은 아니다. 위의 예에서 본 것처럼 살인하지 말라는 명령은, 어떤 경우에는 부정의한 명령일 수 있다. 그렇더라도 살인하지 말라는 명령을 살인하라는 명령으로 전환하지는 않는다.[324)]

평등도 마찬가지다. 균일취급이 어떤 경우에는 부정의하게 보일 수 있다. 불균일취급이 정의를 실현하는 것처럼 보이더라도, 실정법적으로는 헌법에

협반을 수밖에 없다. 헌재는 하나의 쟁점에 대해 같고 다름을 달리 판단한 사례가 있다. 헌재 2005. 5. 26. 2004헌바27, 판례집 17-1, 644,656 VS 헌재 2009. 9. 24. 2007헌바87, 판례집 21-2상, 498, 512-513.

322) 사람이나 사태가 가진 품성에 따라 다른 처우를 하여야 함에도 불구하고, 다른 처우를 명령하는 것이 부조리하다는 입론을 따른다면 죽여야 할 사람을 죽이지 말라고 하는 입론도 부조리할 수밖에 없다. 비교가 조금 과격하지만 논리적으로 보면 그런 예가 없지 않다. 사형집행인을 여기에 들 수 있을까. 그러나 형법의 실무에서는 그의 행위도 살인죄의 구성요건 해당되나 단지 위법성이 조각된다고 이해할 수밖에 없다.

323) 좀 더 정확하게는 人種、信条、性別、社会的身分又は門地により.

324) 어떤 경우에 살인하는 것이 정의의 명령에 따른 것이라 하더라도, 법적으로는 위법성 조각 사유의 문제로 다루어지지, 살인을 찬양하거나 아예 구성요건에 해당하지 않는다고 말하지 않는다.

서 벗어난 상태, 즉 반평등의 상태로 이해되고, 단지 정당화된다고 말할 수 있을 뿐이지, 그것을 평등에 부합하는 상태라고 설명하여서는 곤란하다.

위에서 B설은 평등의 모순을 극복하지 못하였음을 보였다. B설은 평등이 균일취급을 명령하고 있다는 점을 그대로 수용하면서 단지 그 명령이 절대적인 것이 아니라고 주장하고 있을 뿐이다.

나아가 B설은 허수아비 오류(strawman fallacy)를 범하고 있다.325) 다른 처우를 하는 법을 만드는 입법자에게 모든 것을 같게 처우하라는 명령을 하는 모순을 해결하여야 하는데, 후자의 명령을 조금은 우스꽝스러운 모습으로 변형을 한 다음에 그것을 공격한다. '절대적'이라는 말은 반박하여야 할 테제(These)를 우스꽝스럽게 만드는 핵심적인 단어다.326)

---

325) C설도 마찬가지다. B설만 그러하고, C설은 그러하지 아니한 것이 아니다. C설을 주장하는 학자들도 교묘하게, 반대편의 주장에 '절대적'이라는 말을 끼워놓는다. 渡辺康行・宍戸常寿・松本和彦・工藤達朗, 『憲法1基本権』 日本評論社, 2016, 131; 本秀紀編, 『憲法講義(第2版)』 日本評論社, 2018, 334; 長谷部恭男編, 『注釈日本国憲法 (2) 国民の権利及義務 (1) 』 有斐閣, 平成29年, 169(川岸令和執筆)을 보라. 自說이 C설이라면 반대편에 있는 것은 균일취급설이다. 만약 균일취급을 부정하고, C설을 주장하였으면 C설이 지금처럼 쉽게 받아들여지지는 않았을 것이다. 위의 기술들은 아래의 IV.에서 분석하고 있다. 특히 長谷部恭男編, 『注釈日本国憲法 (2) 国民の権利及義務 (1) 』 有斐閣, 平成29年, 169(川岸令和執筆)의 표현은 自說의 반대편에 균일취급설이 있는지, (예외를 허용하지 않는다는) 절대적 평등설이 있는지조차 모호하다. 의도적인 것이라 보이지 않는다. 도리어 양자를 구분하지 못하여 그와 같이 표현하였다고 본다. 사실 이 논문을 쓰면서 상대적 평등설이 반론을 제기하는 테제(These)에 해당하는 절대적 평등설을 어떻게 이해하고 반론을 제기하는지 불분명한 경우가 많다. 불분명할 수밖에 없는 것은, 그런 주장을 하는 사람이 없다는 것도 한 몫을 한다. 아무도 주장하지 않는 학설, 유령 같은 학설을 세워 두고 반론을 펴는 형국이다. 필자가 보기에 B설이나 C설 모두 허수아비 오류를 범하고 있다.

326) 대개 '절대적'으로 라는 말이 붙는 주장은 틀린 경우가 많다. 세상의 일이 얼마나 복잡한데, 절대적으로 그렇다는 주장이 얼마나 호응을 얻을 수 있겠는가. 아래에서 다시 보겠지만, 미리 한 번 더 인용한다. 君塚正臣, 『憲法』 成文堂, 2023, 216. "一般に法理論、否、社会科学の分野の議論で「絶対」と主張することは패배への第一歩となることがほとんどである。なぜならば、事象には例外があるからである。対して、拷問の禁止など、規範を語る場合は「絶対」や「唯一」を語れる。"[일반적으로 법이론, 아니 사회과학 분야의 논의에서 '절대'라고 주장하는 것은 패배로의 첫걸음이 되는 것이 대부분이다. 왜냐하면, 사건에는 예외가 있기 때문이다. 반면 고문금지

그런데 가만히 생각해 보면 '절대적'이라는 말은 평등 자체의 의미가 아니다. 평등의 의미, 즉 균일취급 안에 그런 말은 없다. '절대적'이라는 말은 평등권이 예외를 허용하는가, 안 하는가를 다루는, 평등권의 성격에서 드러날 수 있는 말이다. 평등의 의미에 관한 어떠한 의견에도 '절대적', '상대적'이라는 말은 결합될 수 있다.

C설은 평등의 모순을 극복하였다. 평등의 모순에서 전제한, 평등이 같은 처우를 명령한다는 것을 거부하고, 같은 것은 같게, 다른 것은 다르게 처우할 것을 명령한다고 주장함으로써 평등의 모순에서 벗어났다.

그러나, C설은 헌법 제14조 제1항의 문언과 전혀 부합하지 않는다. 차별하지 말라는 법문으로부터 차별하라는 명령이 도출될 수는 없다. 더 나아가 차별하라는 명령에 '인종, 신조, 성별, 사회적 신분, 가문'이 어떻게 작동할 수 있는가에 대한 설명이 불가능하다.

논리적으로 보더라도 C설은 순환논리에 빠져 있다. 그 진술이 내용상 아무것도 포함하고 있지 않다. 그래서 새로운 질문을 부른다(Begging the Question). 만약 C설을 평등의 의미로 받아들이면 평등은 모든 헌법 조항을 빨아들이는 Black hole로 되고 만다.[327][328]

이제까지의 논의를 도해하고 요약하면 다음과 같다.

같은 규범을 말할 때는 '절대'나 '유일'을 말할 수 있다.]

327) 통상 민사법에서 일반조항으로의 도피가 문제되는데, 헌법학에서는 평등으로의 도피가 이에 비견될 수 있다. 우리 헌법재판에서 사회권에 관한 논의가 사라진 것은 이것과 관련이 있다. 이 점에 대해서는, 정주백, "평등을 통한 사회적 기본권 실현에 대한 우려", 『헌법재판연구』 제9권 제1호, 헌법재판연구원, 2022, 135 이하 참조.

328) C설에 대한 비판은, 정주백, "아리스토텔레스정식 비판", 『헌법논총』 제27집, 헌법재판소, 2016, 141 이하 참조.

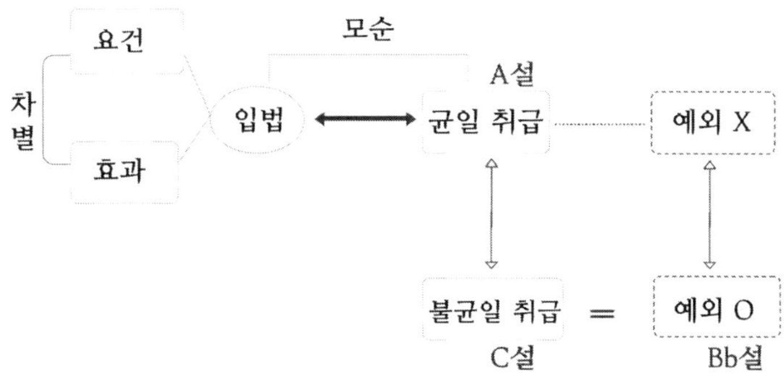

(i) 평등이 균일취급을 취급한다고 보는 A설과 입법 사이에 모순이 있다.

(ii) 이를 극복하기 위하여 (예외를 허용하지 않는다는 의미의) 절대적 평등설을 假像의 These로 하여,[329] (예외를 허용한다는 의미의) 상대적 평등설을 내세웠다. 그러나 이 주장은 전혀 평등의 모순을 극복하지 못하였다.

(iii) 한편, (평등이 균일취급을 명령한다는) 절대적 평등설을 These로 하여 불균일취급설, C설이 대두되었다.

(iv) C설은 자신들의 주장이 (예외를 허용한다는 의미의) 상대적 평등설(Bb설)과 같은 내용이라 이해한다.[330]

(v) 결국 C설도 자신들이 부정하였던 A설에 회귀하였다.

(vi) 학설과 판례는 평등의 모순을 전혀 극복하지 못하였다.

329) 이런 학설은 존재하지 않는다.

330) 이 점에 대해서는 IV.에서 추가적인 논증을 할 것이다.

Ⅳ. 混線

1. 도입
2. 川岸令和
3. 渡辺康行(外)
4. 本秀紀
5. 辻村みよ子
6. 君塚正臣

IV. 混線

1. 도입

앞에서 각 입장을 설명하면서 이미 개념상의 혼선을 논의하였지만, 필자의 손에 닿은 몇 개의 교과서를 더 들어서 분석해 보고자 한다. 각 저자가 (i) '절대적 평등설'을 어떤 의미로 이해하는가,[331] (ii) 그 절대적 평등설과 自說이 서로 비교될 수 있는 점을 들어서 논박을 하는가?[332] (iii) 自說(상대적 평등설, C설?)을 (예외를 허용한다는 의미의) 상대적 평등설과 동일시하지는 않는가? (iv)종국적으로는 균일취급설로 돌아와 있지는 않은가?[333] 이런 관점을 가지고 아래의 분석을 보면 흥미로울 것이라 생각한다.

균일취급설(A설)을 절대적 평등이라 이해하고, 균일취급설을 틀린 것이라 주장한 후에, 自說인 상대적 평등설(C설)이 옳다고 주장하고, 이것이 합리적 차별을 허용하는 것(B설)을 의미한다고 한 후, 결국은 부정하였던 균일취급설(A설)로 돌아오는 경우가 있는가? 필자가 보기에는 여기에 소개된 학설이 전부 그렇다. 앞의 III.에서 소개된 것도 마찬가지다.[334]

---

331) 균일취급 vs 예외불허용.

332) 균일취급 vs 自說? 또는 예외불허용 vs 自說?

333) 균일취급설(A설)을 절대적 평등이라 이해하고, 균일취급설을 틀린 것이라 주장한 후에, 自說인 상대적 평등설(C설)이 옳다고 주장하고, 이것이 합리적 차별을 허용하는 것(B설)을 의미한다고 한 후, 결국은 부정하였던 균일취급설(A설)로 돌아오는 경우가 있는가?

334) 물론, 한국의 경우도 다르지 않다. "일반적으로 평등원칙은 본질적으로 같은 것은 같게, 본질적으로 다른 것은 다르게 취급할 것을 요구하는 것으로서, 일체의 차별적 대우를 부정하는 절대적 평등을 의미하는 것이 아니라 입법과 법의 적용에 있어서 합리적인 근거가 없는 차별을 배제하는 상대적 평등을 뜻한다 할 것이므로 합리적 근거가 있는 차별은 평등원칙에 반하는 것이 아니다."(헌재 2018. 1. 25. 2017헌가7, 판례집 30-1상, 1, 9. 인용문 중의 판례는 생략. 밑줄은 필자가 추가한 것이다.) 이 논문 중의 표현을 빌리면, A설을 부정하고, Ca설이 옳다

2. 川岸令和

川岸는 다음과 같이 記述했다.

"다음으로 문제가 되는 것은, 본조에 정하는 (i) 평등은 절대적인 것인가 하는 것이다. (ii) 절대적 평등이란, 각 개인에게 실제로 존재하는 차이를 등한시하고, 인간이라고 하는 공통의 속성에 주목해, 모든 취급에 있어서 절대적으로 평등할 것을 요구하는 생각이다. (iii) 짝을 이루는 개념은 상대적 평등이며, 그것은 (iv) 각 개인이 안고 있는 실제 사정과 법적 취급 사이의 관계가 균일하다는 것을 의미한다. (v) 살아있는 인간에게는 각각의 다른 사정이 있는 이상, 절대적 평등을 요구하게 되면, 다른 것을 똑같이 취급하는 것을 초래한다. 그러나 (vi) 이래서는 도리어 불평등을 촉진하는 것이 되고 평등을 이념으로 내세운 보람이 없어진다. (vii) 평등의 요구는 어디까지나 같은 것을 같게 취급하는 것이며, 다른 것은 다르게 취급하는 것도 중요하다." "이 상대적 평등의 개념에 근거하면, (viii) 법적 취급에 구별[335]이 있는 경우, 그 구별에 합리적인 이유가 인정되면 허용되고, 불합리한 구별이 차별로서 금지되는 것이다"[336]

고 하고는 다시 Bb설로 돌아갔다. 결국 A설로 돌아갔다. Bb설이 A설을 기반으로 하고 있기 때문이다.

335) 그가 구별이라는 말을 어떻게 이해하고 있는가는 알기 어려우나, 만약 진지하게 '불균일취급'이 아니라 '구별'이라는 말을 썼다면, 상당히 논쟁적인 주제를 던진 것이다. 구별하는 것만으로도, 반평등 또는 차별로 인식될 수 있는가? 미국 판례의 예를 빌어 말한다면, Separate but equal한 상태를 어떻게 이해할 것인가의 문제이다.

336) 長谷部恭男編,『注釈日本国憲法(2)国民の権利及義務(1)』有斐閣, 平成29年, 169 (川岸令和執筆) "次に問題となるのは、本条に定める平等は絶対的なものかということである。絶対的平等とは、各個人に実際に存在する差異を等閑に付し、人間という共通の属性に着目して、すべての取扱いにおいて絶対的に平等であることを要求する考え方である。対になる概念は、相対的平等であり、それは、各個人が抱える実際の事情と法的取扱いとの間の関係が均一であることを意味する。生身の人間にはそれぞれの異なる事情がある以上，絶対的平等を要求するとなると、異なるものを同じように取り扱うことを招来する。しかしこれではかえって不平等を促進することになり、平等を理念として掲げた甲斐がなくなる。平等の要求はあくまでも等しいものを等しく取り扱うことであり、異なるものは異なるように取り扱うことも重要である。" "この相対的平等の考え方に基づくと、法的取扱いに区別がある場合、その区別に合理的な理由が認められれば、許容されることになり、不合理な区別が差別として禁止されるのである。"

위에서 川岸는 '평등은 절대적인가'라고 묻는다(i). 평등 자체가 무엇인가를 묻는 것이 아니다. 어떠한 내용으로든 평등의 의미는 이미 확정되어 있는데 그것이 '절대적인가'라고 묻고 있다. 그러면은 '절대적인가'라는 물음은 어떤 것을 묻는 것인가? '절대적'이라는 것은 예외를 허용하지 않는다는 의미이다.

(ii)에는 이 점에 대한 그의 생각이 드러나 있다. '절대적 평등'이란, (각 개인에게 실제로 존재하는 차이를 등한시하고, 인간이라고 하는 공통의 속성에 주목해) 모든 취급에 있어서 '절대적으로 평등'할 것을 요구하는 생각이라 한다. 구문상으로 보면 무의미한 말이다. "'절대적 평등'이란 '절대적으로 평등'할 것을 요구하는 생각"이라 요약할 수 있고, 같은 말을 반복했을 뿐이다. 여기서 중요한 것은 아직 그는 절대적으로 관철되어야 할 평등의 내용에 대해서는 말하고 있지 않다. 결국 그는 (ii)에서 절대적 평등을 설명하려 하였으나 아무 것도 설명한 것이 없다. 적어도 구문상으로는 그렇다.

그러나 위와 같이 이해하는 것은 그의 眞意를 충분히 파악하지 못한 것이다. 위의 구문 (ii) 중의 '절대적으로 평등할 것을 요구' 중의 평등은, '균일취급'으로 이해하는 것이 옳다. 그 근거는 다음과 같다.

첫째, (v)에서 그는 "살아있는 인간에게는 각각의 다른 사정이 있는 이상, 절대적 평등을 요구하게 되면, 다른 것을 똑같이 취급하는 것을 초래"한다고 한다. 절대적 평등을 요구하게 되면, 다른 것을 똑같이 취급하게 된다고 한다. 다른 사람들이 가지고 있는 사정들을 반영하지 못한다고 한다. 이것은 A설의 내용이다. 그래서 평등의 모순이 생기는 것이라고 앞에시 설명하였다.

둘째, 위에서 (ii)를 '절대적 평등은 절대적 평등을 요구하는 생각'이라고 이해하게 되면 그 내용이 아무 것도 없는 것으로 된다. 동어반복이다. 이 점은 위에서 보았다.

셋째, 그가 이해하는 상대적 평등을 Cb설로 이해하게 되면, 그와 짝이 될 수 있는 것은 A설이다. 예외를 허용하지 않는다는 생각과 Cb설은 비교검토의 대상으로 될 수 없다. 서로 쟁점이 다른 별개의 문제에 대한 응답이기 때문이다. 전자는 예외의 허부 문제에 대한 응답이고, 후자는 평등의 의미에 대한 응답이다.

그러므로, 川岸가 이해하고 있는, (ii)의 절대적 평등은 A설로 이해하는 것이 옳다.[337)]

이제 정리를 한다. 그가 '평등은 절대적인가'라는 것을 물을 당시, 그가 想定한 평등의 내용은 무엇인가? 그것은 (ii)에 드러나 있다. (ii) 중 '절대적'[338)]을 뺀 부분이 그가 想定한 평등의 내용이다. "각 개인에게 실제로 존재하는 차이를 등한시하고, 인간이라고 하는 공통의 속성에 주목해, 모든 취급에 있어서 (절대적으로) 균일[339)]할 것을 요구하는 생각"이 그것이다. A설의 내용에 해당한다.[340)]

그는 (iv)에서 절대적 평등과 짝을 이루는(iii), 상대적 평등을 설명한다. 상대적 평등은 "각 개인이 안고 있는 실제 사정과 법적 취급 사이의 관계가 균일하다는 것을 의미"한다고 한다. 이것은 Cb설이다. 같은 것은 같게, 다른 것은 그 비율에 따라 다르게 취급되었을 때, '사정'과 '취급' 사이의 비율이 같게 된다.[341)]

---

337) 물론 이렇게 이해하는 경우, 그가 '절대적'이라는 말을 잘 이해하지 못하고 썼다는 비난을 받을 수 있다. 그러나, 이와 같은 인식의 오류는 많이 발견된다. Ba설에서 이 점에 대해 설명하였다. Ba설에서는 절대적 평등을 균일취급으로 이해하였다. 또 물음에서 '절대적' 평등이 무엇인가 하는 물음을 제기해 놓고는 평등의 의미를 내세우는 오류를 범하였다.

338) 여기의 '절대적'이란 말은 잘못 들어간 말이다. 위의 脚註에서 보았다.

339) 원문에는 '균일'이 아니라 '평등'이라 기재되어 있다. '평등'을 왜 '균일'로 이해하여야 하는가를 위에서 설명하였다.

340) 그렇게 보면 '평등은 절대적인 것인가'라는 물음은 잘못되었다. 그가 진정으로 제기하고자 한 물음은, 평등 자체의 의미다. 질문의 문면만 보면, 평등이 절대적인가, 상대적인가를 묻는 것처럼 읽힌다.

341) 稅制를 예로 든다면, 單一比例稅가 여기에 해당한다. 事情에 해당하는 '담세력'과 법적 취급에 해당하는 '세액'의 비율이 같다.

이어서 그는 균일취급이 옳지 않다고 주장한다. 그 논거는 균일취급설[342]을 따르면 '다른 것을 같게 취급'하게 된다고 한다(v). 이 말은 맞는 말이다. 그런데, 이것은 불평등을 촉진한다고 한다(vi). 이것은 이상한 말이다. 평등을 실현했는데 불평등을 촉진할 수는 없다. '평등을 이념으로 내세운 보람이 없어진다'는 말은 더욱 이상하다. 평등을 실현하였는데 평등을 이념으로 내세운 보람이 없어질 수는 없다. 만약에 이 말들이 맞다면 균일취급설은 평등의 의미에 관한 학설로 자리 잡을 수 없다.

川岸는 평등을 통해 좋은 세상을 만들어야 한다는 것을 전제로 하고 설명하고 있다. 다른 것을 다르게 취급하여야 하는데, 균일취급설을 따르면 그것을 달성할 수 없으므로 균일취급설은 틀렸다는 결론에 이르렀다.

이것은 도덕주의 오류(moralistic fallacy)라 할 수 있다. sollen에서 sein을 이끌어내는 형국이다. 물론, 법이 좋은 세상은 만드는데 역할을 하여야 한다는 것은 분명하다. 법의 해석에 있어서도 어떤 해석 방법이 초래할 결론에 대해서도 심사숙고할 필요가 있다. 그러나 그것만으로 법을 해석할 수는 없다. 법의 해석에서 먼저 할 일은 문자를 분석하는 것이다.

법의 해석에 있어서 벗어날 수 없는 한계는 문리상의 한계다. 평등이라는 말이 사전적으로 어떤 의미를 가지고 있는가, 차별이라는 말은 사전적으로 어떤 의미를 가지고 있는가를 검토할 필요가 있다. 평등이라는 말을 제쳐두고 차별이라는 말이 불균일취급 뿐만 아니라 균일취급을 의미한다고 해석할 수 있는가? 필자가 보기에는 불가능하다.

물론, 헌법 제14조 제1항 전단이 입법자를 구속한다고 보고 평등의 의미를 분석하는 것으로 충분하다고 주장할지 모르겠으나, 그렇지 않다. 전단이 입법자를 구속한다고 하더라도, 후단과 조화롭게 해석되지 않으면 전단의 해석을 되돌아보아야 한다. 전단은 추상적이고, 후단은 구체적이다. 전단을

342) 그는 이것을 절대적 평등설이라 이해하였으니, 옳지 않다. 이 논문의 분류를 따르면 浦部의 A설이다.

어떻게 해석하였든 그 해석이 후단을 포용할 수 없으면 전단의 해석은 그대로 수용할 수 없다.[343)]

성별을 이유로 차별받지 아니한다는 말은 성별이 불균일취급의 근거로 되어서는 안 된다는 말이다. (i) 성별을 이유로 한, (ii) 불균일취급 금지. 이것이 남녀차별금지의 내용이다. 차별금지를 두고 '균일취급 금지'로 이해할 수는 없다. 헌법 제14조 제1항 후단에는 차별을 금지하는 사유로 성별 외에 '인종, 신조, 사회적 신분, 문벌'이 더 기재되어 있을 뿐이다. 사유가 몇 개 더 늘어났다고 논리적 구조가 달라질 이유는 없다.[344)]

그러므로 필자가 보기에는 헌법 제14조 제1항 후단의 구조는, (i) 배분의 기준을 정하고, (ii) 품성의 양을 정하고, (iii) 품성의 양에 비례하여 배분한다는 Cc설과는 아무 관련이 없다. 헌법 제14조 제1항 후단의 내용과 Cb설은 논의의 구조 자체가 다르다. 헌법 제14조 제1항 후단의 구문은 특정한 사유를 이유로 한 배분질서를 부정하는 것이다. 성별, 신조, 사회적 신분, 문벌을 種差로 하여 국민을 구획하는 것을 금지한다. 거기에 비하여 Cb설은 적극적으로 분배의 기준을 정하고, 그 분배 기준에 따라 편익과 불이익을 분배하여야 한다는 학설이다. 전자를 消極的인 分配原理라 한다면, 후자는 積極的 分配原理다. 무언가를 하지 말라는 원리로부터 무언가를 하라는 원리가 도출된다는 생각은 상당히 불편하다.[345)]

《논어(論語)》[346)]에 "己所不欲勿施於人"이라는 말이 나온다. 자기가 싫은 일이라면 다른 사람에게도 강요해서는 안 된다는 말이다. 소극적이다. 孔子는

---

343) 전단은 입법자와 무관하다. 필자는 그렇게 이해한다.

344) 양이 질을 변화시킨다? 그런 말을 하면 곤란하다.

345) 헌재는 법해석의 한계를 다음과 같이 설시했다. "법률의 조항의 문구가 간직하고 있는 말의 뜻을 넘어서 말의 뜻이 완전히 다른 의미로 변질되지 아니하는 범위 내이어야 한다는 문의적 한계와 입법권자가 그 법률의 제정으로써 추구하고자 하는 입법자의 명백한 의지와 입법의 목적을 헛되게 하는 내용으로 해석할 수 없다는 법 목적에 따른 한계가 바로 그것이다."(헌재 1989. 7. 14. 88헌가5, 판례집 1, 69, 86; 헌재 2015. 5. 28. 2012헌마653, 판례집 27-1하, 301)

346) 〈위령공편(衛靈公篇)〉.

남에게 어떻게 대하라고 말하지 않았다. 남에게 해서는 안 될 일을 말했다.

이에 비하여 黃金律로 불리는 생각은 이와 다르다. 마태복음 7장 12절은 "그러므로 무엇이든지 남에게 대접을 받고자 하는 대로 너희도 남을 대접하라. 이것이 율법이요, 선지자니라."[347]라고 한다. 적극적으로 하여야 할 일을 말한다.

논리학적으로도 양자는 다른 명령이다. "p이면 q이다"와 同値인 명제는 "not q이면 not p이다."이다. 이를 對偶命題(contrapositive)라 한다. "p이면 q이다"와 "not p이면 not q이다"는 서로 裏命題(inverse)라 하는데, 이들은 서로 同値가 아니다. 그런데, 위의 "己所不欲勿施於人"과 黃金律은 서로 裏命題(inverse)와 유사한 구조를 가지고 있다. 양자의 명령은 다르다. 전자의 명령을 후자로 전환시킬 수 없다.[348]

물론, 균일취급설의 결론을 선뜻 받아들이기 어려운 것은 분명하다.[349] 이 논문은 이 상황을 평등의 모순이라고 부른다. 그래서 이를 해소해 보기 위하여 여러 학설이 제시되었다는 점은 앞에서도 보았다.

여기서 川岸가 내세운 근거는, 균일취급설이 가지고 있는 문제를 설명했을 뿐이다. 균일취급설이 나쁜 결과를 이끌어낸다고 하여, 평등 또는 반차별의 의미가 Cb설로 이해되어야 한다는 결론은 아무래도 이상하다. Cb설이 그 결과에 있어서 좋다 하더라도, 그것과 별개로 평등 또는 반차별의 의미

---

347) So in everything, do to others what you would have them do to you, for this sums up the Law and the Prophets. だから， 何事でも人からしてほしいと望むことは，人にもそのとおりにせよ。これが 律法であり預言者である。

348) 그러면 양자에 우열이 있는가? 필자는 전자가 규범으로서 더 우월하다고 본다. 전자는 상대방에게 자유를 준다. 후자는 독선적이라는 평가를 받을 수 있다. 자신이 바라는 일을, 상대방도 바랄 것이라고 생각하는 것은 獨善이다.

349) 여기서도 언급해 둔다. 川岸는 평등의 모순을 해소하는 방안으로 Cb설을 제안했다. 그러나 그것은 헌법 제14조 제1항 후단의 문언과 거리가 있다. 필자는 평등을 균일취급으로 이해하더라도 모순을 해소할 수 있다고 본다. 후단에 열거된 사유의 성격을 바르게 파악하면 모순을 해소할 수 있다고 본다. 학설과 판례는 예시적 열거설을 오해하여 모순에서 벗어나지 못하였다. V.에서 본다.

가 왜 그렇게 이해되어야 하는가에 대한 설명이 필요하다.[350)]

여기서 우리가 다루는 것은 어떤 학설이 좋은 결과를 끌어내는가가 아니고, 평등이나 반차별의 의미가 무엇인가 하는 것이다. 좋다는 말과 그러하다는 말은 다르다. 좋다는 것에서 그러하다를 이끌어내면 안 된다. 도덕주의 오류를 범하는 것이다.

그런데, 그는 다시 Cb설에서 바로 합리적 이유가 있으면 차별이 허용된다고 한다(viii). 여기에는 상당히 큰 문제가 있다.

첫째, 평등이 무엇을 의미하는가 하는 문제와 평등에서 벗어난 상태가 있으면 바로 위헌으로 되는가 하는 문제는 서로 독립적이다. A설을 전제로 하고도, 차별이 허용(permit)된다고 하는 입장과 인정될 수 없다는 입장이 있을 수 있다. C설을 전제로 하고도[351)] 차별이 허용된다거나 허용되지 않는다거나 하는 논쟁은 별도로, 따로 있어야 한다. 평등의 의미를 무엇으로 이해하는가에 따라 차별의 허용 여부가 바로 연결되는 것은 아니다.

둘째, 川岸는 차별이 허용된다고 하면서, '법적 취급에 구별이 있는 경우'를 차별로 이해하고 있다. 마치 A설, 또는 균일취급설을 전제로 한 이야기다. 앞에서는 목소리를 높여 A설 또는 균일취급설이 옳지 않다고 하였다(v)(vi). 그런데 여기서는 'A설을 전제로' 예외가 허용될 수 있다는 주장을 한다.[352)]

그가 Ca설이 옳다고 한다면,[353)] Ca설을 전제로 한 차별은 여러 가지가

---

350) 그가 논증에 성공하기 위해서는 양자가 論理的 矛盾關係에 있다는 것을 먼저 논증해야 한다. 그러나 양자는 모두 틀릴 수도 있다. 그러므로 균일취급설이 틀렸다고 Cb설이 당연히 옳은 것으로 판명되는 것은 아니다. 사실 韓非子의 矛盾古事는 論理的 矛盾關係에 있지 않다. 둘 다 틀릴 수 있기 때문이다. 論理的 矛盾關係는 兩者가 모두 옳을 수도 없고, 양자가 모두 틀릴 수도 없을 때를 말한다.

351) Ca설, Cb설, Cc설 어느 학설이나 다 마찬가지다.

352) 결론의 당부를 떠나 논리적으로 성립할 수 없는 주장이다.

353) 사실 앞에서는 "짝을 이루는 개념은 상대적 평등이며, 그것은 각 개인이 안고 있는 실제 사정과 법적 취급 사이의 관계가 균일하다는 것"이라 기술하였다. 이것은 Cb설이다. 그런데 뒤에서는 "같은 것을 같게 취급하는 것이며, 다른 것은 다

있을 수 있다. 같게 취급하더라도 본질이 다른 것을 같게 취급하면 차별이다. 다르게 취급하더라도 본질이 다른 것을 다르게 취급하면 차별이 아니다. 불균일취급이 있다고 하여 바로 차별이 있다고 판단하는 것은, A설을 받아들인 쪽에서만 할 수 있는 판단이고, Ca설을 받아들인 쪽에서는 할 수 없는 주장이다.

[川岸令和의 견해]

절대적 평등설		상대적 평등설	종국적 도착점
문면	예외 불허용	Cb설 → B설	A설(균일취급설)
의도	균일취급(A설)		

이제 川岸의 위 記述이 어떤 문제를 가지고 있는지를 정리해 보자.

첫째, 그는 '절대적' 평등과 '상대적' 평등을 비교하고자 시도하였지만(i) 성공하지 못하였다. 그가 문면상 기재한 바는, 절대적 평등을 '예외를 허용하지 않는 것'(ii)이라 본 것 같지만, 사실은 '균일'이라 쓸 자리에 '평등'이라 씀으로써 생긴 錯視일 뿐이고, 그가 의도한 바는 '균일취급'이다. (v)를 보면 알 수 있다. 여기서 그가 企圖한 바를 적확한 언어로 표시하지 못하였다는 점을 하나 지적할 수 있다.[354)]

둘째, 그가 이해하는 상대적 평등설은 Cb설이다. 그런데, 다시 Cb설에서 합리적 이유가 있는 차별을 허용한다는 B설로 이동하였다. 이것은 논리적으로 연결될 수 있는 것이 아니다.

르게 취급하는 것"이라 말하고 있다. 이것은 Ca설이다. C설 안에서 서로 다른 학설이다. 전자(Cb설)는 累進稅制를 차별이라 이해한다. Ca설은 그렇게 보지 않는다.

354) 그가 만약 예외불허용을 절대적 평등설로 이해하고 위와 같이 기술하였다면, 예외불허용의 절대적 평등설과 C설은 서로를 비판할 수 없다. 서로 내용이 다르기 때문이다. 예외 허용 여부에 관해서는 그들끼리, 평등이 명령하는 바가 무엇인지는 또 그들끼리 논쟁하여야 한다.

셋째, 그는 Cb설을 채택한다고 하면서도 다시 불균일취급을 차별로 이해하였다(viii). 혼선이다.

넷째, 결국 그는 Ca설, Cb설이 참으로 무엇을 의미하는지를 이해하지 못한 것으로 보인다. 단지 합리적 이유 있는 차별을 허용하는 것과 같은 내용으로 이해한 것으로 보인다. 필자가 보기에는 그가 크게 오해하고 있다.

다섯째, 그는 꽤 긴 문장을 썼지만, 그가 결국 한 말은, 평등이 균일취급을 명령한다는 것을 전제로, 불균일취급이 있더라도 위헌이 아닌 경우가 있을 수 있다는 것이다. 그런데 그는 어디에서도 평등이 균일취급을 명령하고 있다는 사실을 말하지 않는다. 도리어 부정했다(v). '균일취급'에 '절대적'이라는 말을 붙여 쟁점을 흐린 후[355] Cb설이 옳다고 하였다. 논리적인 근거를 댄 것 같지도 않다. 결국은 균일취급을 근거로 합리적 이유가 있는 불균일취급이 허용된다는 것으로 결론을 맺었다. 浦部의 결론, A설과 같다. 이 결론이 이렇게 복잡하게 말하여 나올 결론인가?

헌법상의 권리 중 '절대권' 즉 어떠한 제한도 허용되지 않는 권리가 많지 않다. '양심' 정도가 거기에 해당될 수 있다. 거의 대부분의 헌법상의 권리는 제한될 수 있다. 그렇다고 그들에 대해 절대적, 상대적이라는 말을 붙여서 논쟁하지 않는다. 절대적으로 재산권을 보호했을 때 불합리한 결과가 도출되므로 절대적 재산권은 옳지 않고, 상대적 재산권이 옳다거나, 절대적으로 자유권을 보장했을 때 불합리한 결과가 도출되므로 절대적 자유권은 옳지 않고, 상대적 자유권이 옳다고 설명하는 교과서는 없다.

평등에 관해서만 논리에도 맞지 않는 말들을 붙여서 논쟁하는 척하면서, 평등이 '균일취급'를 명령한다는 말을 피하고자 한다. 이 복잡한 말들이 목적으로 하는 것은 오로지 그것뿐이다. 그런데, 더 큰 문제는, 그 말을 하지는 않고, 심지어 그 말을 부정하지만, 그 말로 돌아온다는 것이다. 여기서

---

355) 마치 균일취급을 부정하는 것이 아니라, '절대적'을 부정하는 듯한 記述들을 하였다. '절대적'을 strawman으로 내세웠다.

보는 川岸의 견해도 그러했다.

필자가 보기에 전혀 무의미한 논쟁을 하면서, 어떤 사람은 균일취급을 절대적 평등이라 하고,[356] 어떤 사람은 예외를 허용하지 않는 것을 절대적 평등이라 한다.[357] 또 어떤 사람은 Ca설을, 또 어떤 사람은 Cb설을, 또 어떤 사람은 Cc설을 상대적 평등이라 한다. 또 어떤 사람은 합리적 이유 있는 차별을 허용하는 것을 상대적 평등이 한다(Bb설). 또, 균일취급의 절대적 평등설이 틀렸으니, 합리적 이유를 허용하는 상대적 평등설이 옳다고 한다(Ba설). 이런 상황이다.

마지막으로, 평등한 취급, 즉 균일취급이 불합리를 초래한다고 하는데, 만약 헌법이 평등조항을 통해 명령하는 것이 그런 불합리를 초래하지 않는다면 불합리를 걱정하여 평등의 의미를 왜곡할 필요가 없다. 헌법은 평등조항을 통하여 불합리한 균일취급을 명령하고 있지 않다. 헌법은 열거된 사유를 이유로 한 차별만을 금지하고 있다. 만약에 이것들을 예시적인 것으로 보더라도 열거된 것과 동등한 사유만이 '열거되지 아니하였으나 헌법에 의하여 금지된' 차별금지 사유가 될 수 있다. 이것을 이해 못하니 평등이 카오스(Chaos)에 빠진 것이다. 이 점은 뒤에서 다시 본다.

---

356) 여기서 보는 川岸令和의 견해도 여기에 속한다.

357) 木下智史=只野雅人編,『新・コンメンタール憲法』日本評論社, 2015, 157. "平等については、一切の異なる処遇を禁止する絶対的平等という観会るあるが、人には置かれた状況、能力等に違いがあり、機械的に等しい取扱いを置くことがかえって不合理な結果をもたらすこともある。したがって、木条1項にいう平等とは、合理的な理由があれば異なる取扱いも許されるとする相対的平等と解するのが一般的である。"[평등에 대해서는 일체의 다른 처우를 금지하는 절대적 평등이라고 하는 견해가 있지만, 사람에게는 처한 상황, 능력 등에 차이가 있어 기계적으로 동일한 취급을 두는 것이 오히려 불합리한 결과를 초래하기도 한다. 따라서 본조 제1항에 말하는 평등이란 합리적인 이유가 있으면 다른 취급도 허용된다고 하는 상대적 평등으로 해석하는 것이 일반적이다.]

3. 渡辺康行(外)

渡辺는 다음과 같이 記述한다.

"(i) 헌법 제14조 제1항은 첫째로 형식적인 평등, 기회의 평등을 보장한 것이며, (ii) 실질적인 평등을 실현하는 것은 주로 사회권 조항 및 그것을 구체화하는 입법의 역할이다. 그 때문에 (iii) 법 아래의 평등은 (iv) 실질적인 평등을 실현하기 위해서 취해지는 불균일취급을 허용하는 것으로 자리 매김된다."[358]

"개개인은 사실상 여러 가지 차이를 가지고 있기 때문에, 각 사람을 (v) 절대적으로 동일하게 취급하는 것은 있을 수 없다. (vi) 평등이란 같은 것은 같게, 같지 않은 것은 같지 않게 취급할 것을 내용으로 하는, 상대적 평등을 의미한다. (vii) 그것은 국가가 격차의 시정을 위해 적극적 역할을 맡는 실질적 평등의 관념과는 구별되는 것이다. (viii) 상대적 평등의 관념 하에서는 무엇이 합리적인 구별인지, 그것을 어떻게 판단하는지가 중요한 문제이다. 이하에서 보는 일본 헌법에서의 평등에 관한 논의는 주로 이 점을 둘러싸고 이루어져 왔다."[359]

필자의 입장에서 몇 가지 점을 이야기해 보고자 한다.

헌법 제14조 제1항이 형식적 평등, 기회의 평등을 보장하는 것이라는 진술(i)의 의미에 대해서는 논란이 있을 수 있다. 渡辺는 (iv)에서 불균일취급

---

358) 渡辺康行 · 宍戸常寿 · 松本和彦 · 工藤達朗, 『憲法1基本権』 日本評論社, 2016, 131. "憲法14条1項は第一的には形式的な平等、機会の平等を保障したものであり、実質的な平等を実現するのは主に社会権条項およびそれを具体化する立法の役割である。そのため法の下の平等は、実質的な平等を実現するためにとられる別異取扱いを許容するものと位置づけられる。"

359) 渡辺康行 · 宍戸常寿 · 松本和彦 · 工藤達朗, 『憲法1基本権』 日本評論社, 2016, 132. "個々人は事実上さまざまな違いをもっているから、各人を絶対的に同じに扱うことはありえない。平等とは、等しいものは等しく、等しくないものは等しくなく取り扱うことを内容とする、相対的平等を意味する。それは、国家が格差の是正のために積極的役割を引き受ける実質的平等の観念とは区別されるものである。相対的平等の観念の下では、何が合理的な区別なのか、それをいかに判断するのか、が重要な問題となる。以下で見る、日本国憲法における平等に関する議論は、主にこの点をめぐってなされてきた。"

이 명령되지 않는다고 하고, (viii)에서 평등이 '구별'을 부정한다고 본다. 이를 근거로 한다면, 渡辺는 형식적 평등, 기회의 평등을 균일취급으로 이해했다고 보인다. 이것은 A설에 해당한다.

그런데 渡辺는 이 말을 하기를 꺼린다. 도리어, '절대적으로 동일하게 취급하는 것은 있을 수 없다'고 한다. 여기서부터 논리적 혼선이 일어난다. 이 논리적 혼선을 분석해 보자.

'절대적으로 동일하게 취급하는 것'에는 두 가지 요소가 있다. 하나는 (a) '절대적'이고, 다른 하나는 (b) '동일하게 취급하는 것'이다. 전자를 부정하는 것이, B설이고, 후자를 부정하는 것이 C설이다.

(viii)은 前者를 부정한 것이다. (차별[360]배제 명령을 전제로) 합리적 차별이 허용된다는 주장이다. 차별이 '절대적으로' 금지되는 것은 아니라는 말이다. 차별이 허용(permit)되는 경우가 있다는 말이다. Bb설에 해당된다. 그러면 결국 A설, 균일취급설로 돌아온 것이다. 즉 ① 평등이 균일취급을 명령하고 있다.[361] ② 다만, 예외가 허용된다. 이것이 渡辺의 주장이다. 필자의 분류에 따르면 A설 또는 Bb설에 해당한다.

이렇게 결론을 맺을 것 같으면 Ca설(vi)은 거론할 필요가 없다. 다음 순서대로 논의하면 족하다. a. 헌법은 형식적 평등, 기회의 평등을 보장한다(A설).[362] b. 헌법은 개개인은 사실상의 차이를 반영하여 규율하는 것을 금지

---

360) 원문에서는 '區別'이라 한다. '차별'과 다른 의미로 썼다는 자료는 없다. 필자는 구별과 차별은 다른 의미라 본다. 차별은 구별하여 취급의 내용이 다른 것이고, 구별은 그냥 구별 자체다. 다만, 필자는 구별도 차별로 이해되어야 한다고 본다. separate but equal과 관련된 문제다. 이 논문에서 다루는 주제는 아니어서 상론하지 않는다.

361) 앞에서도 언급했지만, 그는 '구별'을 배제하는 것이 평등의 의미로 이해한다. 평등은 '구별의 배제'를 의미하는데, 다만 구별을 하더라도 합리적인 경우라면 예외적으로 허용될 수 있다고 본다.

362) 형식적 평등, 기회의 평등이 과연 A설의 내용인가에 대해서는 아래에서 다시 본다. 다만, 그가 균일취급을 종국적으로 평등의 의미로 이해한 것은 맞는 것 같다. (viii)이 이것을 보여준다.

하지 않는다(Bb설). 이것은 완벽하게 浦部의 입장(A설과 합리적 차별 허용 = Bb설)과 같다. 그러나 渡辺는 이렇게 간단하고 선명하게 말하지 않았다.

이 맥락과는 전혀 관계가 없는 Ca설을 끌고 들어왔다. 그러면서 혼선이 생겼다. Ca설은 위의 a.를 부정한다. 즉 A설을 부정한다. Ca설은 균일취급을 명령하는 것이 아니다. '같은 것은 같게, 같지 않은 것은 같지 아니하게' 취급할 것을 명령한다. 위의 a.와는 전혀 다른 내용이다.

한편, Ca설을 끌고 들어오니, 당연히 같지 아니한 것을 같지 아니하게 취급해 달라는 명령을 어떻게 다룰 것인가가 문제된다. 앞의 "실질적인 평등을 실현하는 것은 주로 사회권 조항 및 그것을 구체화하는 입법의 역할이다."라는 기술(ii)과의 충돌이 문제되기 때문이다. 예를 들어 장애인과 비장애인 사이의 균일취급이 차별이라는 주장, 즉 실질적 평등 주장을 어떻게 처리할 것인가가 문제된다.

渡辺는 스스로 Ca설을 수용하고도, 위와 같은 실질적 평등 주장은 Ca설 안에서 허용될 수 없다고 한다. 이것은 이상한 말이다. 실질적 평등을 주장할 논리적 사다리를 채택해 놓고는, 실질적 평등에 관한 주장은 허용되지 않는다고 한다. 이것은 선행의 진술[363]과 모순되는 진술[364]이다.

Ca설은 다른 것은 다르게 취급할 것을 명령(order)하고 있다. 다른 것을 다르게 취급하는 것을 허용(permit)하는 것이 아니다. 만약 양자가 본질적으로 다른 것이라는 것이 논증되면 다르게 처우하여야 한다. 다른 것을 같게 처우하면 그것은 차별이다.

위에서 예로 든, 장애인과 비장애인을 구별하지 아니하는 것이 차별이라는 주장이 대표적이다. 양자는 본질적으로 다르므로 다르게 취급되어야 하는데, 같게 취급하고 있으므로 차별이라는 주장이 형식적으로 불가능한 것

---

363) '같은 것은 같게, 같지 않은 것은 같지 아니하게' 취급하는 것이 평등의 명령이라는 진술.

364) 실질적 평등의 실현을 요구하는 주장이 허용되지 않는다는 진술.

은 아니다.

물론, 양자는 본질적으로 다르지 아니하므로 균일취급을 하더라도 다른 것을 같게 처우하는 문제는 생기지 않는다고 판단할 수는 있다. 그러나 장애인의 위와 같은 주장 자체가 불가능한 것은 아니다. Ca설이 수용하는 주장의 형식이다.[365] 그런데 Ca설을 채택하면서 이것은 실질적 평등과 무관하다고 말하여서는 곤란하다.[366]

"그것은 국가가 격차의 시정을 위해 적극적 역할을 맡는 실질적 평등의 관념과는 구별되는 것이다."(vii)를 付記하는 문제에 대해서는 공저자들 사이에 격론이 있었을 것으로 보인다. 앞에서 (ii)를 기재해 두었으니 (ii)와 Ca설(vi) 사인의 충돌을 해결하기 위하여 뭔가를 기재하여야 한다는 주장이 있었을 것이고, 그 논쟁의 결과 (vii)이 記述되었을 것이다. 작게 틀릴 수는 있으나 크게 틀리지는 않을 것이다,

그러나 (vii) 記述이 Ca설과 충돌하는 문제에 대해서는 전혀 대응을 못하였다, 필자가 보기에는 (vi)을 기술하지 않았어야 한다. 그런데도 (vi)이 記述된 이유는 무엇인가? (vi)이 무엇을 의미하는지 파악하지 못하였기 때문이다. 필자가 보기에 渡辺는 Ca설을 합리적 이유 있는 차별을 허용하는 것(Bb설)과 같은 의미로 이해했다.

그러나 양자는 전혀 다른 내용이다. Ca설은 평등의 명령 내용이 무엇인가에 대한 주장이다. 다르면 다르게 처우하여야 한다(should). 이것은 평등의 의미, 평등 명령의 내용에 관한 주장이다. 이에 비해 차별이 있으면 바로 위헌인가, 차별이 허용되는(permit) 경우가 있는가 하는 문제는 평등의 의미 문제와 전적으로 별개다. 명령과 허용을 구별하지 못하여 생긴 혼선이다.

渡辺는 처음에는 균일취급을 평등의 의미로 이해하였다(i). 그러다가 균일

---

365) 헌재 2004. 10. 28. 2002헌마328, 판례집 16-2하, 195, 210.

366) 다른 예로, 조세법이 응능부담원칙에 따라야 한다면, 부자와 빈자가 같은 액의 세금을 내도록 한다면 이것은 차별이다. 다른 것을 같게 처우하였기 때문이자.

취급을 부정하는 듯 논의를 시작하였다(vi). 그래서 Ca설을 거론하였다. 그런데도 결국은 B설(viii)을 거쳐 A설로 돌아왔다. 이 사이에 B설과 Ca설을 혼동하는 오류를 범하였다.[367)]

필자는 渡辺가 이런 복잡한 논의를 한 것은, 평등의 모순을 극복해 보려는 노력의 일환이라 생각한다.[368)] 평등이 균일취급을 명한다고 이해하는 것이 내키지 않았던 것 같다. 그래서 B설과 C설을 섞어서 복잡하게 말하였지만, 결국은 원래 자리로 돌아왔다. 결국 평등의 모순은 해결되지 않았다. 그 중간에 논리적으로 납득하기 어려운 진술들이 있었다.

사소한 몇 가지를 더 지적해 보고자 한다.

먼저 형식적 평등이 균일취급과 연결되는 것은 납득할 수 있다. 실질적 평등이 불균일취급에 대한 요구와 연결되는 점을 생각해 보면, 형식적 평등이 균일취급으로 이해되는 데는 어려움이 없을 것이라 본다.

그런데, 기회의 평등은 어떻게 균일취급과 연결되는 것일까? 필자가 보기에 기회의 평등은 균일취급과는 무관하다. 기회의 평등은 뒤에서 볼 필자의 제안에 훨씬 친한 개념이다. 어떤 공동체의 구성원이 공동체 안에서 활동하며 살아간다. 그 공동체에는 공동체의 여러 사태를 규율하는 법이 있다. 기회의 평등은 '누구라도' 그 공동체 안에서, 그 공동체의 법의 규율을 받으면서 자유롭게 활동할 수 있는 기회를 가진다는 것을 의미한다.

그 공동체의 법이 균일취급을 하고 있어야 기회의 평등이 보장되는 것이 아니다. 예를 들어, 給與의 배분방식에 있어서 成果主義를 채택한다고 하여 어떤 구성원의 기회를 박탈하는 것이 아니다. '누구라도' 성과주의의 규율을

---

367) (v)에서 (vi)으로 넘어가면서 분명하게 보인다. 예외가 허용되어야 한다는 취지에서 예외를 허용하지 아니하는 절대적 평등설이 옳지 않다고 하다가(v), 갑자기 균일취급의 안티테제에 해당하는 Ca설로 옮겨가고 있다(vi).

368) 의식하지 못했을 수 있다. 그러나 평등이 균일취급을 명령한다고 이해하는데 막연한 거부감은 가졌을 것이다. 그 거부감을 해소하기 위하여 위와 같이 복잡하게 논의하였다는 것이 실정에 맞을 것이다. 그러나 멀리 돌아 제 자리에 돌아왔다. 그것이 또한 실정이다.

받으면서 활동할 수 있으면 기회의 평등은 보장된 것이다.

그러면 어떤 상황이 기회의 평등을 보장받지 못한 것으로 이해될 수 있는가? 예를 들면 여성은 공동체 활동에 참여할 수 없다고 하면 그것이야말로 기회의 평등을 훼손하는 것이다. 특정한 신분의 사람은 공동체의 활동에 참여할 수 없다고 하면 그것 또한 기회의 평등을 훼손하는 것이다.

선거범죄를 저지른 사람은 공직선거 후보자가 될 수 없다고 한다면 이것도 기회의 평등을 박탈하는 것일까? 필자는 그렇게 생각하지 않는다. 그 법이 이미 제정되어 알려진 상황에서 선거범죄를 저질렀다면, 그에게 후보자격을 박탈하더라도 이를 기회의 평등을 훼손하였다고 볼 수 없다.

뒤에서 보겠지만, 필자의 제안은 이 기회의 평등을 보장하는 것이 헌법 제14조 제1항을 통한 '헌법'의 명령이라 이해한다.[369] 평등은 균일취급을 의미한다. 그러나 균일취급이 기회의 평등을 의미하는 것은 아니다. 누구에게나 공동체의 장에서 자유롭게 활동할 수 있는 자유를 주는 것, 그것이 기회의 평등이다.

기회의 평등은 배분질서에 관한 규율을 말하지 않는다. 성과주의, 능력주의, 균일주의 어느 것과도 기회의 평등은 조화롭게 결합할 수 있다. 필자가 보기에 형식적 평등과 기회의 평등을 묶어서 그것들이 균일취급을 의미한다고 이해하는 것은 납득하기 어렵다.

(iii)에서 법 아래 평등을 말하는 것은 여러 가지 논의를 끌어낸다. 이 논문에서 다루는 것은 법내용의 평등이다. 법집행의 평등은 이 논의와 전혀

---

369) 사실 이 논문에서 평등의 요구인가, 헌법의 요구인가를 구별하는 것은 매우 중요하다. 필자의 의견은, 평등이 균일취급을 명령하는 것은 맞지만, 후단에 열거된 사유에 기한(그와 동등한 사유가 추가될 수 있음. 예시적 열거설) 차별을 금지하는 것이라 이해한다. 필자도 평등의 명령이 균일취급을 내용으로 하는 것 사세를 부정하지 않는다. 평등을 둘러싼 논쟁을 할 때는 이런 말들을 정확하게 사용하는 것이 중요하다. 이런 것들이 흔들리면 카오스(Chaos)에 빠질 수밖에 없다. 필자 외에는 아직 평등의 명령과 헌법 제14조 제1항의 명령을 구별하여 사용하는 경우를 보지 못하였기 때문에 헌법의 명령과 평등의 명령이 혼용될 수 있다. 후술하지만, 캐나다 판례는 구별하여 사용하는 경우다.

다른 방향의 논의다. 법집행의 평등은 존재하는 법을 (집행의 상대방이 누구인지를 묻지 아니하고) 법에 기재된 대로 집행할 것을 명령한다. 여기서 말하는 '같은 것은 같게, 다른 것은 다르게'나 합리적 이유 있는 차별의 논의와는 전적으로 무관하다.

渡辺는 헌법 제14조 제1항 전단이 입법자를 구속한다는 것을 전제로 이와 같이 표현하였을 것이다. 그러나 필자는 전단이 입법자를 구속하지 않는다고 본다. 구속할 현실적 필요성도 없다. 입법자는 후단에 기속된다고 이해하면 충분하다(sufficient).

위 인용문 중의 '절대적' 평등, '상대적' 평등 중의 절대적, 상대적이라는 표현이 과연 적절한가에 대해서는 의문이다. 절대적, 상대적이라는 말을 예외를 허용하는지 여부의 문제로 다룬다면, (vi)에 사용된 '상대적'이라는 말은 적절하지 아니한 표현이다. Ca설은 평등의 내용 자체에 관한 주장이기 때문이다.[370)]

(v)에서 '절대적으로 동일하게 취급하는 것'이 있을 수 없다면 그에 비교되는 '상대적 평등'은 '상대적으로 동일하게 취급하는 것'이고, 이것을 타당하다고 하여야 한다. 그런데, 그는 평등이 '같은 것은 같게, 같지 않은 것은 같지 않게 취급할 것'을 의미하고, 그것이 상대적 평등이라고 하니, 앞의 절대적 평등과 짝이 맞지 않는 느낌을 준다. 적어도 논리적으로는 '평등의 의미를 '모든 사람 또는 사태에 대해 균일하게 취급하는 것'으로 이해하는 것은 타당하지 아니하고, '같은 것은 같게, 같지 않은 것은 같지 않게 취급하는 것'을 의미한다고 이해하는 것이 옳다.'고 표현하는 것이 맞다.

이러한 현상은 다른 C설에도 나타난다.[371)] 왜 그럴까? 필자는 다음과 같

370) (v)가 예외 불허용의 절대적 평등설을 다루고 있다는 점에서, (v)에서 (vi)으로의 연결은 논리적으로 타당하지 않다. 별개의 문제다.

371) "절대적 평등이란, 각 개인에게 실제로 존재하는 차이를 등한시하고, 인간이라고 하는 공통의 속성에 주목해, 모든 취급에 있어서 절대적으로 평등할 것을 요구하는 생각이다. 짝을 이루는 개념은 상대적 평등이며, 그것은 (iv) 각 개인이 안

은 몇 가지 기능에 주목하였을 것이라 생각한다.[372)]

① 하나는 '절대적'이라는 말을 허수아비(strawman)로 내세우고 이를 논박함으로써 자설에 대한 논증부담을 줄이기 위한 의도가 있었을 것이다. 평등의 의미를 바로 C설과 연결시키는 데는 어려움이 있다. 평등이 '같은 것은 같게 취급하고, 다른 것은 다르게 취급'하도록 명령하고 있다는 주장은 아무래도 낯설 수밖에 없다. 게다가 '같은 것은 같게'가 논리적으로는 아무런 작동을 하지 않는 장식적인 句에 불과하다는 것[373)]을 간파한 사람에게는 전혀 설득력을 가질 수 없다.

그런데, C설과 반대되는 주장으로 절대적 평등을 '절대적으로' 같게 취급하도록 명령한다고 이해하는 학설로 못 박아 두고,[374)] 그 절대적 평등설이 타당하지 않으므로 자설 즉, C설이 타당하다고 논증한다. 이렇게 하면 논증부담이 상당히 줄어든다.

고 있는 실제 사정과 법적 취급 사이의 관계가 균일하다는 것을 의미한다."(長谷部恭男編, 『注釈日本国憲法(2)国民の権利及義務(1)』 有斐閣, 平成29年, 169(川岸令和執筆)); "모든 국면에서 각 사람을 완전히 균등하게 취급해야 한다고 하는 절대적 · 기계적 평등을 의미한다고 하는 이해와, 각 사람이 가지는 속성 · 놓인 상황 등에 실질적 · 구체적 차이가 있는 것을 전제로 하면서, 동일한 조건 하에서는 균등하게 취급해야 하지만,"(本秀紀編, 『憲法講義(第2版)』 日本評論社, 2018, 334); "제14조 제1항이 정하는 '평등'이란 어떠한 경우에도 각자를 절대적으로 동일하게 취급한다는 절대적 평등의 의미가 아니라, '같은 것은 같게, 다른 것은 다르게' 취급하는 상대적 평등을 의미하는 것으로,"(辻村みよ子, 『憲法(第7版)』 日本評論社, 2021, 154)

372) 다만 의도하였다고 볼 수 있을까에 대해서는 의문이다. 무의식적이었지만, C설의 논증에 도움되는 요소들이 있다는 정도의 생각만 가질 수 있다. 평가를 한다면 모두 부당하다.

373) 조세부담에 관한 응능부담원리에 따를 때, 물리적으로 부담능력이 같은 사람은 존재할 수 없다. 더 나아가 '같은 것은 같게'는 불필요하다. 부담능력이 같은 상태는 부담능력의 차이가 점점 작아지면서 생길 수 있는 아주 특수한 상황이다. '같은 것은 같게'가 없더라도 '다른 것은 다르게', 좀 더 논리적으로 완전한 주장을 한다면, '다른 것은 그 비율에 따라 다르게'로 얼마든지 설명할 수 있다. 그러므로 '같은 것은 같게, 다른 것은 다르게'는, 완벽하게 모든 사람에 대해 다르게 취급하라는 명령이다.

374) 그런 학설은 없다. 주장자가 없다.

그러나 이것은 충분한(sufficient)[375] 논증으로 이해될 수 없다. 전자 즉 평등을 '절대적으로 동일하게 취급하는 것'이라 이해하는 것이 옳지 않다고 하여, 바로 C설이 옳은 것으로 되는 것은 아니다. 이 논증이 성공하려면 양자가 論理學的으로 矛盾(contradiction)이라는 점을 먼저 논증하여야 한다.

논리학에서는 '두 명제가 동시에 참일 수도, 거짓일 수도 없는 경우'를 矛盾이라 한다. 두 명제가 모순이면, 하나의 명제가 틀렸다는 것을 증명하는 것은 다른 하나의 명제가 옳다는 점에 대한 충분조건(sufficient condition)으로 된다.[376] 즉, (i) 명제1과 명제2는 서로 모순이다. (ii) 명제1은 옳지 아니하다. 이 두 개가 증명되었으면 명제2는 당연히 옳다고 결론낼 수 있다.

그러나, 위의 절대적 평등과 C설은 둘 다 틀릴 수 있다. 둘 다 옳을 수는 없지만, 둘 다 틀릴 수는 있다. 양자는 논리학적으로 모순관계에 있지 않다. 그러므로 앞의 절대적 평등설을 부정하여 바로 자신의 학설이 옳다는 결론에 이를 수 없다. 절대적 평등설이 틀렸다는 것은 자설의 유효함을 논증하는데 필요조건(necessary condition)이기는 하지만 충분조건(sufficient condition)은 아니다.

② 다른 하나는 위에서 본 Bb설의 논증구조를 원용하려는 하는 기능을 한다. 위에서 본 것처럼 Bb설이 적어도 논리적으로는 정당하게,[377] 예외의 허부 문제로 절대적 평등설과 상대적 평등설을 대립시켜 두고 논의하였다. 그러나, 그것이 평등의 모순을 극복하는데 도움이 되지 않음을 이해하였다. 그런데, 절대적 평등이 수용되기 어렵다, 그래서 절대적 평등을 부정하는 것은 논리적으로 그리 어렵지 아니함도 알게 되었다. 한 가지 더 중요한 것은, 예외의 허부 문제로서의 절대적 평등설과 상대적 평등설은 서로 논리적

375) 여기서 '충분하다(sufficient)'는 것은 논리학적 개념이다.

376) 우리가 알고 있는 矛盾故事의 상황은 모순이 아니다. 둘 다 맞을 수는 없지만, 둘 다 틀릴 수 있기 때문이다. '이 창은 모든 방패를 뚫을 수 있다.'와 모순되는 명제는 '어떤 방패는 이 창을 막을 수 있다.'이다. 이 두 명제는 동시에 참일 수도 없고, 동시에 거짓일 수도 없다.

377) '절대적'을 예외 없음의 의미로 이해.

으로 모순관계다.

절대적 평등은 어떤 경우에도 예외가 허용될 수 없다는 것이고, 상대적 평등설은 예외가 허용되는 경우가 하나 이상 존재한다는 것이다. 그러면 양자는 논리적으로 모순관계에 있다. 전자가 옳으면 후자가 틀린 것이고, 전자가 틀리면 후자가 맞다. 그러므로, 전자가 틀렸음을 논증하면, 그것은 후자가 맞다고 것에 대해 논리적으로 충분하다(sufficient).

그래서 예외의 허부 문제로서 다루었던 절대적 평등설을 부정하고 상대적 평등설이 타당하다고 결론을 낸 논증의 형식을 그대로 이용할 수 있으면 상당히 유리하다. 양자의 논증 구조가 거의 유사함을 보면 이 점을 파악할 수 있다.[378]

그러나, 양자는 성격이 다르다. 예외의 허부 문제로 다루었던, 절대적 평등설과 상대적 평등설은 서로 논리적으로 모순관계에 있다. 그러나, 평등의 의미에 관하여 다루는 절대적 평등설과 상대적 평등설은 서로 모순관계에 있지 않다. 둘 다 맞을 수는 없지만, 둘 다 틀릴 수는 있다. 그러므로, 평등의 의미에 관한 논쟁에서 전자 즉 절대적 평등설이 틀렸다는 것은 상대적 평등설이 옳다는 주장의 충분한(sufficient) 논거가 아니다. 필요한(necessary) 논거일 뿐이다. 예외의 허부에 관한 절대적 평등설과 상대적 평등설의 논증 구조를 원용하려는 시도는 타당하다고 평가받을 수 없다.

③ 그 밖에도 C설이 Bb설을 거쳐 A설로 회귀하는데도 용이할 수 있다. 예외의 허부 문제로서 다루었던 절대적 평등설과 상대적 평등설의 논증구조를 그대로 원용함으로서, 마치 예외가 허용된다는 의미의 상대적 평등설과 '같은 것은 같게, 다른 것은 다르게' 類의 상대적 평등설이 거의 같은 의미를 가진 것 같은 느낌을 줄 수 있고, 이것이 C설이 (Bb설을 거쳐) A설로 회귀하는데 거부감을 줄여주는 역할을 하였다.

378) 양쪽이 모두, 이러 저러한 절대적 평등설은 옳지 않고, 이러 저러한 상대적 평등설이 옳다고 논증하는 점을 눈여겨볼 필요가 있다.

'같은 것은 같게, 같지 않은 것은 같지 않게'를 상대적 평등이라 정의하고, 이 상대적 평등의 관념 하에서는 무엇이 합리적인 구별인지가 중요한 문제라 보는 것은 논리적으로 납득하기 어렵다. 균일취급을 평등으로 이해하든, 위와 같이 Ca설을 평등이라 이해하든, 각 입장에 대해서는 다시 예외를 허용할 것인가, 허용하지 않을 것인가에 대한 논쟁은 별도로 이루어져야 한다. 당연히 Ca설이 (예외를 허용한다는 의미의) 상대적 평등설과 연결되는 것은 아니다. 논리학적으로 말한다면 얽혀 있지 않다고 표현할 수 있다. not entangled. 독립적이다. independent.

만약 예외가 허용된다고 본다면 균일취급설이든 Ca설이든 어떤 상황에서 합리적 차별을 허용할 것인가는 중요한 문제다. Ca설 아래서만 중요한 것이 아니다. 문제는 渡辺가 Ca설 자체를 평등의 의미에 관한 학설로 이해하지 않고, 합리적 차별의 판단 자료로 삼고 있다는 것이다. 이 점은 이미 위에서 보았다.

Ca설에 따른 심사에 있어서는 같고 다름의 기준을 정하는 것이 첫 번째 작업이다.[379] 세금은 어떤 기준에 의해 분배되어야 하는가, 형벌은 또 어떠한가, 급여는 또 어떠한가. 이런 정도 유명한 이익 또는 부담의 분배질서만 문제되는 것은 아니다. 분배하여야 할 모든 것들에 대해 이 기준을 확정하여야 한다.

이것은 정의론을 구성한다. 이 정의론만 다루더라도 별도로 學期가 필요할지도 모른다.[380] 필자가 보기에 Ca설에서 가장 중요한 문제는 이 문제다. 이 분배원리에 어긋났을 때 정당화되는가 여부는 앞의 문제보다 더 어려운 문제는 아니다.

"개개인은 사실상 여러 가지 차이를 가지고 있기 때문에, 각 사람을 절대적

379) 두 번째는 각자의 품성의 양을 정하는 것이다. 세 번째는 품성의 비율에 따라 이익 또는 불이익을 배분하는 것이다.

380) 철학과에서는 별도의 학기를 두어 정의론을 다룰 것 같다.

으로 동일하게 취급하는 것은 있을 수 없다."는 말은 과연 맞는 말일까? 다른 곳에서도 말하였지만, 자연주의 오류(naturalistic fallacy)다. 사람이 다르다고 하여 다르게 취급하여야 하는 것은 아니다. 다르더라도 같게 취급할 수 있다. 다른 것을 같게 취급하는 법이 만들어지더라도 그 법은 유효하다. 그것이 헌법에 의해 명령되는 경우도 있다. 가장 대표적인 경우가 평등선거다.

평등선거는 '다른 것을 같게' 취급하는 사례라 못 볼 바 아니다. 선거를 공동체를 대표할 사람을 뽑는 절차라 한다면, 공동체에 더 크게 기여한 사람이나[381] 더 현명한 사람에게 더 많은 투표권을 줄 수 있다. 평등선거는 그것을 부정하는 것으로 이해될 수 있다. 민주국가에서 국민은 같으므로 같게 취급하여야 한다고 말할지는 모르겠다. 그러나, Ca설의 논증 방식에는 어울리지 않는 말이다. Ca설은 분배의 기준이 먼저 결정되어야 한다. 그 분배의 기준을 확정하지 아니하고 같고 다름을 판단할 수는 없다.

투표권의 분배 기준은 무엇인가? 필자는 위에서 想定할 수 있는 기준을 제시했지만, 그 기준으로는 모든 국민이 같다고 판단하기 어렵다. 이와 같은 추론과정을 거치지 아니하고, '같다'고 선언할 수는 없다. 이 경우 같으니까 같게 취급하는 것이 아니라, 같게 취급하여야 하니까 같다고 보는 것으로 오해받을 수 있다. 이렇게 이해하면 道德主義 誤謬(moralistic fallacy)를 범하는 것이다.

헌법학에서 철학을 논하는 것이 적절한지는 모르지만, 법의 두 가지 이념을 정의와 법적 안정성이라 본다면, 정의는 이미 훼손될 것이 예정되어 있다. 정의에 반하는, 그래서 같은 것을 같게 다루지 아니하고, 다른 것을 다르게 다루지 아니하는 경우들이 적지 않다. 법적 안정성은 이 상황을 뒷받침한다. 정의와 동등한 수준에서 뒷받침한다. 공소시효는 대표적인, 정의에 반하는, 그러나 법적 안정성에 기여하는 제도다.

---

381) 상법에서는 주주가 평등하지 않다. 주주평등이라는 말은 인식을 오도한다. 각 주식이 평등하다. 주주는 가진 주식의 양에 따라 불평등하다.

4. 本秀紀

"법 아래에 '평등'하다는 것의 의미에 대해서는 (i) 모든 국면에서 각 사람을 완전히 균등하게 취급해야 한다고 하는 절대적 · 기계적 평등을 의미한다고 하는 이해와, (ii) 각 사람이 가지는 속성 · 놓인 상황 등에 실질적 · 구체적 차이가 있는 것을 전제로 하면서, 동일한 조건 하에서는 균등하게 취급해야 하지만, (iii) 법적인 취급의 차이와 실질적 · 구체적 차이와의 대응이 합리적인 한은 불균등한 법적 취급도 허용된다고 하는 상대적 평등을 의미한다고 하는 이해((iv) '같은 것은 같게, 다른 것은 다르게 취급해야 한다'라고도 표현된다)가 있다."[382)]

"또한 대략 입법은 일정한 요건을 설정하여 그것을 충족하는 자와 충족하지 않는 자에게 다른 법적 효과를 인정하는 것이며, (v) 상대적 평등설은 법내용평등설(입법자구속설)의 논리적 귀결이라고도 할 수 있는 면을 가진다."[383)]

몇 가지 점을 살펴보자.

첫째, 위의 (i)과 (ii)는 서로 비교하여 논의할 수 있는 논점을 제시하고 있는가? (i)은 균일취급설(A설)을 설명한 것이다. '모든 국면에서 각 사람을 완전히 균등하게 취급해야 한다'는 것이 '절대적 · 기계적 평등'설의 내용이다. 여기에는 예외의 허용 여부에 관한 내용은 없다. 만약 '절대적'을, '예외를 허용하지 않는'이라고 이해하면, 학설의 이름과 그 내용에 불일치가 있다.

그런데, (ii)에서 우선 눈에 띄는 것은 '동일한 조건 하에서는 균등하게'라는 말이다. 이것은 Cc설에 해당한다. 이것은 (i)에서 본 A설과 대조될 수

382) 本秀紀編, 『憲法講義(第2版)』 日本評論社, 2018, 334. "法の下に「平等」であることの意味については、すべての局面において各人をまったく均等に取り扱うべきとする絶対的· 機械的平等を意味するという理解と、各人の有する属性 · おかれた状況等に実質的 · 具体的差異があることを前提としつつ、同一の条件のもとでは均等に取り扱うべきであるが、法的な取扱いの差異と実質的 · 具体的差異との対応が合理的であるかぎりは不均等な法的取扱いも許容されるとする相対的平等を意味するという理解(「ひとしい者をひとしく、ひとしくない者をひとしくなく扱うべし」とも表現される)がある。"

383) 本秀紀編, 『憲法講義(第2版)』 日本評論社, 2018, 334. "また、およそ立法は一定の要件を設定してそれを満たす者と満たさない者とに異なった法的効果を認めるものであり、相対的平等説は法内容平等説(立法者拘束説)の論理的帰結ともいうべき面をもつ。"

있는 주장이다.

그런데 이어서는 합리적인 차별이 허용되는 것이라 한다. 그런데 이것은 (i)과 비교될 수 있는 것이 아니다. (i)이 평등의 의미에 관한 것이라면, (iii)은 차별의 허용 여부에 관한 주장이기 때문이다. (iii)의 차별 허용 여부는 평등의 의미를 균일취급설(A설)로 이해하든, Cc설로 이해하든 이것들과 별개의 문제로 논의되어야 할 문제이다.

그런데 논리적으로 이해하기 어려운 것은 (ii)에서 Cc설을 끌어와 논의하고 있는데, (iii)에서는 불균일취급은 차별이고 정당화 심사를 거쳐야 한다고 한다는 표현이다. 이것은 Cc설을 충분히 이해하지 못하였다는 것을 보여준다. Cc설은 불균일취급이 있다고 모두 차별이라 이해하지 않는다. Cc설은 a. 양자 사이에 불균일취급이 있는데, b. 양자가 본질적으로 같다면, c. 그들 사이에 차별이 있다고 이해하는 주장이다. 양자 사이에 불균일취급이 있더라도 그들 사이에 본질적 동일성이 인정되지 아니하면, 그 불균일취급은 차별로 인식되지 않는다. 그런데도 불구하고, (iii)에서 불균일취급[384]이 있으면 정당화 심사를 받아야 하는 것처럼 기재하였다. 誤謬다.

다른 한편, (ii)는 Cc설에 해당하고 이것은 (i)과 대립한다. 그러면, (i)의 A설과 (ii)의 Cc설 중 어느 쪽이 맞는지를 논의하여야 한다.[385] 그런데, (iii)은 예외가 허용되어야 한다는 입장이고 이것은 (i)과 비교할 수 없다. 전자는 평등의 성격, 즉 예외가 허용되는지에 관한 문제에 대한 주장이고, 후자는 평등의 의미에 관한 주장이다. 서로 논의의 초점이 다르다.

그런데, (ii)와 (iii)을 묶어서 (i)과 대비시켜 논의하는 것을 필자는 전혀 이해할 수 없다. 평등의 논의 체계에 대하여 충분히 이해하지 못하여 생긴 결과다.

---

384) 원문에는 '不均等'이라 기재되어 있다.

385) 물론 좀 더 엄밀히 이야기하면 둘 다 틀릴 수도 있다. Ca설과 Cb설은 이것들과 다르면서 평등의 의미에 관해 제시된 주장이다.

그리고 (ii)와 (iii)을 모두 묶어서 상대적 평등이라고 이해하는 것도 적절하지는 않다. 평등의 성격을 지정하는 '상대적'이라는 말은 평등의 내용에 관하여 말하는 바가 없다. A설을 기반으로 하여서도, C설을 기반으로 하여서도 상대적 평등설은 주장될 수 있다.

나아가 (ii)와 (iii)을 묶어서 '같은 것은 같게, 다른 것은 다르게 취급해야 한다'는 말로 요약할 수 있을까? 그렇지 않다. 이것은 Ca설이다. 위에서 본 Cc설과 Ca설은 서로 다른 입장이다. 그리고 Cc설에 합리적 차별이 허용된다는 점까지 묶인 것을 Ca설로 묶어낼 수는 없다.

필자가 보기에는 각 말들이 무엇을 의미하는가에 대해 충분히 이해되지 아니한 상태에서 記述되었다.

(iii) 중의 '법적인 취급의 차이와 실질적·구체적 차이와의 대응이 합리적인 한'이라는 말은 또 무엇을 하는가? 이 말은 Cb설에서 쓰는 표현과 상당히 유사하다. Cb설은 '같은 것은 같게, 다른 것은 그 비율에 따라 다르게' 취급하는 것을 평등의 의미로 이해한다. 이때 중요한 것은 각인이 가진 품성의 비율과 취급 사이의 비율이 일치하여야 한다는 것이다. 예를 들어 응능부담원리를 받아들였을 때, 담세능력의 비율이 1:2면 부담하는 세액의 비율도 1:2가 되어야 평등한 배분이라고 본다.

그런데, 이것은 차별이 있는가를 판단할 때 사용되는 기준이지, 차별이 있음이 확인되고 나서 그 차별이 정당화되는가 여부를 판단할 때의 기준이 아니다. 이런 비율에 맞아야 차별이 정당화되는 것은 아니다. 이런 비율에 일치하게 배분이 이루어졌으면 아예 차별이 인정되지 않았을 것이다. 그 상태가 바로 평등에 부합하는 상태다.

(iii)의 표현은 A설, 즉 균일취급설을 전제로 합리적 이유가 있는 차별이 허용된다고 할 때, '각 대상의 차이'가 정당화 사유로 될 수 있다는 판시의 영향을 받은 것으로 보인다. 아래 판례는 그 사례이다.

"그렇지만 이것은 법이 (ii) 국민의 기본적 평등의 원칙 범위 내에서 각 사람의 연령, 자연적 소질, 직업, 사람과 사람 사이의 특별한 관계 등의 각 사정을 고려하여 도덕, 정의, 합목적성 등의 요청에 따라 보다 적당한 구체적 규정을 하는 것을 방해하지는 않는다." "국민이 그 관계하는 각 개의 법률관계에 있어서 각각의 대상의 차이에 따르는 취급을 받는 것까지를 금지하는 취지를 포함하는 것은 아니다."[386)]

A설을 전제로 차별의 정당화 사유로 언급되던 기술들이 Cc설을 전제로 한 논의에 들어와 언급되고 있다.

그러나, A설을 기반으로 하는 경우에도 위와 같이 사물의 품성이 따라 차별이 있는 경우에만 차별이 허용된다고 이해하는 것은 타당하지 아니하다고 앞에서 논의하였다.[387)] 더 나아가 C설을 기반으로 하면, 위와 같이 품성의 비와 취급의 비율이 일치하면 그 상태는 차별이 없는 상태다. 정당화 심사에 나아갈 이유가 없다.

위의 (ii)에도 "각 사람이 가지는 속성 · 놓인 상황 등에 실질적 · 구체적 차이"를 언급하고 있다. 이것은 차별의 정당화 사유로 작동하는 것이 아니라, 그러한 사정을 반영한 경우라면 아예 차별이 없는 상태, 평등한 상태로 된다. 양자는 '본질적으로 다른 것을 다르게 취급하는 것'으로 되기 때문이다.

그런데, 다시 (iii)에서 "법적인 취급의 차이와 실질적 · 구체적 차이와의 대응이 합리적"이라면 차별이 허용된다는 것은, Cc설의 내용을 충분히 이해

---

386) 最大判昭和25年10月11日刑集第4巻10号2037頁. "国民の基本的平等の原則の範囲内において、各人の年令、自然的素質、職業、人と人との間の特別の関係等の各事情を考慮して、道徳、正義、合目的性等の要請より適当な具体的規定をすることを妨げるものではない" "国民がその関係する各個の法律関係においてそれぞれの対象の差に従ひ異る取扱を受けることまでを禁止する趣旨を包含するものではないのである。"

387) C설에서의 논의가 영향을 미친 것으로 보인다. 이렇게 이해하면 정당화의 가능성이 낮아진다. 법적 안정성은 사물의 품성과 무관하지만 정당화 사유로 작동할 수 있다. '각각의 대상의 차이에 따르는 취급'도 일응 금지된다. 금지되지 않는다고 할 수 없다. 다만 정당화될 수 있을 뿐이다. A설, 이를 받아들이는 판례는 불균일취급 전부를 차별로 인식한다.

하고 하는 기술이 아니다. 이런 상황이라면, 앞에서 본 것처럼 아예 차별로 인식되지 아니한다. 그러므로 차별이 존재함을 전제로, 정당화되는가의 논의는 아예 있을 수 없다.

필자가 보기에는 앞의 (ii)에서 Cc설을 인용하였지만, (iii)에서 A설의 논리로 되돌아 온 것처럼 보인다. (iii) 중의 "불균등한 법적 취급"은 A설의 차별과 같은 내용이다. 즉, (iii)에서는 불균일취급이 있으면 차별로 인식하고, "법적인 취급의 차이와 실질적 · 구체적 차이와의 대응이 합리적"이라면 정당화된다, 위헌이 아니다, 라고 판단하는 것으로 보인다.

(ii)에서 언급한 Cc설은, 다른 C설이 대개 그러한 것처럼, A설을 부정한 후, 잠시 들렀다가 B설을 거쳐 A설로 돌아가는 중간 기착지 역할을 할 뿐이다. Cc설을 이해하고 거기에 종착한 것이 아니다.

필자는 지금 문장 한 개를 분석하였다. 표현이 매우 혼란스럽다. 필자가 보기에는 지극히 간단한 이야기를 하고자 하는데, 이렇게 복잡하게 이야기한다. 복잡하게 이야기할 뿐만 아니라 틀리게 이야기한다. 필자가 보기에는 浦部의 A설과 다른 이야기를 하고 있지 않다. 거기에 보태어서 합리적 이유가 있으면 차별이 허용될 수 있다는 말을 하고 있을 뿐이다. 판례와 그 결론이 같다. 그런데도 이렇게 복잡하게 말하여야 하는가?

한 가지 문제를 더 보자. 상대적 평등설이 입법자 구속설[388]의 논리적 귀결이라는 (v)의 주장은 타당한 것일까? 우선 문제가 되는 것은 그가 주장하는 상대적 평등설이 무엇인가, 하는 점이다. Cc설인가? Ca설인가? 아니면

---

388) 입법자구속설을 헌법 제14조 제1항 전단이 입법자에게도 적용된다는 입장이라면, 필자는 반대한다. 그렇게 이해할 아무런 이유가 없다. 법집행자에 대한 명령은 입법자에게 적용될 수 없다. 법집행자에 대한 명령과 입법자에 대한 명령의 내용이 서로 다르다. 전자는 (집행의 상대방이 누구든) 법에 기재된 대로 집행하라는 것이고, 후자는 (A설이든 C설이든) 법의 내용에 관한 명령이다. 전자의 명령이 입법자에게는 적용될 수 없다. 필자는 헌법 제14조 제1항 후단이 입법자에게 적용된다고 본다. 입법자도 헌법 제14조 제1항의 규율을 받는다. 이런 의미로 입법자구속설이나 법내용평등설을 이해하고 논의한다.

'Cc설 + 합리적 차별 허용설'인가?

그의 주장대로 균일취급설을 따른다면 평등의 모순이 발생하는 것은 맞다. 그러나 균일취급이 평등한 취급이라 하여, 헌법이 모든 사태에 대해 균일한 취급을 하도록 명령하고 있다는 인식은 틀렸다. 이 점은 앞에서 川岸令和의 견해에 대한 마지막 코멘트에서 다루었고, 나중에 다시 볼 것이다. 입법자구속설을 채택한다고 하여 평등을 C설[389]로 이해되어야 하는 것은 아니다. 그리고 더 심각한 문제는 本가 C설을 받아들이고 있지 않다는 것이다. 판례와 마찬가지로 A설을 따르고 있다.

평등이 입법자를 구속하는데, 입법자에게 A설을 따라 균일취급을 하도록 명령하는 상황을 이 논문은 평등의 모순이라 정의했다. 그런데, A설 나아가 A설을 기반으로 한 Bb설은 평등의 모순을 해결하지 못하였다는 것은 누차에 걸쳐 설명했다.

필자가 보기에 本는 중간에, Cb설, Ca설을 언급하고 있지만, 그것들을 받아들이고 있지 않다. (iii) 중의 "불균등한 법적 취급도 허용"된다는 데 그 주장이 핵심이 있다. 불균등한 법적 취급이 금지된다는 것, 즉 균등한 법적 취급이 평등의 명령에 해당된다는 것, 그렇더라도 예외가 허용될 수 있다는 것, 그것이 그의 주장의 핵심이다. 그것은 C설이 아니다. A설이다. 나아가 Bb설이다.

이것이 입법자구속설의 귀결일 수 없다. 만약에 그의 주장이 A설과 같은 것이라면 A설을 입법자에게 요구하여서는 안 된다. A설은 평등의 모순을 해소하지 못한 주장이다. 평등이 입법자에게 적용된다면 평등이 A설로 이해되어야 하는 것이 아니라, A설로 이해된다면 입법자에게는 평등이 적용되지 않아야 한다.

389) Ca설이든, Cb설이든, Cc설이든.

5. 辻村みよ子

辻村는 다음과 같이 記述한다.[390)]

"제14조 제1항이 정하는 '평등'이란 어떠한 경우에도 각자를 절대적으로 동일하게 취급한다는 절대적 평등의 의미가 아니라, '같은 것은 같게, 다른 것은 다르게' 취급하는 상대적 평등을 의미하는 것으로, 합리적인 이유에 의해 다르게 취급하는 것은 허용된다고 해석하는 것이 통설 · 판례의 입장이다(상대적 평등설)."[391)392)]

辻村는 절대적 평등을 '절대적으로 같게 취급'하는 것으로 이해한다. 이 의미에는 두 가지 포인트가 있다. 그 중 하나는 '절대적으로'에 관한 것이고, 다른 하나는 '같게 취급'에 관한 것이다. 앞에서 누차 다루었지만, 전자는 평등의 의미와 무관하다. 후자, 즉 '같게 취급'만이 평등의 의미와 관련된다. 그런데, '절대적으로 같게 취급'하는 것은 평등의 의미로 옳지 않다고 한다.

무엇이 옳지 않은가? '절대적으로'가 옳지 않은가? 아니면 '같게 취급'이 옳지 않은가? 상대적 평등이 옳다고 한 것으로 보아서는 '절대적으로'를 부정한 것으로 보이기도 한다. 이렇게 본다면 '같게 취급'하는 것은 고정시켜 두고, 거기에 어긋나더라도 예외적으로 위헌이 아닐 수 있다고 말하면 된다. 그렇게 말한다면, B설에 가까운 주장으로 된다.

그런데, '같은 것은 같게, 다른 것은 다르게'는 '절대적으로'를 부정하는 말이 아니고, '같게 취급'을 부정하는 말이다. 이 말은 정당화와 관련이 없고, 평등 자체의 의미에 관한 진술이다. 이것이 평등한 처우라고 주장하였으면

---

390) 辻村みよ子, 『憲法(第7版)』 日本評論社, 2021, 154.

391) "14条1項が定める「平等」とは、いかなる場合にも各人を絶対的に等しく扱うという絶対的平等の意味ではなく、「等しいものは等しく、等しからざるものは等しからざるように」扱うという相対的平等を意味するもので、合理的な理由によって異なる取扱いをすることは許されると解するのが通説・判例の立場である(相対的平等説)。"

392) 밑줄은 필자가 추가한 것임.

C설, 그 중에서도 Ca설이다.

위의 문장에서는 '같은 것은 같게, 다른 것은 다르게'를 정당화 사유로 이해하고 있다. 이것이 '합리적 이유'를 구성한다고 본다. 이것은 이해하기 어렵다. 필자가 보기에는 평등의 의미와 예외의 허부가 분별되지 아니한 상태에서 진술되었고, '같은 것은 같게, 다른 것은 다르게'와 '합리적 이유 있는 불균일 취급이 허용된다'가 분별되지 아니한 상태에서 記述되었다고 이해할 수밖에 없다.

혹자는 辻村의 주장을, (a) Ca설을 전제로, (b) 차별이 허용되는 경우가 있다는 입론으로 이해할 수 있다고 말할 지도 모르겠다. 그렇지 않다. 그의 결론은 '합리적인 이유에 의해 다르게 취급하는 것'이 허용된다는 것이다. 즉 차별이 있더라도 정당화되는 경우가 있다는 것이다. 그런데 정당화되어야 하는 상황은 '다르게 취급하는 것'이다. 이 상황이 차별이다. 이것을 뒤집으면 평등은 '같게 취급하는 것'으로 된다. 이것은 A설이다. 판례가 자신의 입장과 같다고 말하는데, 판례는 A설 즉 균일취급설을 수용한다. 그도 결국 균일취급설을 부정하고, Ca설을 채택하는 것처럼 보였지만, B설을 거쳐 A설로 돌아왔다. 자신이 부정했던 바로 그 자리로 돌아왔다.

마무리하자. 辻村의 記述 중, "'같은 것은 같게, 다른 것은 다르게' 취급하는 상대적 평등을 의미하는 것으로" 부분은 유해하다. 이 부분을 삭제하면 완전하게 자신의 입장, 즉 A설, 그리고 Bb설을 오류 없이 표시하는 것으로 된다. 평등의 모순을 인식해서 그랬는지는 알 수 없으나, "'같은 것은 같게, 다른 것은 다르게' 취급하는 상대적 평등을 의미하는 것으로" 부분을 끼워넣음으로써 논리적으로 아주 타당하지 아니한 문장으로 되었다.

6. 君塚正臣

君塚는 다음과 같이 記述한다.

> "통설은 동조가 국회도 구속하고, 법내용의 평등도 추구하고 있으며, 또한 제1항 후단을 예시적 열거로 해석하고, 이것들을 포함하여 (i) 같은 것은 같게 취급하고 다른 것은 다르게 취급한다, (ii) 합리적인 구별은 허용되지만 불합리한 차별은 허용되지 않는다, 라고 하는, 상대적 평등을 법은 요청했다고 생각해 왔던 것이다."[393][394]

위 記述 중 (i)은 Ca설이다. (ii)는 B설, 그 중에서 Bb설에 해당한다. 마치 양자가 같은 것을 의미하는 것처럼 記述하고 있다. 결국 (i)을 다르게 취급하는 것을 정당화하는 근거 정도로 이해한 것이라 보인다.

결국 君塚도 Ca설을 언급하고 있지만, 이를 종국적으로 채택한 것은 아니고, B설을 거쳐 A설로 돌아갔다. 필자로서는 납득하기 어려운 기술이다. Ca설과 A설은 전혀 다른 입장이다. 전혀 다른 입장일 뿐만 아니라, A설을 부정하기 위해 Ca설이 나왔다. A설을 바보 같은 명령이라 이해한 것이다.

(i)을 Ca설로 이해함에는 큰 어려움이 없다. 그런데 문제는 (ii)를 어떻게 할 것인가 하는 점이다. 위에서는 A설을 전제로 한, Bb설이라고 정리하였는데, (ii)를 Ca설을 전제로 한 예외 허용으로 이해할 수 있겠는가가 문제될 수 있다.

'합리적인 구별'이라고 할 때 이 '구별'이 '평등'하지 아니한 상태, 즉 '차별'[395]로 이해할 것인가 아니면 불균일취급[396][397]으로 이해할 것인가 문제

---

393) 君塚正臣, 『憲法』 成文堂, 2023, 216. "通説は、同條は国会も拘束し、法内容の平等も條求めており、また、1項後段を例示列挙と解し、これらを含め、等しいものは等しく扱い異なるものは異なって扱う、合理的な区別は許されるが不合理な差別は許されない、という、相対的平等を法は要請したと考えてきたのである。" 밑줄과 첨자는 필자가 추가했다.

394) 약간 변형했다.

된다. 만약 '구별'을 '차별'로 이해하면 (ii) 전체를 합리적인 차별을 허용하는 것으로 이해할 수 있다. 이렇게 보면 A설을 전제로 한, Bb설이 아닌 것으로 된다. Ca설을 전제로 하고, 차별이 허용된다는 입장으로 정리된다.

그러나 필자는 그렇게 이해하지 아니하고, A설을 전제로 한 Bb설로 이해한다. 그 근거를 몇 가지 들면 다음과 같다.

Ca설은 그리 간단히 주장할 수 있는 이론이 아니다. 奥平[398]는 필자가 보기에 Ca설을 견지하면서 이를 논리적으로 설명해 보려 노력한 유일한 일본 학자다. 상당히 많은 지면을 할애하여 논리적으로 설명해 보려고 노력하였다. 그러나 그는 1993년에 자신의 교과서에서 위와 같이 노력하고도, 2000년에 나온 그의 논문에서 자신은 평등이라는 말을 모른다고 고백했다.[399]

君塚는 Ca설이 통설이라고 설명한다. 필자가 보기에 Ca설이 통설은 아니다. 물론, Ca설을 언급하는 학자는 많지만, 이 논문에서 보인 많은 자료들이 A설을 부정하고 잠시 들렀다가 B설을 거쳐 A설로 돌아가는 중간 기착

---

395) Ca설을 전제로 하면, 차별은 같은 것을 다르게 취급하는 것과 다른 것을 같게 취급하는 것이다.

396) 이때의 불균일취급은 규범적 평가 없는 것이다. 이에 비하여 C설을 전제로 하면, '차별'은 규범적 평가를 거쳐 판단한다. 이익 또는 불이익의 배분 기준을 정한 후, 그 기준에 따라 같고, 다름이 정해진다. 이 때 같은 것을 다르게 취급하는 것이 차별이고, 다른 것을 같게 취급하는 것이 차별이다.

397) '구별'을 구획하여 서로 다른 법적 효과를 부여하는 것이 아니라, 단순히 '구획'하는 것을 의미하는가를 검토해 볼 필요가 있다. 후자는 separate but equal과 관련이 있다. 여기서는 이 점까지는 다루지 않는다. (사실상의) 불균일취급인가, (규범적 평가를 거친 후의) 차별인가만 다룬다.

398) 奥平康弘, 『憲法Ⅲ』 有斐閣, 1993, 117 이하.

399) 奥平康弘, 「「人はすべて平等に創られ…‥」考 (上)」 『法學セミナー』, 2000年1月, 86頁. "僕は憲法研究者の末席にある者として，あれやこれやと不可解·未解決なことをたくさん抱え持っているが，その一つに「平等」というコンセプトがある。憲法にあっては通常「法の下の平等」観念は確固たるものがある。しかし，どうも僕はまだ「平等」周辺を堂々めぐりしていて，一向に会得できないでいる。恥ずかしいが，それが実情である。"[나는 헌법학 연구자의 말석에 있는 자로서 여러 不可解·未解決의 문제를 많이 안고 있지만, 그 중에 '평등'이라는 개념이 있다. 憲法에 있어서 통상 '법 아래 평등'의 관념은 확고하다. 그러나 아무래도 나는 '평등'의 주변을 맴돌고 있을 뿐, 전혀 체득할 수 없다. 부끄럽지만, 그것이 사실이다.]

지처럼 Ca설을 이용했다. Ca설을 종착지로 하지 않았다.[400] 필자가 보기에 통설은 A설이다. 학자들은 극구 부정하지만, A설이 통설이다.

A설이 통설이라는 근거는 다음과 같다. 첫째, 학설이 판례의 태도를 비판하지 않는다. 판례는 불균일취급이 있으면 바로 차별로 인식하고 정당화 심사로 나아간다. Ca설로는 받아들이기 어려운 논증이다. 둘째, 분배의 기준을 찾아보려는 노력이 없다. 셋째, 판례가 自說과 같은 입장이라고 설명한다.

君塚가 Ca설을 근거로 예외를 허용하는 상대적 평등설을 받아들였다고 볼 수 있는 유일한 자료는, (ii) "합리적인 구별은 허용되지만 불합리한 차별은 허용되지 않는다" 중의 '차별'이라는 말 뿐이다. 이때 '차별'이 Ca설은 전제로 한 차별이라고 볼 여지를 제공한다. 즉 여기의 '차별'이 Ca설을 전제로 한 차별, 즉 '다른 것을 같게', '같은 것을 다르게' 취급하는 경우라 볼 여지가 있다.

그러나, (ii)에는 '차별'이라는 말도 있지만, '구별'이라는 말도 있다. 앞에서도 말했지만, Ca설에서 '차별'이라는 말은 매우 정교하게 디자인된 말이다. 다시 반복하자면, ⓐ 분배의 기준을 정하고, ⓑ 각자의 품성의 양을 확인하여, ⓒ 품성의 양이 같은데 다르게 처우하거나, 품성의 양이 다른데 같게 처우하는 경우에 비로소 차별이 있다고 판단할 수 있다.

이 정교하게 디자인된 말을, '구별'이라는 말과 한 줄에 같이 쓸 수는 없다. 양자는 같은 뜻으로 쓰인 말이다. 양자의 체계적 지위가 같기 때문이다. 결국, 兩者 중 어느 하나는 잘못된 표현이라고 할 수밖에 없는데, 필자는 (ii) 중의 '차별'이 의식적으로 써졌다고 생각되지 않는다.[401] 그렇게 볼

400) 이에 비해 奧平康弘,『憲法Ⅲ』有斐閣, 1993, 117 이하는 Ca설을 종착지로 이해한 것으로 보인다.

401) 물론, '구별'이라는 말이 얼마나 의식적으로 쓰였는지도 필자는 의문을 가지고 있다. '불균일취급'과 '구별'이 같이 쓰일 수 있는 말인가도 상당히 중요한 쟁점이다. 구별만으로도 차별이라 할 수 있는가. 짐작한 바를 적는다면, 사회과학에서, 특히 젠더법학에서 '구별'과 '차별'을 따로 쓰는 경향이 있는데, 그 영향을 받은 것 같다.

자료가 없다.

그러므로 君塚는 (i)의 Ca설을 Bb설과 같은 말로 이해했다고 본다. 다른 Ca설을 언급하는 학자들의 경우와 같다.

V. 새로운 解釋

V. 새로운 解釋

1. 도입

앞에서 B설은 평등의 의미에 관한 학설이 아니라는 것을 살펴보았다. 이에 비하여 C설은 앞의 B설과 달리 평등의 의미에 관한 학설이라는 점을 살펴보았다. B설은 평등의 모순을 해결하지 못하였고, C설은 전제를 변경하여 모순을 해결하고자 시도하였으나, 그 시도가 충분히 성공한 것으로 보이지 않는다.

그러면 위에서 제시한 평등의 모순을 해결할 수 있는 방안은 없는 것인가? 필자는 그렇지 않다고 본다. 필자 나름의 제안을 해본다. 우선 헌법 조문을 한번 보자. 일본 헌법 제14조 제1항은 다음과 같다. "모든 국민은 법 아래 평등하며, 인종, 신조, 성별, 사회적 신분 또는 문벌에 따라 정치적, 경제적 또는 사회적 관계에 있어서 차별받지 아니한다."[402][403] 이 조문을 잘 이해하면 평등의 모순에서 벗어날 수 있다.

---

402) "すべての国民は、法の下に平等であって、人種、信条、性別、社会的身分又は門地により、政治的、経済的又は社会的関係において、差別されない。"

403) 대한민국헌법 제11조 제1항은 다음과 같다. "모든 국민은 법 앞에 평등하다. 누구든지 성별·종교 또는 사회적 신분에 의하여 정치적·경제적·사회적·문화적 생활의 모든 영역에 있어서 차별을 받지 아니한다." Article 11 (1) All citizens shall be equal before the law, and there shall be no discrimination in political, economic, social or cultural life on account of sex, religion or social status. [https://url.kr/s8r27c]

2. '차별받지 아니한다'[404]

'차별받지 아니한다'는 말을 A설은 '불균일취급을 받지 아니한다'로 이해한다. 판례도 같다. 그런데, C설은 그렇게 이해하지 아니한다. C설에는 세 가지 종류가 있다고 말했는데, 어느 입장도 그렇게 말하지 아니한다.

Ca설은 평등을 '같은 것은 같게, 다른 것은 다르게'라고 이해한다. 그래서 '본질적으로 같은 것을 다르게' 취급하거나, '본질적으로 다른 것을 같게' 취급하는 경우를 차별로 인식한다.

그래서 Ca설은 불균일취급을 한다고 하여 모두 차별이라 인식하지 않는다. '본질적으로 같은 것'을 불균일취급할 때 차별로 인식한다. '본질적으로 다른 것'을 불균일취급하는 경우라면 차별로 인식하지 아니한다. 균일취급을 한다고 하여 차별이 아니라고 판단하는 것도 아니다. '본질적으로 다른 것을 같게' 취급하는 경우라면 차별이라 본다. '본질적으로 같은 것을 같게' 취급하는 경우라면 차별이라 인식하지 않는다. 그러므로 Ca설의 관점에서 보면 균일취급과 불균일취급은 체계상 동일한 지위에 있다.

다만, 물리적으로 '본질적으로 같은 것'이 존재할 수 있는가에 대해서는 의문을 가질 수밖에 없다. 예를 들어 세금부담에 관하여, 응능부담원리를 받아들였을 때, 같고 다름을 판단하는 기준은 담세능력이다. 담세능력이 같으면 균일취급을 하여야 한다. 그러나 '완벽하게' 담세능력이 같은 사람은 존재하지 않는다. Categorizing은 본질적으로 차별적이다.

Cb설은 평등[405]을 인식하는데 더 엄격하다. Ca설을 기반으로 하되 본질적으로 다른 것을 다르게 취급하는 것만으로는 충분하지 않고(not sufficient), 다른 비율만큼 다르게 취급할 때에만 평등이 실현되었다고 본다. 차별로 인식되는 폭이 Ca설보다 넓다.

Cc설은 Ca설과 달리 균일취급을 차별로 인식하지 않는다. 불균일취급, 그

404) '差別されない'

405) 또는 반차별.

중에서도 본질이 같은데도 불균일취급하는 경우만을 차별로 인식한다.

이와 같이 이해하는 C설이 헌법 제14조 제1항 후단과 조화롭게 해석될 수 있는가에 대해서는 의문이 제기될 수밖에 없다. 헌법은 '차별'을 금지하고 있는데, 균일취급을 하는 것이 차별로 인식될 수 있고, 불균일취급이 차별이 아닌 것으로 인식될 수 있다는 주장은 아무래도 헌법 문언의 지지를 얻기 어렵다.

물론 입법자구속설을 근거로 하여, 전단의 '평등'을 분석하여 평등의 의미를 이해하여야 하지, 후단의 차별을 분석하여 평등의 의미를 논할 수 없다는 주장도 있을 수 있다. 필자는 전단이 입법자를 구속한다고 생각하지도 않지만,[406] 전단의 명령은 후단과도 조화롭게 해석될 수 있어야 한다고 본다. 전단이 (i) 입법자에게 '평등한 법을 만들라'는 명령으로 이해될 수 있고, (ii) 전단의 '평등'을 '정의' 또는 '같은 것은 같게, 다른 것은 다르게'로 이해할 수 있다고 하더라도, 후단의 '차별'이 그것을 수용할 수 없다면 전단의 평등은 새롭게 해석되어야 한다.

전단의 평등이 후단에서 구체적으로 설명되므로, 전단의 평등의 가진 모호함은 후단의 記述에 의해 해소되어야하기 때문이다. 전단은 추상적이고 후단은 보다 구체적이다.

다만, 이 논의는 이 논문에서 다루는 평등의 모순과는 어느 정도 거리가 있다. 앞에서 평등을 균일취급으로 이해하면 평등의 모순을 만나게 되는데,

---

406) '법 아래' 평등하다는 것을 생각해 보면 금방 알 수 있는 문제다. 국민과 법이 서로 대면하고 있다. 법을 대면하고 있는 국민이 평등하다고 말하고 있다. 헌법이 직접 국민의 권리를 제한하거나 편익을 부여하고 있으면 그 헌법 조항의 적용에 있어서 국민은 대등하고, 그 헌법조항이 규정한 대로 국민에게 적용되어야 한다. 그것이 법 아래 평등이다. 국민이 '법 아래 평등'하다는 것의 법집행자에 대한 명령이 앞에서 설명한 것과 같다면, 이것은 입법자에게 적용될 수 없다. 입법자는 법을 적용하지 않기 때문이다. 입법자구속설이 법집행자를 구속하는 평등의 명령이 입법자도(also)를 구속한다는 취지라면, 법집행자에 대한 명령의 내용을 고정시켜 두고, 그 적용 범위만 입법자에게 확장하여야 한다. 입법자에게는 법집행자에게 부여된 것과 다른 명령을 부여하면, 그것은 입법자구속설이 아니다.

이 모순을 해소하기 위하여 C설이 주장되었다고 이해하였다. 그런데, 만약 평등을 균일취급으로 이해하고도 모순을 만나지 않는다면 굳이 C설이 주장될 이유도 없다.[407]

3. 副詞句

가. 도입

헌법 제14조 제1항은 "모든 국민은 법 아래 평등하며, 인종, 신조, 성별, 사회적 신분 또는 문벌에 따라 정치적, 경제적 또는 사회적 관계에 있어서 차별받지 아니한다."[408]고 규정하고 있다. 후단의 주어도 전단과 마찬가지로, '모든 국민'이다. 후단을 따로 떼어 내면, '모든 국민은 인종, 신조, 성별, 사회적 신분 또는 문벌에 따라 정치적, 경제적 또는 사회적 관계에 있어서 차별받지 아니한다.'[409]로 정리할 수 있다.

위 문장의 主語는 '모든 국민'이고, 述語는 '차별받지 아니한다'이다. '인종, 신조, 성별, 사회적 신분 또는 문벌에 따라'(이하 '제1 부사구')와 '정치적, 경제적 또는 사회적 관계에 있어서'(이하 '제2 부사구')는 각 부사구에 해당된다. 부사구는 述語를 制限한다.

헌법 제14조 제1항 후단에서 주목하여야 할 점은, 헌법이 차별적인 법률의 존재를 전부 부정하는 것이 아니라는 것이다. 헌법은 모든 국민이 '무조건' 차별받지 아니한다고 규정하고 있지 않다. 헌법 제14조 제1항 후단에

---

407) 앞의 III.과 IV.에서 본 것처럼 C설을 주장하는 학자들도 모두 B설을 거쳐, A설, 즉 균일취급설로 돌아갔음을 기억하라.

408) すべての国民は、法の下に平等であって、人種、信条、性別、社会的身分又は門地'により、政治的、経済的又は社会的関係において、差別されない。

409) "정치적, 경제적 또는 사회적 관계에 있어서" 부분은 생략하였다.

있는 두 개의 부사구에 의한 제한을 받는 범위 안에서, 모든 국민은 차별받지 아니할 권리를 가진다.

이 두 가지 부사구의 제한을 충족하지 않으면 차별금지 명령은 작동하지 않는다. 이 말은 (i) 차별금지 사유가 아닌 사유에 의한 차별이거나, (ii) 차별금지 영역이 아닌 영역에서의 차별이라면, (정당화 심사를 실시할 필요도 없이) 헌법 제14조 제1항의 명령에 위배되지 않는다고 판단할 수 있다는 것을 의미한다.[410)]

필자는 이 단순한 이야기를 이해하지 못하여 평등이 混沌(Chaos)에 빠져 있었고, 학자들은 어쩔 줄 몰라 전혀 논리적이지 아니한 말들을 둘러앉아 나누는 것이 작금의 평등론의 현실이라 생각한다.[411)]

나. '정치적, 경제적 또는 사회적 관계에 있어서'[412)]

먼저 쉬운 문제부터 생각해 보자. 어떤 법이 다루는 영역이 '정치적, 경제적 또는 사회적 관계'에 포섭되지 아니한다면, '차별받지 아니한다'는 권리가 '모든 국민'에게 부여되지 아니한다. '정치적, 경제적 또는 사회적 관계'에 관한 규율이라고 이해되었을 때, 비로소 모든 국민은 '차별받지 아니한다'는 법적 효과를 향유할 수 있다.

그러나, 어떤 법적 규율이 '정치적, 경제적 또는 사회적 관계' 중 어느 하나에도 포섭되지 아니하는 경우는 想定하기 쉽지 아니하다.[413)] 이것은 문리적으로 그러한 것이 아니다. 事物의 本質上 그러하다.[414)]

---

410) 절차법적으로 말하면 헌법 제14조 제1항에 위배되었다는 주장을 각하하는 것이다.

411) 이 말을 반론하는 방법은 간단하다. 앞 IV.에 보인 필자의 비판을 비판하면 된다.

412) '政治的、経済的又は社会的関係において'

413) 한국 헌법 제11조 제1항 후문은 다음과 같다. "누구든지 성별·종교 또는 사회적 신분에 의하여 정치적·경제적·사회적·문화적 생활의 모든 영역에 있어서 차별을 받지 아니한다." 일본 헌법과 비교해 보면, 차별금지 영역에 '문화적' 영역이 하나 더 있다. 그러나 어떤 차별이 있었는데, 헌법이 정한 차별금지영역'에 관한 규율이 아니므로 헌법 제11조 제1항 후문이 적용되지 아니한다고 한 판례는 없다.

'정치적, 경제적 또는 사회적 관계에 있어서'가 삭제된다고 하여 헌법 제14조 제1항 후단의 의미가 달라지지 않는다. 또는 '생활의 모든 영역에 있어서'라고 규정하더라도 그 의미가 달라지지 않는다.[415]

그러므로, '정치적, 경제적 또는 사회적 관계에 있어서'라는 부사구가 문리적으로는 '차별받지 아니한다'는 술어의 의미를 축소시키는 역할을 하지만, 사태의 본질상 무의미하다. 부사구로서의 역할을 하지 못한다.

다. '인종, 신조, 성별, 사회적 신분 또는 문벌에 따라'[416]

(1) '정치적, 경제적 또는 사회적 관계에 있어서' 와 다른 점

다음으로 '인종, 신조, 성별, 사회적 신분 또는 문벌에 따라'라는 부사구를 검토해 보자. 이 부사구도 위의 '정치적, 경제적 또는 사회적 관계에 있어서'와 마찬가지로 무의미한 것인가? 그렇지 않다. 위에서 '정치적, 경제적 또는 사회적 관계'가 법리상 무의미하다는 것은, 거기에 포섭되지 아니하면서 법적으로 문제되는 영역이 존재하지 않기 때문이다.

그러나, '인종, 신조, 성별, 사회적 신분 또는 문벌'에 포섭되지 않으면서도 법적으로 문제되는 영역들은 얼마든지 있다. 출신 국적, 고향, 언어는 헌법 제14조 제1항 후단에 명시적으로 열거된 사유가 아니다. 이 사유들을 이유로 차별[417]을 한다면[418] 헌법이 금지하는 차별로서 정당화 심사에 나아가야 하는가 하는 문제가 생긴다.

---

414) 내면의 양심에 대해 제한을 가할 수 없는 것도 이와 같은 이치다.

415) 그 의미가 달라지는 상황을 만나면 당연히 논의를 새로 시작하여야 한다. 법의 본질이 그렇다. 법을 만드는 사람에게도, 해석하는 사람에게도 '인식의 한계'가 존재할 수밖에 없다. 법을 만드는 사람은 항상 상황을 想定하고 법을 만든다. 법을 해석하는 사람도 마찬가지도 어떤 상황을 想定하여 해석한다. 예상하지 못하였던 상황을 만나면, 여러 가지 해석논쟁이 이어질 수밖에 없다.

416) '人種、信条、性別、社会的身分又は門地により'

417) 불균일취급이든 균일취급이든 여기서 논할 필요는 없다. 차별로 포섭되었다고 전제하고 논의한다.

418) 차별영역의 문제는 논의하지 않는다. 문제되지 않는다는 전제를 채택했다.

물론 위의 사유들[419]이 '사회적 신분'에 해당할 여지도 있다. 그래서 사회적 신분을 이유로 한 차별로 이해될 수 있다. 사회적 신분에 포섭될 수 없다고 보이는 사유들도 얼마든지 있다.[420] 사건[421]이나 사물[422]은 위에 열거된 사유들에 포섭되지 않으면서 차별이 있는 경우라 할 수 있다.[423][424]

그러므로, '정치적, 경제적 또는 사회적 관계'를 擧示한 것이 법적으로 무의미[425]한 것과 달리 '인종, 신조, 성별, 사회적 신분 또는 문벌'을 擧示한 것은 무의미한 것이 아니다. 헌법제정권력자들이 무언가를 指示하기 위해서 사유들을 열거하였다.

(2) 한정적 열거?

제1 부사구에 열거된 차별금지 사유를 한정적 열거설로 보아야 하는 것 아닌가 하는 논의가 있을 수 있다. 가장 중요한 이유는 예시적 열거로 이해할 문언적 기초가 부족하다는 것이다.

대개 사유를 예시로 들고, 추가적인 사유가 더 있음을 드러낼 때에는, 예시로 되는 사유들 뒤에 '等'이나 '其他'라는 문언을 付記한다. 더 나아가서

---

419) 출신 국적, 고향, 언어.

420) '공판기일의 소송절차로서 공판조서에 기재된 것'에만 절대적 증명력을 부여하는 것(헌재 2012. 4. 24. 2010헌바379, 판례집 24-1하, 60); 모바일기기를 이용한 인터넷게임에는 본인인증을 요구하지 않으면서 PC 기반 인터넷게임에 대해서는 요구하는 것(헌재 2014. 4. 24. 2011헌마659, 판례집 26-1하, 176); 다른 인보험 청구권과 달리 우체국보험금 청구채권에 대하여 압류를 금지하는 것(헌재 2008. 5. 29. 2006헌바5, 판례집 20-1하, 91).

421) 사람을 죽인 경우와 동물을 죽인 경우; 자신의 소유에 속하는 물건을 取去한 경우와 자신의 소유에 속하지 않는 물건을 取去한 경우 등.

422) 사물과 농물; 자신의 소유인 물건과 자신의 소유가 아닌 물건.

423) 뒤에서 보는 존속살의 경우도 '사건'에 대한 규율이라 할 수 있다. 자신의 존속을 죽인 사건과 자신의 존속이 아닌 사람을 죽인 사건.

424) 이것은 논쟁의 대상으로 될 수 없다. 열거된 것들 외에 달리 추가될 수 있는 차별금지 사유가 없다면, 예시적 열거설 자체가 불필요하다.

425) 위에서도 말했지만 무의미하다고 확정할 필요는 없다. 아직 유의미한 사례를 못 만났을 분이다. 이것이 유의미한가 여부는 이 논문의 주제가 아니다.

법령이 직접 內包를 기재하여 두기도 한다. 내포를 기재해 두지 않더라도 '等'이나 '其他'라는 문언을 부기해 두면 열거된 사유가 예시적인 것임은 분명히 알 수 있다. 물론 內包를 기재하여 두지 않았으므로 內包를 확정하는 문제는 남는다.

그러나 헌법 제14조 제1항 후단에는 열거된 사유가 예시적인 것임을 보여주는 어떠한 標識도 없다. 그리고 차별금지 사유가 많으면 많을수록 입법자의 입법권을 더 많이 제한된다. 민주주의를 제한하는 것이라 할 수 있다. 이것들은 예시적 열거설로 이해하는데 어려움을 준다.

다른 한편 차별금지 사유가 많아지면 많아질수록 국민에 대한 차별이 적어지는 것은 분명하다. 이 점은 열거된 사유를 예시적인 것으로 보아 추가적으로 차별금지 사유를 확장시킬 수 있어야 한다는 실천적 이유로 된다.

열거된 사유를 예시적인 것으로 보는데 큰 실익이 있겠는가 하는 점도 검토해 볼 필요가 있다. 대개 열거되지 아니하였지만 헌법에 의해 차별이 금지되는 사유로 포섭될 수 있는 것은, 사회적 신분으로 이해될 가능성이 크다. 판례는 "사회적 신분이란 사람이 사회에서 차지하는 지속적인 지위"[426]라고 이해하는데, 이 定義를 받아들이면 열거되지 아니하였으나 헌법에 의해 금지되는 사유는 대부분 사회적 신분에 포섭될 수 있다.

헌법 제14조 제1항 후단에 열거된 사유를 한정적인 것으로 이해할 것인가, 예시적인 것으로 이해할 것인가는 論理의 문제는 아닌 것 같다. 한정적 열거로 보아 차별금지 사유가 추가될 가능성을 부인하는 것보다는 예시적인 것으로 보아 추가 가능성을 열어 놓는 것도 나쁘지는 않을 것 같다.

그러나 중요한 것은, 열거된 사유를 예시적인 것으로 본다고 하여 그것이 차별금지 사유를 무한대로 확장시키는 것은 아니라는 점이다. 현재의 통설과 판례가 열거된 사유를 예시적인 것으로 보는 것이 논리적으로 문제가

---

426) 最大判昭和39年5月27日民集第18巻4号676頁. "社会的身分とは、人が社会において占める継続的な地位"

있다는 것은 아니다. 다만, 예시적 열거라고 이해하면서 內包의 量을 零으로 이해하고, 外延의 量을 무한대로 보는 것, 그것은 論理的으로 틀렸다. 이하에서 이 점을 살펴본다.

(3) 예시적 열거설

(가) 예시적 열거설의 의미

통설이나 판례의 입론은, 헌법 제14조 제1항이 '어떠한 사유로도 차별받지 아니한다'[427]고 기재된 것으로 이해해야 한다는 것이다.[428] 명시적으로 그렇게 말하지는 않지만, 그렇게 생각하고 있다. 그것을 어떻게 아는가? 차별의 사유로 된 어떤 사유가 헌법 제14조 제1항에 의해 금지된 사유에 기한 차별인가[429]를 검토하지 않는 것을 보아 그렇게 말할 수 있다.[430][431] 불균일 취급이 있으면 바로 (헌법이 금지하는) 차별로 인식하고 정당화 심사에 나아간다.

판례와 통설의 이러한 태도로는 헌법이 차별금지 사유를 기재하여 둔 것을 설명할 수 없다. 각 나라의 헌법은 각 나라의 역사적 경험을 반영하여 차별금지 사유를 정하고 있다. 나라마다 사유를 달리 규정하고 있다. 역사를 반영한다.[432]

---

427) "정치적, 경제적 또는 사회적 관계에 있어서" 부분은 위에서 논의하였다.

428) 內包(connotation)를 零으로, 外延(extension)을 無限大로 보는 발상이다.

429) 그래서 헌법이 금지한 차별금지 사유의 外延(extension)에 포섭되는가?

430) 후단에 열거된 사유인가? 속하지 않는다면 열거된 사유와 동등한 성격의 사유인가? 즉 열거된 사유의 內包(connotation)를 만족시키는가를 검토하지 않는다. 아래에서 다시 본다.

431) 존속살 소항을 다룬, 最大判昭和48年4月4日刑集第27巻3号265頁의 경우는 차별의 표지가 무엇인지를 밝힌 것 같지 않다. '피해자와 가해자 사이에 있는 특별한 신분관계'를 언급하는데, 이것이 차별의 사유라 하기는 어렵다. 이것을 種差로 하여 類概念과 種概念이 도출되기는 어렵다.

432) 헌법학에서는 보편성만이 강조되고 개별성은 무시되는 경우가 많다. 법률 차원에서의 개별성은 충분히 인식되는 것 같은데, 헌법의 문제에 관해서는 그렇지 않다. '헌법'을 실정법이라 이해하는 데 吝嗇하다.

일본의 경우 '인종, 신조, 성별, 사회적 신분 또는 문벌'을 열거하고 있지만, 한국의 경우 '성별 · 종교 또는 사회적 신분'을 열거하고 있다. 중국은 민족평등을 규정하고 있다.[433] 다민족국가의 특성을 반영한 것이다. 그 외 성별 등을 이유로 한 일반적 평등조항은 없다. 다만, 선거권과 피선거권에 관해서는 차별금지 사유를 열거하고 있다.[434] '민족, 종족, 성별, 직업, 출신성분, 종교 여부, 교육정도, 재산상황, 거주 기간'을 차별금지 사유로 열거하고 있다. '출신 성분'의 경우 사회적 신분에 속할 수 있겠지만, 공산주의국가에만 있는 특유한 사유이다.[435] 독일의 경우 '성별, 혈통, 인종, 언어, 고향과 출신, 신앙, 종교관 또는 정치관', '신체적 장애'를 열거하고 있다.[436]

---

433) 제4조 ① 중화인민공화국의 각 민족은 일률적으로 평등하다. 국가는 각 소수민족의 합법적인 권리와 이익을 보장하고 각 민족의 평등 단결 상호원조관계를 유지하고 발전시킨다. 어느 민족에 대한 차별과 억압을 금지하며 민족의 단결을 파괴하고 민족의 분열을 조장하는 행위를 금지한다.[中华人民共和国各民族一律平等。国家保障各少数民族的合法的权利和利益，维护和发展各民族的平等团结互助和谐关系。禁止对任何民族的歧视和压迫，禁止破坏民族团结和制造民族分裂的行为。]

434) 제34조 중화인민공화국의 만 18세에 달한 공민은 민족, 종족, 성별, 직업, 출신성분, 종교 여부, 교육정도, 재산상황, 거주 기간에 관계없이 누구나 선거권과 피선거권을 가진다. 다만, 법률에 따라 정치적 권리를 박탈당한 자는 제외한다.[第三十四条 中华人民共和国年满十八周岁的公民，不分民族、种族、性别、职业、家庭出身、宗教信仰、教育程度、财产状况、居住期限，都有选举权和被选举权；但是依照法律被剥夺政治权利的人除外。]

435) 미국의 경우 차별금지 사유가 열거되어 있지 않다. 필자가 보기에는 미국 수정헌법 제14조의 평등조항(… nor deny to any person within its jurisdiction the equal protection of the laws.)은 법내용의 평등의 규정하고 있지 않다. 법집행에 있어서의 평등만을 규정하고 있다. 이 미국 헌법상의 평등조항이 입법에 적용된다고 보는 해석이, 차별금지 사유의 제한이 없는 평등조항에 대한 해석론이 보편성을 획득하는 하나의 계기가 되었을 것이라고 본다. 미국 Supreme Court도 초기에는 수정헌법 제14조의 평등조항이 입법자를 구속하지 않는다고 보았다. 구문상 타당한 해석이다. 법학, 특히 헌법학에서의 Pax America를 생각해보면 놀랍지도 않다. 미국 대통령의 연두교서에 발표된 Affirmative Action이 세계 헌법학계에 끼친 영향을 보면 이해할 수 있다.

436) 제3조 ③ 누구도 성별, 혈통, 인종, 언어, 고향과 출신, 신앙, 종교관 또는 정치관으로 말미암아 불이익을 받거나 특혜를 받아서는 안 된다. 누구도 (신체적) 장애를 이유로 불이익을 받아서는 안 된다. [Niemand darf wegen seines Geschlechtes, seiner Abstammung, seiner Rasse, seiner Sprache, seiner Heimat und Herkunft,

혹자는 헌법 第14조 제1항 후단에서 열거하고 있는 사유는 예시적인 것에 불과하므로 그 이외의 사유에 의한 차별도 금지된다고 주장할지도 모르겠다.[437)]

---

seines Glaubens, seiner religiösen oder politischen Anschauungen benachteiligt oder bevorzugt werden. Niemand darf wegen seiner Behinderung benachteiligt werden.]

437) 最大判昭和39年5月27日民集18巻4号676頁. "高令であるということは右の社会的身分に当らないとの原審の判断は相当と思われるが、右各法条は、国民に対し、法の下の平等を保障したものであり、右各法条に列挙された事由は例示的なものであつて、必ずしもそれに限るものではないと解するのが相当であるから、原判決が、高令であることは社会的身分に当らないとの一事により、たやすく上告人の前示主張を排斥したのは、必ずしも十分に意を尽したものとはいえない。"[고령이라는 것은 오른쪽의 사회적 신분에 해당하지 않는다는 원심의 판단은 상당하다고 생각되지만, 오른쪽 각 법조는 국민에 대하여 법 아래의 평등을 보장한 것이고, 오른쪽 각 법조에 열거된 사유는 예시적인 것으로서 반드시 그것에 한하는 것은 아니라고 해석함이 상당하므로, 원판결이 고령인 것은 사회적 신분에 해당하지 않는다는 이유로 쉽게 앞에서 보인 상고인의 주장을 배척한 것은 반드시 충분히 뜻을 다한 것이라고는 할 수 없다.] 이 판결에서 '고령이라는 것은 오른쪽의 사회적 신분에 해당하지 않'지만, 헌법 제14조 제1항 후단에 기재된 사유는 예시적인 것에 불과하므로, 고령이라는 점을 이유로 한 불균일취급도 당연히 정당화 심사를 받아야 한다고 본다. 이 판결에서 열거된 사유를 예시적인 것이라 이해하면서도, 예시된 사유들로부터 內包를 확정해 내려는 노력을 하지 않았다. 이러한 판단은 예시적 열거설과 전혀 부합하지 않는다. 이렇게 이해하면 內包가 零이고 外延이 無限大로 된다.

最大判昭和25年10月11日刑集第4巻10号2037頁도 마찬가지다. "親子の関係は、同条項において差別待遇の理由としてかかぐる、社会的身分その他いずれの事由にも該当しない。また同条項が国民を政治的、経済的又は社会的関係において原則として平等に取り扱うべきことを規定したのは、基本的権利義務に関し国民の地位を主体の立場から観念したものであり、国民がその関係する各個の法律関係においてそれぞれの対象の差に 従ひ異る取扱を受けることまでを禁止する趣旨を包含するものではないのである。"[부모와 자녀의 관계는 동 조항에서 차별대우의 이유로 드는 사회적 신분, 그 밖의 어느 사유에도 해당하지 아니한다. 또한 동 조항이 국민을 정치적, 경제적 또는 사회적 관계에 있어서 원칙적으로 평등하게 취급하여야 할 것을 규정한 것은 기본적 권리의무에 관하여 국민의 지위를 주체의 입장에서 관념한 것으로서 국민이 그 관계된 각 법률관계에 있어서 각각의 대상의 차이에 다른 취급을 받는 것까지를 금지하는 취지를 포함하는 것은 아니다.]라고 판시하였다. (각 밑줄은 필자가 추가한 것이다.)

결국 헌법 제14조 제1항 후단에 열거된 사유를 예시적인 것으로 보지만, 그 內包는 零이고, 外延은 無限大라고 이해했다. 다만 이 판결에서는 親子の関係가 열

그러나 위와 같은 주장은 예시적 열거설을 충분히 이해한 주장이 아니다. 헌법 제14조 제1항 후단에 열거된 사유를 예시적인 것이라 하더라도, '예시되지 아니하였으나 헌법에 의하여 금지되는 차별의 사유'는 한정될 수밖에 없다. 만약에 그것이 한정되어 있지 않다고 본다면 그것은 예시적 열거설이 아니다.[438][439]

거된 사유에 포섭되지 않는다는 점을 확인하였을 뿐, 열거되지 아니한 사유에 기한 차별이라도 헌법에 의해 금지된다는 점을 확인하지는 않았다.

두 번째 문장은 차별이 있음을 전제로, 합리적인 이유가 있으면 그 차별이 정당화될 수 있다는 점을 밝혔을 뿐이다. 논리적으로 보면 중간에, 필요한 판단 하나가 누락되었다. 열거된 사유에 해당되지 않는 사유에 기한 차별이지만, 그래도 헌법에 의해 금지된다는 점을 논증하지 않았다.

438) 차별금지 요소의 外延이 無限大라는 주장은 간접차별의 개념과 충돌한다. 간접차별은 그 구별의 기준이 중립적이지만 (헌법에 의해 금지된) 차별로 인식될 수 있다는 것이다. 그 개념 자체에, 어떤 요소에 의한 차별은 문제되지 않고, 어떤 요소에 의한 차별은 문제된다는 것을 전제하고 있다.

그런데 헌법이 금지하는 차별사유의 外延이 無限大라면, 즉 차별 사유가 무엇이든 (헌법에 의해 금지된) 차별로 인식된다면 간접차별은 인정될 수 없다. 간접차별 개념과 (헌법에 의해 금지된) 차별의 요소가 무한대라는 입론은 서로 모순이다. 이른바 제대군인가산점 사건은 간접차별을 인정한 대표적 사건이다. 헌재 1999. 12. 23. 98헌바33, 판례집 11-2, 732, 748 참조.

439) Miron v. Trudel, [1995] 2 S.C.R. 418, 420은 혼인한 파트너에게 제공되는 혜택을 미혼인 파트너에게 제공하지 않는 것이 헌장이 열거한 사유와 동등한 사유에 기한 차별에 해당하는지를 심사한다. 캐나다 권리장전 제15조 제1항은 차별금지 사유로 "race, national or ethnic origin, colour, religion, sex, age or mental or physical disability"를 열거하고 있다. 혼인 여부는 열거된 사유에 해당하지 않는다. 그러나 혼인 여부가 열거된 것들과 동등한 사유로써 차별이 금지되는 사유인가를 검토한다. Supreme Court of Canada는 기준으로 5가지를 제시하였다. ① 해당 차별금지사유에 따라 구분되는 집단이 역사적 불이익을 겪었는지 여부, ② 해당 집단이 고립되고 분리된 소수자에 해당하는지 여부, ③ 개인의 능력과 역량이 아니라, 인적 속성에 따라 해당 집단에 대한 구별이 발생하였는지 여부, ④ 해당 차별금지사유가 캐나다 헌장 제15조 제1항에 열거된 차별금지사유와 유사한지 여부, ⑤ 과거에 법관과 의회 대표들이 쟁점이 된 구별의 사유를 차별적이라고 판단한 적이 있었는지 여부이다. (5가지 기준은 김선희, 캐나다의 간접차별과 정당한 편의제공의무에 관한 연구, 헌법재판연구원, 2021, 17에서 정리한 것을 그대로 인용하였다.) (i) 존엄성과 자유의 침해, (ii) 역사적 집단 불이익, (iii) 스테레오타입에 기반한 의사 결정의 위험을 강조한다. 이 표현도 같은 페이지에 그대로 있다.

(나) 예시

예를 들어서 어느 국립공원 앞에 "밥, 빵, 치킨을 들고 입장하시면 안 됩니다."라는 표지판을 걸어 두고 있다고 해보자. 위 표지판이 제시된 내용을 입장객이 반드시 지켜야 하는가 하는 점에 대해서는 논의하지 말자. 지켜야 하는 것으로 이해하자.

그러면 입장객은 무엇을 들고 입장하는 것이 위 표지판의 명령에 반하는 것으로 되는가? 우선 위에 열거된 것들을 한정적 열거로 이해하면, '밥, 빵, 치킨' 외에는 무엇이든 들고 들어갈 수 있다. 떡, 돼지고기, 소고기, 음료수, 장난감, 핸드폰 어느 것이나 가능하다. 위의 표지판의 내용이 침익적인 것이므로 한정적 열거로 이해해야 한다는 입론도 얼마든지 가능하다.

그런데 위 표지판에 기재된 것들을 예시적인 것으로 이해한다고 하여,[440] 떡, 돼지고기, 소고기, 음료수, 장난감, 핸드폰이 모두 금지되는 것으로 이해할 수 있는가?[441] 예시적 열거설을 받아들인다면 금지되는 품목의 폭이 확장될 수 있는 것은 분명하다. 그렇더라도 '어떠한 것도' 들고 들어갈 수 없다는 결론에 이를 수는 없다. 만약 표지를 세운 의도가 그런 것이라면, 표지판에는 "어떤 것도 들고 들어갈 수 없습니다."라고 기재되어 있어야 한다.

사실 여기까지의 논증이 받아들여지면 이 논문의 논증은 끝났다. 위의 표

440) 물론, 이 표지판에는 열거된 것들 외에 추가적으로 반입이 금지된 것이 더 있을 수 있다는 것을 드러내는 표현은 없다. 열거된 사유의 內包를 표시하여 두지도 않았고, 열거된 사유들 뒤에 '等'이라는 표현도 없다. 그러므로 예시적 열거로 이해하는 것이 곤란하다는 주장도 설득력이 있다. 그러나 여기서는 이 점을 다루지 않는다. 위 표지판에 열거된 사유를 예시적인 것이라 보더라도, 그것이 금지된 것들의 外延이 무한하다는 것을 의미하는 것은 아니다. 이 점을 논증하는 것만이 목표이기 때문이다. 한국이나 일본의 평등조항은 이러한 標識, 즉 열거된 것들이 예시적인 것에 불과하다는 점을 드러내는 標識가 없다.

441) 위의 A설과 C설은 이와 같은 입론을 전제로 한다. B설은 A설이 부당하니까 예외가 허용되어야 한다고 본다. 그러므로 A설의 논리를 따른다면, 모든 것을 가지고 들어갈 수 없지만, 예외적으로 허용되는 경우가 있다고 본다. 이에 비하여 C설은 위 표지판을 두고 '갖고 들어가지 말아야 할 것은 갖고 들어가면 안 되고, 갖고 들어가야 할 것은 갖고 들어가야 한다'고 이해한다.

지판의 명령을 따른다고 하더라도, '적어도 한 개 이상 들고 들어갈 수 있는 물건이 있다'. 이것이다. 이 논문이 논증하고자 하는 것은 이것 하나뿐이다.

이 논증이 성공하였다면 바로 따라오는 것은, 들고 들어갈 수 있는 것과 들고 들어갈 수 없는 것을 分類하여야 한다는 것이다. 어떤 것을 들고 들어갈 수 없는가? 어떤 것들이 금지 품목으로 추가될 수 있는가는 열거된 물품의 성격을 어떻게 파악하는가에 따라 달라진다.[442]

우선 명시적으로 열거된 것들의 성격을 식량이란 관점에서 생각을 해보자. 위의 표지판을 '밥, 빵, 치킨 등 먹어서 배부른 것을 들고 입장하시면 안 됩니다.'라고 이해하는 입론이다. 이렇게 이해한다면 肉類는 금지되는 물품에 포함될 가능성이 높다. 그러나 과자는 금지되는 물품에 포함되기 어려울 것이다. 음료수는 좀 애매한 면이 있다.

다른 방법으로 음식물이라고 이해한다고 해보자. 위의 표지판을 '밥, 빵, 치킨 등 음식물을 들고 입장하시면 안 됩니다.'로 이해하는 입장이다. 이렇게 이해하면 고기 외에도 음료수, 과자가 추가적으로 포함될 것이다.

위의 경우 內包를 어떻게 이해할 것인가는 여러 가지 자료를 모아 검토한 후 판단될 것이다. 위의 표지판을 세운 의도, 열거된 사유들이 그것을 잘 표현하고 있는지 여부 등이 판단 기준으로 될 것이다.[443]

---

442) 이 分類(classification)의 기준이 內包(connotation)다. 이 內包에 外延(extension)이 정해진다. 內包가 증가할수록 外延은 축소된다. (i) 동물 → (ii) 동물+인간 → (iii) 동물 +인간 + 남자 (i)에서 (iii)쪽으로 갈수록 內包가 증가하였다. 이에 따라 이를 충족시키는 外延이 축소되어 가는 것을 알 수 있다.

443) 헌재는 예시적 입법에 대하여 다음과 같이 설명한다. "예시적 입법형식이 명확성의 원칙에 위배되지 않으려면, 예시한 개별적인 구성요건이 그 자체로 일반조항의 해석을 위한 판단지침을 內包하고 있어야 할 뿐만 아니라, 일반조항 자체가 그러한 구체적인 예시를 포괄할 수 있는 의미를 담고 있는 개념이어야 한다"(헌재 2019. 6. 28. 2018헌바128, 판례집 31-1, 665, 672-673 인용문 중의 판례 생략) "누구든지 응급의료종사자(괄호 안 생략)의 응급환자에 대한 구조·이송·응급처치 또는 진료를 폭행, 협박, 위계(僞計), 위력(威力), 그 밖의 방법으로 방해(…중략…)하여서는 아니 된다."(밑줄은 필자가 추가)는 조문 중의 밑줄 친부분이 명확성에 원칙에 어긋난다는 주장에 대하여 '그 밖의 방법'에는 '폭행', '협박', '위

위의 표지판에 열거된 것들로부터 어떤 內包(connotation)를 추론해 내는 것이 타당한가는 이 논문의 주제가 아니다. 단지, 위 표지판에 기재된 것들이 예시라 하더라도, 들고 입장할 수 있는 것이 적어도 한 개 이상 있다는 점을 확인하는 것만이 목표다.

이 말을 이해하는 것은 무척 중요하다. 명시적으로 열거된 것들을 한정적인 것들이 아니라 예시적인 것이라고 보더라도 명시되지 아니하였으나 금지된 것들의 폭이 무한대로 되는 것은 아니다. 이론상 명시적으로 열거된 것들과 동등한 것들로 이해될 수 있는 것들만이 열거되지 아니하였으나 금지된 것들의 목록[444]에 포함될 수 있다.

이것을 전제로 한다면 예를 들어 돈을 가지고 들어갈 수 없다는 주장은 거의 불가능하다. 또 휴지를 가지고 들어갈 수 없다는 주장도 거의 불가능하다. 핸드폰을 들고 들어갈 수 없다는 주장도 거의 불가능하다.

(다) 마무리

다시 헌법 제14조 제1항 후단으로 돌아와 보자. 후단에 열거된 사유들을 예시적인 것이라 보더라도 이로부터 어떠한 사유라 하더라도 모두 차별금지 사유에 해당된다는 주장은 전혀 받아들일 수 없다.

그러나 판례를 보면, 헌법에 명시된 사유에 의한 차별을 제외하고는,[445]

력', '위계'에 준하는 것으로서, '응급의료종사자에게 유・무형의 방법으로 영향력을 행사하여 응급환자에 대한 진료에 지장을 주거나 지장을 줄 위험을 발생하게 할 만한 행위'라고 봄이 타당하다고 판시하였다. 헌재 2019. 6. 28. 2018헌바128, 판례집 31-1, 665, 674. '그 밖의 방법'은 內包를 드러낸 바 없고, 단지 앞에 열거된 것이 한정적인 것이 아니고, 예시적인 것임을 드러낸다. 內包는 오로지 열거된 것들을 분석하여 추론해 낼 수 있을 뿐이다.

444) 이것이 外延(extension)이다.

445) 最大判昭和39年5月27日民集18巻4号676頁은 고령이라는 사유를 차별의 標識로 들었다. 엄밀히 보면 고령은 표지가 아니다. 연령이 표지로 될 수 있다. 헌재 2010. 11. 25. 2006헌마328, 판례집 22-2하, 446, 453[병역법 사건]은 심판대상 법률조항이 "'성별'을 기준으로 병역의무를 달리 부과하도록 한 규정"이라고 확인하고 있다.

어떤 차별이 '헌법에 의해 금지된 요소에 의한 차별'인지에 대해 검토해 보겠다는 인식 자체가 없다. 거의 대부분의 사례에서 차별이 어떤 사유에 의한 것인지를 검토하지 않았다. 단지 불균일취급이 있음을 확인하고 바로 정당화 심사에 나아갔다.[446] 이것은 헌법 제14조 제1항 후단에 기재된 사유가

446) 다음과 같은 예를 들 수 있다. "이 사건 법률조항의 내용을 보면, '우체국보험 가입자의 채권자'를 수범자로 삼아 우체국보험 가입자의 보험금 등을 압류할 수 없도록 강제집행권을 전면적으로 제한하는 수단을 사용함으로써 우체국보험 가입자를 일반 인보험 가입자에 비하여 우대하고, '우체국보험 가입자의 채권자'를 '일반 인보험 가입자의 채권자'에 비하여 불리하게 차별하여 취급한다. 따라서 이 사건에서는 이 사건 법률조항으로 인하여 '우체국보험 가입자의 채권자'와 '일반 인보험 가입자의 채권자' 사이에 발생하는 위와 같은 차별취급이 헌법상 평등원칙에 위반되는 불합리한 차별인지 여부가 문제된다."(헌재 2008. 5. 29. 2006헌바5, 판례집 20-1하, 91, 100-101) 양자에 대해 다른 처우를 하고 있는 것은 확인했지만, 차별의 요소가 무엇인지는 검토하지 않았다. 그 차별의 요소가 헌법에 의해 금지된 것인지가 검토되지 않았음은 물론이다. 이 결정에서 김종대 재판관의 반대의견은 "이 사건 법률조항이 차별하는 집단을 '우체국보험'과 '일반 인보험'으로 설정"하여야 한다고 본다. 헌재 2008. 5. 29. 2006헌바5, 판례집 20-1하, 91, 110.
법정의견은 차별의 대상을 '사람'으로 이해하고 싶은 생각을 드러낸 것이고, 김종대 재판관은 우체국보험에 대해 (일반 인보험에 비해) 특례를 인정한 것을 평등권 침해 여부의 심사대상으로 삼아야 한다고 주장한다. 김종대 재판관도 차별의 표지가 무엇인지, 그것이 헌법에 의해 금지된 것인지에 대해서 검토하지 않았음은 물론이다. 만약에 일반 인보험 가입자가 자신이 가입한 인보험에는 왜 우체국보험에 대해 부여되는 것과 같은 특례를 인정해 주지 않느냐고 다투었으면, 당연히 이 양자를 비교대상으로 하여 평등권 심사를 하였을 것이다. 그러나 이 사건에서는 우체국보험 가입자의 채권자가 우체국보험 환급금에 대해 압류할 수 없는 불이익을 입고, 이 불이익이 자신의 평등권을 침해한다고 다투었으므로, 위와 같은 구도를 채택한 것이다.
거기에 비해 김종대 재판관은 문제의 본질은 우체국보험에 특례를 인정하는 것이 정당한가 하는 것을 검토하여야 하고, 이것이 정당하다면 그 반사적 효과로서 우체국보험 가입자의 채권자가 불이익을 입는 것은 당연히 수인되어야 한다고 본다. 필자가 보기에는 어떻게 보더라도 그 구별의 표지는 헌법 제14조 제1항 후단에 열거된 사유에 포섭되지 아니할 뿐만 아니라, 명시적으로 열거되지 아니하였으나 헌법에 의해 금지되는 차별금지 사유에도 포함되지 않는다. 아무리 너그럽게 문제를 긍정적으로 보더라도 우체국보험에 대해서는 특례가 인정된다는 것이 법률에 의해 이미 공개되어 있었으므로 채권자는 채무자의 담보력을 평가할 때 이를 감안하였어야 한다. 채권자가 이것을 몰랐다면 그 무지에 대해 자신이 책임을 져야 한다. 알고서 다른 대상을 압류하고자 하였으나 실패하였다

예시적인 것이라 하면서도, 內包가 영(零)이 아니고 外延이 無限大가 아니라는 사실을 부정하는 것이다.[447]

위에서 본대로, 열거된 사유를 분석하여 內包[448]를 정하여야 한다면 헌법 제14조 제1항 후단에 열거된 사유들을 아우르는 內包를 어떻게 정할 것인가? 필자가 우선 제안해 볼 수 있는 것은 '사람의 몸에 부착된 품성'이라 이해하는 것이다.

이렇게 이해하는 경우, '사건이나 사물을 구획하는 기준'은 헌법 제14조 제1항 후단에 열거된 사유들과 동등하다고 이해될 수 없다. 그러면 이 사유들을 들어서 차별을 하더라도 적어도 헌법 제14조 제1항 위반의 문제는 생기지 않는다. 물론, 여기서의 불이익이 다른 기본권 침해로 논증될 수는 있다.

(4) 강화된 심사기준

혹자는 헌법 제14조 제1항 후단이 열거해 둔 사유는 정당화 심사에서 작동하는 것이므로, 무의미한 것이 아니라고 주장할 수도 있겠다. 그러나 그런 주장은 틀린 것이다.

법은 말로 기재되어 있으므로, 법학자도 言衆이 그 말을 이해하는 방법으로 이해하여야 한다.[449] 그러면 言衆은 헌법 제14조 제1항 후단을 어떻게 이해하는가? 당연히 헌법이 금지하는 차별인지 여부에 관하여 부사구들이 작동한다.

부사구의 제한 없이, 모든 차별이 정당화 심사를 받되, 단지 제1 부사구 중의 사유에 해당하는 경우에는 보다 엄격한 심사를 받는다고 이해할 수

면 그 실패를 야기한 강제집행 제도를 다투어야 할 것이다.

447) 다르게 말하면, 內包를 零으로, 外延을 無限大로 이해하였다.

448) 판례는 '일반조항'이라 한다. 헌재 2019. 6. 28. 2018헌바128, 판례집 31-1, 665, 673.

449) 만약 이것이 달라도 좋다고 한다면 어떤 문제가 생기는가? 법관에 의해 법의 의미가 말해지기 전에는 누구도 법을 알 수 없다. 국민의 대표가 국회에 모여 법을 만들었는데, 법관이 그 법의 의미를 말하기 전에는 법이 확정되지 않는다. 이것은 民主主義를 부정하는 것이다.

없다. 헌법 제14조 제1항 후단은 정당화 심사 기준에 관하여 말하고 있지 않다. 두 개의 부사구는 '헌법이 금지하는 차별'의 범위를 한정하는 역할을 한다. 차별이라 하더라도 두 개의 부사구에 해당하지 아니하면 헌법 제14조 제1항에 의하여 금지되지 아니한다는 것을 규정하고 있다.

흥미로운 것은 캐나다 권리장전 제15조 제1항이 한정적 열거나 예시적 열거와 전혀 어울리지 않는 표현을 하고 있다는 점이다. 그 표현은 다음과 같다. "Every individual is equal before and under the law and has the right to the equal protection and equal benefit of the law without discrimination and, in particular, without discrimination based on race, national or ethnic origin, colour, religion, sex, age or mental or physical disability."

문언을 두고 이해하면 어떠한 사태에 대한 차별도 허용되지 아니할 것처럼 보인다. "without discrimination"이라 규정하고 있기 때문이다. 어떠한 차별이라도 금지되는 것처럼 보인다. 나아가 흥미롭게도 "in particular, without discrimination based on race, national or ethnic origin, colour, religion, sex, age or mental or physical disability."를 첨언하고 있다.[450]

캐나다 권리장전 제15조 제1항의 표현은 열거된 사유들 이외의 사유에 의해서도 차별이 금지되지만, 열거된 사유에 의한 차별은 특별한 의미를 갖는다. 예를 들면 심사기준이 강화된다. 이런 식으로 이해될 수 있는 문언적 토대를 가지고 있다.

다시 말하면, 위의 구문은 아래와 같이 이해되기에 좋은 구문을 갖추고 있다. (i) 열거된 사유는 헌법에 의해 '차별이 금지'되는 사유를 정한 것이 아니다. (ii) 열거된 사유가 아니라 하더라도, 어떠한 사유에 의한 차별도 모

450) 사실 문법적으로 좋은 문장인가에 대해서는 의문이 있을 수 있다. '집합 A'와 '집합 A의 부분집합'을 'and'로 연결하였기 때문이다. '동물과 인간'이라고 하는 것과 같은 표현이다.

두 금지된다. (iii) 열거된 사유에 의한 차별은 (열거되지 아니한 사유에 의한 차별보다) 엄격한 심사를 받는다.

그러나 캐나다의 Supreme Court는 그렇게 이해하지 않는다. 캐나다 권리장전 제15조 제1항에 열거되지 아니한 사유에 의한 차별이라도 무조건 금지되는가? 캐나다의 Supreme Court는 그렇게 보지 않는다.

다만 열거된 사유를 한정적인 것으로 이해하지 않고, 예시적인 것으로 이해한다. 그래서 문제된 차별 사유가 헌장에 열거된 사유와 동등한 것으로서, 열거되지 아니하였으나 헌장에 의해 금지된 사유인가를 심사한다.[451] 만약 동등한 사유로 인정되지 아니하면, 당연히 그 차별은 헌장에 의해 금지되지 아니한 것으로 평가된다. 헌장 제15조가 무관심한 차별이다.

그러면, 왜 캐나다 Supreme Court는 헌장의 문언에도 불구하고 헌장 제15조에 열거된 사유, 그리고 그것들과 동등한 사유들에 한하여 차별 금지 사유로 인식하는가? Andrews v. Law Society of British Columbia, [1989] 1 S.C.R. 143, 154에서 Wilson J.가 집필한 Dickson C.J., Wilson J., L'Heureux-Dubé JJ.의 의견은 "개인과 집단 사이의 모든 구별이 헌장 제15조를 위반하는가 하는 문제를 제기한다면 이 기준은 모든 경우에 적용하기

---

451) Miron v. Trudel, [1995] 2 S.C.R. 418, 420은 혼인한 파트너에게 제공되는 혜택을 미혼인 파트너에게 제공하지 않는 것이 헌장이 열거한 사유와 동등한 사유에 기한 차별에 해당하는지를 심사한다. 혼인 여부는 열거된 사유에 해당하지 않는다. 그러나 혼인 여부가 열거된 것들과 동등한 사유로써 차별이 금지되는 사유인가를 검토한다. Supreme Court of Canada는 기준으로 5가지를 제시하였다. ① 해당 차별금지사유에 따라 구분되는 집단이 역사적 불이익을 겪었는지 여부, ② 해당 집단이 고립되고 분리된 소수자에 해당하는지 여부, ③ 개인의 능력과 역량이 아니라, 인적 속성에 따라 해당 집단에 대한 구별이 발생하였는지 여부, ④ 해당 차별금지사유가 캐나다 헌장 제15조 제1항에 열거된 차별금지사유와 유사한지 여부, ⑤ 과거에 법관과 의회 대표들이 쟁점이 된 구별의 사유를 차별적이라고 판단한 적이 있었는지 여부이다. (5가지 기준은 김선희, 캐나다의 간접차별과 정당한 편의제공의무에 관한 연구, 헌법재판연구원, 2021, 17에서 정리한 것을 그대로 인용하였다.) (i) 존엄성과 자유의 침해, (ii) 역사적 집단 불이익, (iii) 스테레오타입에 기반한 의사 결정의 위험을 강조한다. 이 표현도 위 논문에 있는 것을 그대로 인용하였다.

에는 너무 엄격할 수 있으며 건전하고 바람직한 사회 및 경제 입법과 관련된 커뮤니티 전체의 혜택을 거부할 수 있다."고 판시하였다. 이 논문의 표현으로 말한다면, 모든 구별을 모두 금지된 차별이라 이해하면, 입법이 어려울 것이라는 것이다. 즉 평등의 모순을 만나기 때문에 모든 차별이 금지된 것이라는 이해를 받아들일 수 없다는 것을 지적하고 있다.

라. 소결론

헌법 제14조 제1항 후단은 차별을 금지한다. 다만, 무조건 차별을 금지하는 것은 아니다. 헌법 제14조 제1항 후단에 의하면, (i) 차별이 있더라도 (ii) 그것이 헌법이 금지된 사유에 의한 것인가 (ii) 헌법이 차별을 금지한 영역에 관한 것인가를 심사한 후에야 헌법에 의해 금지된 것인지 여부를 판단하고, 헌법에 의해 금지된 것이라고 판단되었을 때 정당화 심사에 나아가야 한다.[452] 이것이 헌법 제14조 제1항 후단에 있는 두 개의 부사구를 의미 있게 만드는 해석이다.

다만, 차별금지 영역을 정하고 있는, 제2 부사구는 술어를 한정하는 역할을 하지 못하고 있다. '정치적, 경제적 또는 사회적 관계' 외의 영역에서 법적으로 의미 있는 차별을 想定하기 어렵기 때문이다. '생활의 모든 영역에 있어서'라고 규정한 것과 마찬가지다. 열거된 차별금지 영역을 예시적 열거라 이해하고 적용 영역을 확장하려고 시도할 필요도 거의 없다. 기재된 것 외에 달리 법적으로 의미 있는 영역을 想定하기도 쉽지 않다. 한국 헌법에는 '문화적 영역'이 별도로 열거되어 있으나, 그것이 독자적 의의를 가지는 것으로 보이지도 아니한다. 사회적 영역에 얼마든지 포섭될 수 있다.[453]

452) 예외를 허용한다는 상대적 평등설을 받아들였을 때. 이를 부정하면, 바로 위헌으로 결정된다.

453) 누차 이야기하지만, 제2 부사구가 유의미한가, 무의미한가에 대해 결론을 내고 싶지 않다. 이 논문의 주제가 아니다.

그러나 차별금지 사유를 정하고 있는, 제1 부사구의 경우는 다르다. 제2 부사구처럼 무의미한 것이 아니다. 명시적으로 열거된 것 이외의 사유로 차별이 있을 수 있고, 이 경우도 헌법에 의해 금지된 것으로 볼 것인가 하는 문제가 남는다.

제1 부사구도 예시적 열거라고 볼 징표를 갖추고 있지 못한 것은 분명하다. 그리고, 한정적 열거로 이해하여야 할 이유도 충분히 있다. 그러나 이것도 이 논문의 주제는 아니다. 제1 부사구를 예시적 열거로 이해하더라도, 차별이 금지되는 사유의 外延이 無限大로 될 수는 없다. 그것은 예시적 열거설의 취지와 어긋난다. 그러므로 차별이 금지되지 아니하는 사유가 1개 이상 존재하여야 한다.[454]

차별이 금지되지 않는 사유가 있고, (헌법 제14조 제1항 후단에 열거되지 아니하였으나) 차별이 금지되는 사유가 있다면, 그것을 구분 짓는 기준이 있어야 한다. 열거된 사유의 內包를 확정하는 작업이다.

이 논문은 어떻게 內包를 정하여야 하는가를 다루지 않는다. 단지 內包가 零이 아니고, 外延이 無限大가 아님을 논증하는 것으로 이 논문의 과업은 끝난다.

454) 조금 다른 각도에서 접근한 것이지만, 한국 헌재는 "이 사건 법률조항은 "누구든지"라고 규정하여 수범자에 특별한 제한을 가하고 있지 아니하므로 기성정당과 신생정당을 차별취급하고 있다고 볼 수 없"(헌재 2009. 10. 29. 2008헌바146, 판례집 21-2하, 248, 265)다는 판례를 가끔 낸다. 헌재 2014. 4. 24. 2011헌바17, 판례집 26-1상, 628, 656; 헌재 2009. 5. 28. 2006헌바24, 판례집 21-1하, 484, 498 등. 다른 처우를 하고 있지만, 정당화 심사에 나아가지 않는 경우가 있다는 것이다. 적어도 한 개 이상 정당화 심사를 받지 아니하는 차별이 있다는 것이다. 이 점을 생각해 보는 것은 평등의 모순을 벗어나는데 상당히 유용할 것이라고 본다.

4. 평가

이 논문의 입론이 가진 가장 큰 장점은, 논증의 과정에 '正義'에 의존하지 않는다는 것이다. C설은 그 논증 과정에는 정의가 개입함으로써 그 내용이 불명확해지고 법적 안정성이 해쳐질 수밖에 없는 결함을 가지고 있다.[455] 이 논문이 제안하는 것은 그러한 불명확성이나 법적 불안정성에 대한 우려를 拂拭시킬 수 있다.

그리고 헌법 제14조 제1항의 문면은 이 논문의 입론과 부합하고, C설과는 전혀 부합하지 않는다. 필자가 보기에 헌법의 문면 그대로 해석하면 될 것을, 헌법의 문면에 대한 고려를 전혀 하지 아니하고, 헌법 제14조 제1항을 이해하려 하였기 때문에 전혀 문면과 어울리지 않는 해석론, 즉 C설이 대두되었다.

이 논문이 제안하는 입론에 따르면 평등의 독자성을 확보할 수 있다. 어떤 이슈에나 적용되는 규범이 아니라 작동하여야 할 고유한 영역을 가지게 되었다. '인종, 신조, 성별, 사회적 신분, 문벌'[456]을 區別標識로 하는 다른 취급이 있을 때 비로소 평등은 작동한다.[457]

다시 한 번 더 말한다면, 헌법상의 평등조항은 차별에 대해 기본적으로 무관심하다. 거의 무관심하다. 거의 모든 차별에 대해 무관심하다. 차별을 금지하지도 않고 차별을 명령하지도 않는다. 단지 (i) 열거된 사유[458]에 따라, (ii) 차별이 금지되는 영역에서 차별하는 것만을 금지한다. 양자를 모두 충족하여야 헌법이 금지한 차별로 인식된다.

헌법이 금지하는 사유에 해당하지 아니하는 사유에 따른 차별이면 헌법상 평등조항 위배의 문제는 아예 대두되지 않는다. 또, 헌법이 든 차별금지 영

---

455) 물론 이 점만 해결되면 C설이 채택될 수 있다는 말은 아니다.
456) 만약에 예시적 열거설을 따른다면 이것들과 동등한 성격의 표지를 추가하여.
457) 차별금지 영역은 논외로 한다.
458) 예시적 열거로 본다면 열거된 것들과 동등한 사유.

역이 아니라면, 헌법이 금지한 차별금지 사유에 의한 차별이 있더라도 헌법상 평등조항 위배 여부는 문젯거리가 되지 않는다.

이 점을 잘 이해할 필요가 있다. 이해하기 어려운 주장이 아니다. 선입견 없이 헌법을 읽으면 쉽게 이해할 수 있는 주장이다. 이 주장을 받아들이면 평등의 모순은 해소된다. 그러면, 복잡하게 C설이 대두될 필요가 없다. B설을 이끌고 올 필요도 없다.

C설의 문제는, 논리적 복잡함에만 문제가 있는 것이 아니다. 평등조항이 예정하지 아니한 이슈들을 평등의 문제 안에 끌어들여, 평등의 이론을 혼돈(chaos)에 빠뜨렸다.

논리적으로 전혀 정돈되지 아니한 주장을 하였다. Bb설이 예외불허용의 안티테제로 주장되었음에 비해, C설은 균일취급의 안티테제로 주장되었다. 벌써 절대적 평등의 내용이 두 개로 되었다. 나아가 상대적 평등은 크게 보아 두 개, 자세히 보면 5개의 다른 주장의 꾸러미로 되었다. 이들은 모두 자신들을 상대적 평등이라 부르고, 전부 자신들의 입장이 통설이고 판례라고 하나 전혀 그렇지 않다. A설, 즉 균일취급설이 통설이다.

물론, C설을 통해 사회적 기본권 실현이 좀 더 촉진된 것은 분명하다. 그래서 세상이 좀 더 좋아졌을 수도 있다. 그러나 헌법이 이 상황을 예정하지 않았다. 헌법은 사회권은 사회권 조항을 통해 실현되어야 한다고 본다. 평등의 모순을 해소하고자 대두된 C설이 이끌어낸 부작용(side effect)일 뿐이다.[459]

---

459) 이 점에 대해서는, 정주백, “평등을 통한 사회적 기본권 실현에 대한 우려”, 『헌법재판연구』 제9권 제1호, 헌법재판연구원, 2022, 135 이하 참조.

VI. 구체적 사례 검토

1. 性別
2. 所得
3. 관계 - 친자관계
4. PVC vs PE

VI. 구체적 사례 검토

1. 性別

이 사건에[460]서는 재혼금지기간에 대해 남녀 간에 차이를 두고 있는 민법 제733조를 폐지하지 않는 국회 내지 국회의원의 행위가 문제되었다. 원고는 앞의 사정을 근거로 국가배상을 청구하였다. 민법 제733조의 내용은 다음과 같다.

제733조 여자는 전혼의 해소 또는 취소일부터 기산하여 100일을 경과한 후가 아니면 재혼을 할 수 없다.
2 전항의 규정은 다음에 열거하는 경우에는 적용하지 않는다.
一 여자가 전혼의 해소 또는 취소 시에 임신하지 않은 경우
二 여자가 전혼의 해소 또는 취소 후에 출산한 경우[461]

이 사건에서 민법 제733조의 위헌 여부를 판단하여야 하는가에 대해서는 다른 생각을 할 수도 있겠지만,[462] 어쨌든 최고재판소는 다음과 같이 위헌 여부를 판단했다.

---

460) 最判平成7年12月5日民集第177号243頁.

461) 民法第七百三十三条　女は、前婚の解消又は取消しの日から起算して百日を経過した後でなければ、再婚をすることができない。
2 前項の規定は、次に掲げる場合には、適用しない。
一　女が前婚の解消又は取消しの時に懐胎していなかった場合
二　女が前婚の解消又は取消しの後に出産した場合

462) 이 사건은 국가배상을 청구한 사건이다. 위헌이라 하여 손해배상청구를 인용하여야 하는가 하는 논점은 그대로 남아 있다.

"상고인들은 재혼금지기간에 관하여 남녀 간에 차이를 두는 「민법」 제733조가 헌법 제14조 제1항의 일의적인 문언에 위반된다고 주장하나, 합리적인 근거에 기초하여 각자의 법적 취급에 구별을 두는 것은 헌법 제14조 제1항을 위반하는 것이 아니고, 「민법」 제733조의 원래 입법취지가 부성추정의 중복을 회피하고 부자관계를 둘러싼 분쟁의 발생을 미연에 방지하는 데 있다고 해석되는 이상, 국회가 「민법」 제733조를 개폐하지 아니하는 것이 즉시 전시의 예외적인 경우에 해당한다고 해석할 여지가 없음이 분명하다. 따라서 같은 조에 대한 국회의원의 입법행위는 국가배상법 제1조 제1항의 적용상 위법한 평가를 받는 것은 아니라고 해야 할 것이다."[463]

민법 제733조의 위헌 여부에 관해 이 논문에서 보인 각 학설은 어떻게 판단할 것인가?

463) "上告人らは、再婚禁止期間について男女間に差異を設ける民法七三三条が憲法一四条一項の一義的な文言に違反すると主張するが、合理的な根拠に基づいて各人の法的取扱いに区別を設けることは憲法一四条一項に違反するものではなく、民法七三三条の元来の立法趣旨が、父性の推定の重複を回避し、父子関係をめぐる紛争の発生を未然に防ぐことにあると解される以上、国会が民法七三三条を改廃しないことが直ちに前示の例外的な場合に当たると解する余地のないことが明らかである。したがって、同条についての国会議員の立法行為は、国家賠償法一条一項の適用上、違法の評価を受けるものではないというべきである。"

[문면]

<table>
<tr><th colspan="2">입론</th><th>차별 여부</th><th>事由[464]와 領域[465]</th><th>정당화 심사[466]</th></tr>
<tr><td colspan="2">A설</td><td>차별</td><td rowspan="6">심사 없음</td><td>실시</td></tr>
<tr><td rowspan="2">B설</td><td>Ba설</td><td>의견 없음
[차별로 이해할 것이라 추정]</td><td>실시</td></tr>
<tr><td>Bb설</td><td>차별</td><td>실시</td></tr>
<tr><td rowspan="3">C설</td><td>Ca설</td><td>- 분배의 기준?
- 재혼금지 기간이라는 부담의 배분 기준?
- 차별이 아닐 수도 있음</td><td>- 차별이 아니라고 판단되면? 심사 종료
- 차별이라고 판단되면? 정당화 심사</td></tr>
<tr><td>Cb설</td><td>- 기본적으로 Ca설의 판단 과정을 따름
- 다만, Ca설의 경우보다 차별의 범위가 넓음[467]
- 차별이 아닐 수 있음</td><td>- 차별이 아니라고 판단되면? 심사 종료
- 차별이라고 판단되면? 정당화 심사</td></tr>
<tr><td>Cc설</td><td>- 불균일취급이 있으므로 일단 차별 의심[468][469]
- 양자가 같은 것인데 다르게 취급하고 있는가를 판단
- 양자가 같은 것이라면 차별이고, 양자가 다른 것이라면 차별 아님. 이 판단은 Ca설의 것과 같음</td><td>- 차별이 아니라고 판단되면? 심사 종료
- 차별이라고 판단되면? 정당화 심사</td></tr>
</table>

464) 헌법 제14조 제1항의 차별금지 사유에 해당하는지 여부에 대한 심사.

465) 헌법 제14조 제1항의 차별금지 영역에 해당하는지 여부에 대한 심사.

466) 헌법이 열거한 사유인가는 심사 기준의 설정에 영향을 미칠 수 있음. 이 경우 성별에 기한 차별이므로 엄격한 심사기준이 적용되어야 한다고 보는 것이 통설임.

467) 아래 나. 소득세법 참고.

468) 균일취급에 대해서는 의심도 가질 수 없음.

469) Ca설이나 Cb설에서는 같게 처우하더라도 차별로 인식될 수 있다. 그러나 Cc설

A설에 따르면 당연히 차별이 인정된다. 판례는 '재혼금지기간에 관하여 남녀 간에 차이'를 둔다고 하고 있다. 남녀차별로 인식하였다. 다만, 그것이 헌법 제14조 제1항 후단에 열거된 '성별'에 따른 차별임을 지적하지는 않았다.

판례는 A설과 예시적 열거설을 채택하면서도 차별이 금지된 사유의 內包가 零이고 外延이 無限大라고 이해한다. 그러므로 명시적으로 열거된 사유라는 것이 정당화 심사를 실시하여야 하는지 여부에 영향을 미치지 않는다. 따라서 민법 제733조가 어떤 사유로 불균일취급을 하는지에 대해 관심을 가질 이유는 없다. 정당화 심사를 실시할 때에는 심사 기준의 강도를 정하는데 고려된다.[470]

C설에서는 바로 차별이라 판단할 수 없다. 먼저 재혼금지기간이라는 부담이 어떤 기준에 따라 분배되어야 하는가가 확정되어야 차별 여부를 판단할 수 있다.[471] 이 기준을 정하는데 남녀가 작동할 수는 없다. 그렇게 본다면 민법 제733조가 스테레오타입(stereotype)으로 이해될 여지가 크다. 논리적으로는 이 판단이 서지 않으면 더 이상 심사에 나아갈 수 없다.

은 같게 처우하는 것이 차별로 인식될 수는 없다. 같은 것을 다르게 처우하는 경우만 차별로 인식한다. Ca설이나 Cb설에서 말하는 '다른 것을 다르게' 취급하여 평등한 취급으로 이해될 가능성은 없다. 다르게 처우하면 일단 차별로 의심받고, 양자가 본질적으로 같은 것이 아니라면 차별로 인식되지 않을 뿐이다. 이것이 Ca설, Cb설과 다르다.

470) 차별금지 영역에 대한 심사는 없다.

471) 이 점은 논리적으로 세금이라는 부담을 어떤 기준에 따라 국민에게 부담시켜야 하는가 하는 문제와 같다. 응능부담원리, 응익부담원리가 그 기준으로 제시될 수 있다. 이와 같은 분배원리가 재혼금지기간이라는 부담에 대해서도 논의되고 확정되어야 한다. 이 점을 다루지 아니하면 그것은 C설이 아니다. 특히 Cb설은 분배원리가 정해지고, 각자가 가진 품성이 확정되었다면 그 품성의 비율에 따라 부담이 배분되어야 차별이 아닌 것으로 이해된다. 세금의 예로 돌아가 설명한다면, 응능부담원리를 채택하였음을 전제로, 부담능력의 비율이 1:2라면, 부담하는 세금의 비율도 1:2이어야 평등한 상태라고 평가받는다. 그러면, 여기서 문제되는 재혼금지기간을 정하는 배분의 기준은 무엇인가? 그 배분의 기준의 관점에서 남성과 여성 사이에는 품성의 비율에 맞게 재혼금지기간이 설정되어 있는가? 이런 것들을 C설을 주장하는 쪽에서는 응답해야 한다. 이것에 응답하지 못하면서 C설을 주장한다고 하여서는 곤란하다.

[내심]

<table>
<tr><th>입론</th><th>차별 여부</th><th>事由와 領域</th><th>정당화 심사</th></tr>
<tr><td>A설</td><td rowspan="5">당연히 차별</td><td rowspan="5">심사 없음</td><td rowspan="5">- 정당화 심사
- '성별'에 기한 차별이므로 엄격한 심사기준이 적용되어야 한다고 볼 수 있음</td></tr>
<tr><td>B설</td></tr>
<tr><td>Ca설</td></tr>
<tr><td>Cb설</td></tr>
<tr><td>Cc설</td></tr>
</table>

그런데, C설이, 자신의 입론을 합리적 차별을 허용한다는 결론의 논거로 사용하고 있음을 앞에서 보았다. C설에 따를 때 요구되는, 구체적인 심사를 진행할 의사가 없다. 즉, 편익 또는 불이익의 배분 기준을 정하고, 각자의 품성의 양을 확인할 의사가 없다. C설이 B설을 거쳐 A설로 合流한다는 점은 앞에서 보았다.

내심으로는, A설이든, C설이든 민법 제733조가 차별적 내용을 담고 있다고 볼 것이다. 불균일취급이 있으므로 바로 차별이 있음을 인정할 것이다. 그래서 정당화 심사에 나아갈 것이다. 이때 차별의 표지가 헌법 제14조 제1항 후단에 열거된 사유에 해당하므로, 엄격한 심사 기준이 적용되어야 한다는 입론이 나올 수 있다.[472]

[제안]

입론	차별 여부	事由	領域	정당화 심사
제안	- 불균일취급이 존재 - 차별	- 성별에 기한 차별 - 명시적 열거 사유 - OK	- 사회적 관계	- 징당화 심사 실시 - 엄격한 심사

472) 이 논문에서는 이 점을 다루지 않는다.

(i) 민법 제733조는 어떤 그룹에게 재혼을 금지하는 기간을 설정하고 있다. 다른 그룹에게는 없는 제약이다. 그러므로 두 그룹 사이에 차별이 있는 것은 분명하다.

(ii) 그 그룹을 구별하는 표지는 '성별'이다. '성별'은 헌법 제14조 제1항 후단에서 열거하고 있는 사유이다. 영역에 관하여 본다면 사회적 관계에 해당할 것이다.

그러므로, (i) 차별이 있고, (ii) 헌법이 금지한 사유에 의한 것이고, (iii) 사회적 관계에 에 있어서의 차별이다. 헌법에 의해 금지된 차별이라 판단하기는 어렵지 아니하다. 따라서, 정당화 심사에 나아가 앞의 차별이 정당화되는가 여부를 가려야 한다.[473)]

2. 所得

일본 소득세법 제89조의 내용은 다음과 같다.

> 소득세법 제89조 거주자에 대하여 부과하는 소득세의 금액은 그 연도분의 과세총소득금액 또는 과세퇴직소득금액을 각각 다음 표의 왼쪽란에서 정하는 금액으로 구분하여 각각의 금액에 같은 표의 오른쪽란에서 정하는 세율을 곱하여 계산한 금액을 합계한 금액과, 그 연도분 과세산림소득금액의 5분의 1에 상당하는 금액을 같은 표의 왼쪽란에서 정하는 금액으로 구분하여 각각의 금액에 같은 표의 오른쪽란에서 정하는 세율을 곱하여 계산한 금액을 합계한 금액에 5를 곱하여 계산한 금액과의 합계액으로 한다.[474)] [표는 따로 표시]

---

473) 위헌인지 여부는 이 논문의 과제가 아니다. 이 점은 다루지 않는다.

474) 第八十九条　居住者に対して課する所得税の額は、その年分の課税総所得金額又は課税退職所得金額をそれぞれ次の表の上欄に掲げる金額に区分してそれぞれの金額に同表の下欄に掲げる税率を乗じて計算した金額を合計した金額と、その年分の課税山林所得金額の五分の一に相当する金額を同表の上欄に掲げる金額に区分してそれぞれの金額に同表の下欄に掲げる税率を乗じて計算した金額を合計した金額に五を乗じて計算した金額との合計額とする。[표 생략]

구간별 세율을 보이면 다음과 같다.[475]

과세대상소득액[476]	세율
1,000円 부터 1,949,000円까지	5%
1,950,000円 부터 3,299,000円까지	10%
3,300,000円 부터 6,949,000円까지	20%
6,950,000円 부터 8,999,000円까지	23%
9,000,000円 부터 17,999,000円까지	33%
18,000,000円 부터 39,999,000円까지	40%
40,000,000円 이상	45%

과세대상소득액이 커짐에 따라 세율이 올라간다. 超過累進稅制度를 채택하고 있다.

예를 들어 4,000만円의 과세소득이 있는 사람이 1,000만円의 과세소득에 있는 사람에 비해 더 많은 세금을 내야 하는 상황이 자신의 평등권을 침해한다고 주장하였다고 가정하자. 그러면 어떤 경로를 거쳐 판단되어야 할까?

[문면]

<table>
<tr><th colspan="2">입론</th><th>차별 여부</th><th>事由와 領域</th><th>정당화 심사</th></tr>
<tr><td colspan="2">A설</td><td>차별</td><td rowspan="4">심사 없음</td><td>정당화 심사</td></tr>
<tr><td rowspan="2">B설</td><td>Ba설</td><td>의견 없음[차별로 이해할 것이라 추정]</td><td>정당화 심사</td></tr>
<tr><td>Bb설</td><td>차별</td><td>정당화 심사</td></tr>
<tr><td></td><td>Ca설</td><td>- '稅金'의 배분 기준?
- 만약 應能負擔原理를</td><td>- 정당화 심사가 불필요</td></tr>
</table>

475) 위 조문 중 생략된 表.

476) 課稅される所得金額.

입론		차별 여부	事由와 領域	정당화 심사
		채택한다면,[477] 차별이 아님. - 다른 것을 다르게 처우한 것임		
C 설	Cb설	- 기본적으로 Ca설의 판단 과정을 따름 - 다만, Ca설의 경우보다 차별의 범위가 넓음(다른 것을 다르게 취급하였더라도 품성 사이의 비율과 취급 사이의 비율이 일치하지 않으면 이것도 차별) - 초과누진세제는 각인의 擔稅能力의 비율과 負擔稅額의 비율이 불일치함. - 차별이 존재함		- 정당화 심사 실시 - 완화된 심사?
	Cc설	- 불균일취급이 있으므로 일단 차별 의심 - 양자가 같은 것인데 다르게 취급하고 있는가를 판단 - 같고 다름의 판단 기준이 응능부담원리라면, 양자는 서로 같지 아니함 - 같은 것을 다르게 취급한 경우가 아님 - 차별이 존재하지 아니함		- 정당화 심사 불필요

477) 應能負擔原理, 應益負擔原理, 均分原理 그 외 어떤 분배원리가 옳은가 하는 것은 이 논문의 과제가 아니다. 단지 논의를 진행하기 위하여 가정을 하였을 뿐이다. 헌재는 응능부담원칙을 헌법적인 것이라 본다. "조세평등주의가 요구하는 이러한 담세능력에 따른 과세의 원칙(또는 응능부담의 원칙)은 한편으로 동일한 소득은 원칙적으로 동일하게 과세될 것을 요청하며(이른바 '수평적 조세정의'), 다른 한편으로 소득이 다른 사람들간의 공평한 조세부담의 배분을 요청한다(이른바 '수직적 조세정의')." (헌재 1999. 11. 25. 98헌마55, 판례집 11-2, 593, 608) 필자는 수평적 조세정의는 기만적인 말이라 생각한다. 수평적 조세정의는 수직적 조세정

A설에 따르면 당연히 차별이 인정된다. 불균일취급이 있기 때문이다. C설에서는 바로 차별이라 판단할 수 없다. 먼저 세금의 부담원리가 정해져야 한다. 응능부담, 응익부담, 균분원리 등이 있을 수 있다.[478] 만약 응능부담원리가 받아들여졌다면, Ca설과 Cc설은 차별이 존재하지 않는다고 볼 것이다. Ca설은 서로 다른 것을 다르게 처우하고 있기 때문이라 설명할 것이다. Cc설은 서로 다른 취급이 있지만, 균일취급되어야 할 집단이 불균일취급되는 경우가 아니기 때문에 차별이 존재하지 않는다고 설명할 것이다.

Cb설에서는 차별이 있다고 볼 것이다.[479] Ca설에서는 다른 것을 다르게 취급하면 차별이 존재하지 않는다고 판단한다. 이에 비해서 Cb설에서는 다른 것을 단지 다르게 취급하는 것만으로는 불충분하고, 품성이 다른 비율에 따라 다른 취급을 하여야 차별이 존재하지 않는 것으로 판단한다.

응능부담원리 하에서, 부담능력이 다른 비율과 부담하는 세액이 다른 비율이 일치하여야 한다. 單一比例稅[480]는 여기에 부합하는 조세체계이다. 그러나, 초과누진세제는 부담능력이 다른 비율과 부담하는 세액이 다른 비율이 일치하지 않는다. 과세소득이 늘어날수록 부담하는 세액의 비율이 높아진다. 그러므로 차별이 존재한다.

[내심]

입론	차별 여부	事由와 領域	정당화 심사
A설	당연히 차별	심사 없음	- 정당화 심사 - 완화된 심사?
B설			
Ca설			
Cb설			
Cc설			

의의 특수한 상황이다. 수평적 조세정의는 평등과의 연결고리 역할을 할 뿐이다. 독자적 의의가 없다.

478) 물론 다른 원리도 있을 수 있다.

479) 응능부담원리를 전제로 한다.

480) Flat Tax.

그런데, C설이, 자신의 입론을 합리적 차별을 허용한다는 결론의 논거로 사용하고 있음을 앞에서 보았다. C설을 주장하는 것 같지만, 그 주장 내용에 따른 심사를 진행하지 않고, 불균일취급이 있으면 바로 차별이 있다고 보고, 정당화 심사에 나아간다.

소득세법 제89조의 경우에도 불균일취급이 있으므로 차별 사유가 무엇인지를 묻지 아니하고, 차별로 인식한다. 그래서 정당화 심사에 나아간다.

이때 차별의 標識가 헌법 제14조 제1항 후단에 열거된 사유에 해당하지 않으므로, 완화된 심사 기준이 적용되어야 한다고 볼 것이다.[481)]

[제안]

입론	차별 여부	事由	領域	정당화 심사
제안	- 불균일취급이 존재 - 차별	- 차별 사유가 무엇인가? - 빈부? 이것이 사회적 신분에 해당하는가?	- 경제적 관계	- 불확정

필자의 제안을 따른다면 어떻게 판단할 것인가?

(i) 먼저 차별이 존재하는가를 본다. 소득세법 제89조가 그룹을 나누어서, 각 그룹에 대해 불균일 취급을 하는 것은 분명하다. 차별이 존재한다.

(ii) 위 차별이 헌법에 의해 금지된 사유에 의한 차별인가? 이것이 핵심적인 쟁점이다. 소득세법 제89조가 정한 차별의 표지는 '所得'이다. 소득이 많은 사람에게는 더 많은 세금을 부담할 것을 명령하고 있다.

그런데 헌법 제14조 제1항 후단이 정하고 있는 사유 중에 '所得'이라는 標識는 없다. 이것이 '사회적 신분'에 포섭될 수 있는가? 사회적 신분을 "사회적 신분이란 사람이 사회에서 차지하는 지속적인 지위"[482)]라고 이해하면,

481) 이 논문에서는 이 점을 다루지 않는다.

‘소득이 많은 사람’과 ‘소득이 적은 사람’을 사회에서 차지하는 지속적 지위라 볼 수 있을까? 각 개인에게 소득은 변할 수 있는 요소라고 본다면 사회적 신분에 해당되지 않을 것이다.[483)]

‘소득이 많은 사람’과 ‘소득이 적은 사람’이 사회적 신분에는 해당하지 않지만, 열거된 사유와 동등한 것으로서 헌법이 금지한 차별표지로 이해되어질 수 있는가?[484)] 여기에 관해서는 상당히 많은 논의가 필요하다. 열거된 사유의 성격, 즉 內包를 어떻게 이해할 것인가 하는 점부터 논의되어야 할 것이다. 필자는 어려울 것이라고 보지만 그 결론에 대해서는 말하고 싶지 않다. 이 논문의 주제와도 조금은 떨어져 있는 문제이다.[485)]

만약 소득세법 제89조가 채택한 差別의 標識가 사회적 신분에 포섭되지 아니하고,[486)] 소득을 열거되지 아니하였으나 헌법이 금지한 차별표지에 해당되지 않는다고 이해된다면, 평등권 침해 여부에 관한 심사는 여기서 종료될 것이다.[487)] 이 점이 앞에서 본 A설이나 C설의 입장과 다르다.[488)]

---

482) 最大判昭和39年5月27日民集第18巻4号676頁. “社会的身分とは、人が社 会において占める継続的な地位”

483) 필자는 이 결론을 고집하지 않는다. 이 문제는 이 논문의 주제가 아니다.

484) 이것은 예시적 열거설을 채택하였을 때 논의하여야 할 문제이다. 만약 한정적 열거설을 채택한다면, 열거된 사유에 포섭되지 아니한다는 점을 확인하면 심사가 종료된다. 필자는 이 점에 대해서도 의견을 낼 생각이 없다. 이 논문의 주제가 아니다.

485) Miron v. Trudel, [1995] 2 S.C.R. 418, 420에서 Supreme Court of Canada가 제시한 5가지 기준에 비추어 검토해 보는 것도 의미가 있을 것이다, ① 해당 차별금지사유에 따라 구분되는 집단이 역사적 불이익을 겪었는지 여부, ② 해당 집단이 고립되고 분리된 소수자에 해당하는지 여부, ③ 개인의 능력과 역량이 아니라, 인적 속성에 따라 해당 집단에 대한 구별이 발생하였는지 여부, ④ 해당 차별금지사유가 캐나다 헌장 제15조 제1항에 열거된 차별금지사유와 유사한지 여부, ⑤ 과거에 법관과 의회 대표들이 쟁점이 된 구별의 사유를 차별적이라고 판단한 적이 있었는지 여부이다. (5가지 기준은 김선희, 『캐나다의 간접차별과 정당한 편의제공의무에 관한 연구』 헌법재판연구원, 2021, 17에서 정리한 것을 그대로 인용하였다.) 이 기준을 적용해 판단해 볼 수 있을 것이다. 필자는 이 기준의 타당성 여부도 논하지 아니한다. 이 논문의 주제가 아니다.

486) 더 나아가 다른 열거된 사유에도 포섭되지 아니하고.

앞에서 우리는 헌법상의 평등조항이 차별의 사유를 묻지 않고, '무조건' 균일취급을 명령한다고 이해함으로써 평등의 모순을 만나게 된다고 설명하였다. 그런데, 필자의 제안을 따르면, 헌법상의 평등조항이 차별 사유가 무엇인지 묻지 아니하고 무조건 균일취급을 명령하는 것은 아니고, 열거된 사유[489]에 기한 불균일취급만 금지한다.[490] 이렇게 이해함으로써 평등의 모순에서 벗어날 수 있다. 이 제안은 분명하게 헌법상의 문언에 의해 지지된다.

3. 관계 - 친자관계

최고재판소는 이 사건[491]에서 형법상의 尊屬殺害罪 조항에 대하여 위헌이라는 결정을 했다. 헌법 제14조 제1항에 위배된다는 것이 그 이유이다.[492] 조문의 내용은 다음과 같다.

---

487) "租税の適正かつ確実な賦課徴収を図るという国家の財政目的のための職業の許可制による規制については、その必要性と合理性についての立法府の判断が、右の政策的、技術的な裁量の範囲を逸脱するもので、著しく不合理なものでない限り、これを憲法二二条一項の規定に違反するものということはできない 。"[조세의 적정하고 확실한 부과징수를 도모한다는 국가의 재정목적을 위한 직업허가제에 의한 규제에 대해서는 그 필요성과 합리성에 대한 입법부의 판단이 오른쪽의 정책적, 기술적인 재량의 범위를 벗어나는 것으로서 현저히 불합리한 것이 아닌 한, 이를 헌법 제22조 제1항의 규정에 위반하는 것이라고 할 수 없다.](最判平成4年12月15日 民集第46巻9号2829頁)

488) 차별영역에 관한 검토는 생략한다.

489) 예시적 열거설을 받아들인다면 열거된 것과 동등한 것으로 이해되는 사유를 추가하여.

490) 물론 차별금지 영역의 문제도 있다. 다만, 차별금지영역에 관한 기재가 사물의 속성상 무의미한 것으로 보이므로, 이것을 언급하지 않고 차별금지 사유에 집중하여 논의하는 경우가 있을 수 있음을 밝혀 둔다.

491) 最大判昭和48年4月4日 刑集第27巻3号265頁.

492) 일본의 경우, 한국과 달리 재판소가 법률에 대해 위헌결정을 하더라도 그 법률이 효력을 상실하지 않는다. 당해 사건에 적용되지 아니할 뿐이다. 이 법률조항은 1995년 형법 개정시에 삭제되었다.

自己又ハ配偶者ノ直系尊属ヲ殺シタル者ハ死刑又ハ無期懲役ニ処ス[493)]

이 판결에서 최고재판소는 다음과 같은 판시를 했다.

"헌법 제14조 제1항은 국민에 대하여 법 아래 평등을 보장한 규정으로서, (i) 같은 항 후단 열거의 사항은 예시적인 것이라는 것, 또 이 평등의 요청은 (ii) 사항의 성질에 즉응한 합리적인 근거에 기초한 것이 아닌 한 차별적인 취급을 하는 것을 금지하는 취지로 해석해야 하는 것은 당재판소 대법정판결과 같다. 그리고 형법 제200조는 자기 또는 배우자의 직계존속을 죽인 자는 사형 또는 무기징역에 처한다는 취지를 규정하고 있으며, (ii) 피해자와 가해자 사이에 있는 특별한 신분관계에 기초하여 같은 법 제199조에서 정하는 보통살인의 소위와 같은 유형의 행위에 대하여 그 형을 가중한 이른바 가중적 신분범의 규정으로서, 이와 같이 (iii) 형법 제199조 외에 같은 법 제200조를 두는 것은 헌법 제14조 제1항의 차별적 취급에 해당한다고 하여야 한다. 그래서 제200조가 헌법의 오른쪽 조항에 위반되는지 여부가 문제가 되는데, 그것은 오른쪽과 같은 차별적 취급이 합리적인 근거에 기초한 것인지 여부에 따라 결정되는 것이다."[494)]

---

493) 자기 또는 배우자의 직계존속을 살해한 자는 사형 또는 무기징역에 처한다.

494) 밑줄 및 첨자는 필자가 추가한 것이다. 판결문에 인용된 판례는 생략했다. 아래 원문에는 있다. "憲法一四条一項は、国民に対し法の下の平等を保障した規定であつて、同項後段列挙の事項は例示的なものであること、およびこの平等の要請は、事柄の性質に即応した合理的な根拠に基づくものでないかぎり、差別的な取扱いをすることを禁止する趣旨と解すべきことは、当裁判所大法廷判決（昭和三七年（オ）第一四七二号同三九年五月二七日・民集一八巻四号六七六頁）の示すとおりである。そして、刑法二〇〇条は、自己または配偶者の直系尊属を殺した者は死刑または無期懲役に処する旨を規定しており、被害者と加害者との間における特別な身分関係の存在に基づき、同法一九九条の定める普通殺人の所為と同じ類型の行為に対してその刑を加重した、いわゆる加重的身分犯の規定であつて（最高裁昭和三〇年（あ）第三二六三号同三一年五月二四日第一小法廷判決・刑集一〇巻五号七三四頁）、このように刑法一九九条のほかに同法二〇〇条をおくことは、憲法一四条一項の意味における差別的取扱いにあたるというべきである。そこで、刑法二〇〇条が憲法の右条項に違反するかどうかが問題となるのであるが、それは右のような差別的取扱いが合理的な根拠に基づくものであるかどうかによつて決せられるわけである。"

그러면 어떤 경로를 거쳐 위헌 여부가 판단되어야 할까? 각 학설에 따라 논의를 진행해 보자.

[문면]

<table>
<tr><th colspan="2">입론</th><th>차별 여부</th><th>事由와 領域</th><th>정당화 심사[495]</th></tr>
<tr><td colspan="2">A설</td><td>차별</td><td rowspan="6">심사 없음</td><td>실시</td></tr>
<tr><td rowspan="2">B설</td><td>Ba설</td><td>의견 없음
[차별로 이해할 것이라 추정]</td><td>실시</td></tr>
<tr><td>Bb설</td><td>차별</td><td>실시</td></tr>
<tr><td rowspan="3">C설</td><td>Ca설</td><td>- 분배의 기준을 검토 →
행위반가치 · 결과반가치? →
양자가 서로 다른 것인지 여부 판단
- 차별이 아닐 수도 있음</td><td>- 차별이 아니라고 판단되면? 심사 종료
- 차별이라고 판단되면? 정당화 심사</td></tr>
<tr><td>Cb설</td><td>- 기본적으로 Ca설의 판단 과정을 따름
- 다만, Ca설의 경우보다 차별의 범위가 넓음(다른 것을 다르게 취급하였더라도 품성 사이의 비율과 취급 사이의 비율이 일치하지 않으면[496] 이것도 차별)</td><td>- 차별이 아니라고 판단되면? 심사 종료
- 차별이라고 판단되면? 정당화 심사</td></tr>
<tr><td>Cc설</td><td>- 불균일취급이 있으므로 일단 차별 의심[497][498]
- 양자가 같은 것인데 다르게 취급하고 있는가를 판단
- 분배의 기준?
- 양자가 같은 것이라면 차별
- 양자가 다른 것이라면 차별 아님</td><td>- 차별이 아니라고 판단되면? 심사 종료
- 차별이라고 판단되면? 정당화 심사</td></tr>
</table>

A설에 따르면 당연히 차별이 인정된다. C설에서는 바로 차별이라 판단할 수 없다. 먼저 형벌이라는 불이익이 어떤 기준에 따라 분배되어야 하는가가 확정되어야 차별 여부를 판단할 수 있다. 논리적으로는 이 판단이 서지 않으면 더 이상 심사에 나아갈 수 없다. 그러면 그 기준은 무엇으로 되어야 하는가? 보통 형사법에서는 結果反價値와 行爲反價値라는 말을 쓴다. 이 둘을 합쳐서 '罪質'이라고 한다면, 이 罪質이 형벌의 배분 기준으로 될 수 있겠다.[499)]

그러면, 존속살의 罪質의 量은 얼마이고, 普通殺人의 罪質의 量이 얼마인가가 확정되어야 한다.[500)][501)] 두 범죄의 죄질의 양이 동일하다면 차별이 있

---

495) 헌법이 열거한 사유인가는 심사 기준의 설정에 영향을 미칠 수 있다. 이 경우 성별에 기한 차별이므로 엄격한 심사기준이 적용되어야 한다고 보는 것이 통설이다.

496) 다만 청구인 쪽에 유리한 경우에도 심사에 나아갈 것인가 하는 문제는 있다.

497) 균일취급에 대해서는 의심도 가질 수 없음.

498) Ca설이나 Cb설에서 말하는 '다른 것을 다르게' 취급하여 평등한 취급으로 이해될 가능성은 없다. 다르게 처우하면 일단 차별로 의심받는다. 이것이 Ca설, Cb설과 다른 점이다.

499) 이 점에 대해 논쟁할 생각은 없다. 그 기준이 다른 것이어도 된다. 다만 배분의 기준이 설정되어야 한다는 점만이 이 논문의 논증대상이다.

500) 이것은 세금에 있어서 (i) 배분의 기준으로 응능부담원리를 채택하고, (ii) 각자의 부담능력을 확정하는 것과 같은 단계의 절차다.

501) 보통살인과 존속살의 죄질은 같은가, 다른가? 죄질의 비율은 차치하고, 같은가 다른가를 판단하는 것도 쉽지 아니하다. '사람을 죽였다'는 점에서 같다고 할 수도 있고, 사람이라 하여 다 같지 아니하다. '존속인 사람'은 '존속이 아닌 사람'은 다르므로 보통살인과 존속살 사이의 죄질은 다르다고 볼 수 있다. 그러면 후자의 경우는 '비속인 사람'과 '비속이 아닌 사람'은 왜 다르다고 이해하지 않는가 하는 물음에 직면할 수도 있다.
필자는 세상의 법의 문제는 전부 같고 다름의 문제로 전환할 수 있다고 본다. 법을 제정한다는 것도 기본적으로는 같고, 다름을 정하는 것 또는 같고 다름의 기준을 정하는 것이라 할 수 있다. 문제는 같고 다름을 헌법으로부터 논리적으로 추론하여 정할 수 있는가 하는 것이다. 만약 논리적으로 추론할 수 있다면 법관이 그 기준을 찾아내도록 맡겨도 좋을 것이다.
그런데 만약 그렇지 않다면, 그것을 법관에게 맡길 수는 없다. 법관은 법으로부터 추론해 낼 수 없는 어떤 것을 결정하는 직책이 아니다. 헌법으로부터 논리적으로 추론해 낼 수 없고, 시간과 공간을 공유하는 사람들의 가치 판단에 의해 결정되어야 한다면 제도적으로 국회가 그 일을 할 수밖에 없다. 국회는 국민의

다고 판단할 수 있다. 兩者가 본질적으로 같음에도 불구하고 서로 다른 취급을 하고 있기 때문이다. 그런데, 두 범죄의 罪質의 量이 다르다면, 兩者는 본질적으로 다른 것이다. 그러면, 존속살 조항이 보통살인 조항보다 높은 법정형을 정하고 있는 것은, 다른 것을 다르게 취급하는 것으로 평가된다. 아예 차별이 없다. 이것은 C설 중의 Ca설의 논증 경로이다.

Cb설은 Ca설에서, 兩者가 본질적으로 다르므로 다르게 취급하는 것을 차별이라 할 수 없다는 부분에 다른 결론이 나올 수 있다. Cb설은 다르더라도 그 비율에 따라 다르게 취급할 때에만, 차별이 없는 것으로 판단된다.

Cb설의 입장에서 (i) 죄질의 양에 따라 형벌을 부과하여야 한다는 점을 받아들이고, (ii) 보통살인과 존속살의 죄질이 다르다고 이해하더라도 존속살 조항이 차별적인 것으로 이해될 수 있다.[502] 양자 사이의 죄질의 비율에 따라 법정형이 정해져 있지 않다면 차별로 인식된다. 보통살인의 법정형과 존속살의 법정형이 사형, 무기, 또는 5년 이상의 징역인데,[503] 존속살의 법정형은 사형 또는 무기징역이다. 이것을 두고 법정형의 비율을 어떻게 평가할 수 있을지도 문제된다. 가정적으로 1:2라고 하자.[504] 그러면 보통살인과 존속살의 罪質의 양의 비율도 1:2이어야 한다. 이 비율이 일치하지 않으면 차별이다.

Cc설의 입장에서 존속살 조항은 일단 차별로 의심받는다.[505] 兩者를 불균

가치판단을 대행하는 것을 직무로 하는 기관이다.
이 경우 국회에서 법률의 형식으로 가치판단을 표현하였는데, 이 결정이 잘못되었다고 법원이 판단할 수 있는가 하는 문제가 대두된다. 이것은 근본적으로 민주주의를 어떻게 볼 것인가 하는 문제와 관련된다. 필자는 더 이상 논할 능력이 없어서 이 정도로 논의를 마친다. 이 부분도 이 논문이 주제는 아니다

502) 위의 Ca설에서는 차별로 인식하지 않는다는 점을 위에서 보았다.

503) 일본 형법 제199조 사람을 살해한 자는 사형, 무기 또는 5년 이상의 징역에 처한다.

504) 여기서 이것에 대해 논란을 벌일 필요는 없다. 이것은 이 논문의 주제가 아니다.

505) 양자를 같게 취급하면 아예 심사가 중단된다. '같은 것을 다르게' 취급할 때만 차별로 인식하기 때문이다. 같게 취급하면, 같은 것을 같게 취급하든, 다른 것을 같게 취급하든 어느 쪽이나 차별로 인식하지 않는다. '같은 것은 같게'의 반대해

일취급하고 있기 때문이다. 다음으로 兩者가 본질적으로 같은데도 다르게 취급하고 있는가를 판단하여야 한다. 이때 판단되어야 하는 것이, 형벌의 배분 기준이다. 위에서 본 것처럼 罪質을 기준으로 한다면, 兩者 사이에 죄질이 같은가를 살펴보아야 한다. 罪質이 같다는 판단이 내려지면, 존속살 조항은 차별적인 것으로 판단된다. 罪質이 다르다면, 존속살 조항은 '같은 것을 다르게' 취급한 것이 아니므로 차별은 인정되지 않는다.

[내심]

입론	차별 여부	事由와 領域	정당화 심사
A설	당연히 차별	심사 없음	- 정당화 심사 - 열거된 사유에 기한 차별? - 완화된 심사 기준이 적용되어야 한다?
B설			
Ca설			
Cb설			
Cc설			

그런데, C설이, 자신의 입론을 합리적 차별을 허용한다는 결론의 논거로 사용하고 있음을 앞에서 보았다. C설에 따를 때 요구되는, 구체적인 심사를 진행할 의사가 없었다. 내심으로는, A설이든, C설이든 형법 제200조가 차별적 내용을 담고 있다고 볼 것이다. 그래서 정당화 심사에 나아갈 것이다. 이때 차별의 표지가 헌법 제14조 제1항 후단에 열거된 사유에 해당하는 지 여부를 따져서, 엄격한 심사 기준 적용 여부를 결정할 수 있다.[506] 이 경우 '특별한 신분관계'가 차별의 표지로 이해되고, 이것이 열거된 사유에 해당하지 않는다고 이해되면 완화된 심사 기준이 적용될 것이다.

석을 받아들이지 않는 입장에서 나온 결론이다. 만약 반대해석을 받아들이면 평등을 '같은 것은 같게, 다른 것은 다르게'로 이해하는 Ca설과 같은 결론에 이르게 된다.

506) 이 논문에서는 이 점을 다루지 않는다.

[제안]

입론	차별 여부	事由	領域	정당화 심사
제안	- 불균일취급이 존재 - 차별	- 차별의 표지? - 사회적 신분? - 또는 이와 동등한 것?	- 사회적 관계	- 열거된 사유, 나아가 이와 동등한 사유에 기한 차별이 아니라면 정당화 심사 불가

(a) 차별의 존부

필자의 제안을 따른다면, 차별이 있는 것은 분명하다. 불균일취급이 있기 때문이다. 그렇다고 하여 그 차별이 전부 정당화되어야 위헌이 아닌 것으로 되는 것은 아니다. 차별이 있더라도 그 차별이 헌법이 금지한 사유에 따른 것이 아니라면, 정당화 심사를 받을 필요가 없다.

(b) 차별의 표지

그런데 위 판결에서 최고재판소는 형법 제200조를 '피해자와 가해자 사이에 있는 특별한 신분관계에 기초하여 같은 법 199조에서 정하는 보통살인의 소위와 같은 유형의 행위에 대하여 그 형을 가중한 이른바 가중적 신분범의 규정'이라고 보았다. 그 중 '피해자와 가해자 사이에 있는 특별한 신분관계'라는 것은 무엇인가? 이것은 형법 제200조가 가중하여 처벌하는 이유가 되는 것은 맞다. 그러나 이것이 차별 사유는 아니다.

누군가가 어떤 사람 A를 죽였다고 假定하자. 그 가해자가 A의 비속(a)인 경우와 A의 비속이 아닌(b) 경우가 있을 수 있다. a가 A를 살해한 경우와 b가 A를 살해한 경우에 그 법적 취급이 다르다. a가 죽였으면 형법 제200조가 적용될 것이고, b가 죽였으면 일반살인죄 조항, 즉 형법 제199조가 적용될 것이다.

그러면 누구와 누구 사이에 차별하는 것인가? a와 b를 차별하는 것이다.

존속과 존속이 아닌 사람을 차별하는 것이 아니다. 취급의 상대방이 누구인가를 보면 된다. 그러면, 차별의 표지는 a와 b 사이에서 찾아야 한다. 굳이 표현하자면 '피해자가 직계존속인 사람'과 '피해자가 직계존속이 아닌 사람'이다.

다른 예를 들어보자. a가 오전에는 자신의 존속인 A를 죽이고, 오후에는 존속이 아닌 B를 죽였다. 이때 차별의 표지는 무엇인가? 피해자가 누구인가 하는 것이다. 피해자가 누구인가에 따라서 법적 취급은 달라진다. 오전의 범죄에 대해서는 형법 제200조가 적용될 것이고, 오후의 범죄에 대해서는 형법 제199조[507]가 적용된다.

결국 보통살인과 존속살에 대해 법정형이 다른 것은 범죄의 '대상'이 다르기 때문이다. 이 말은 중요하다. '주체'가 다르기 때문이 아니라, '대상', 즉 '객체'가 다르다. 법문을 보아서도 알 수 있는 바와 같이, 주체에 대해서는 아무런 제한이 없다.[508] "누구라도"라는 말이 구성요건의 문두에 생략되어 있다. 범죄의 대상은 행위자의 意思에 의해 결정된 것이다. 고양이를 죽일 것인가, 사람을 죽일 것인가, 또는 자기의 물건을 손괴할 것인가, 다른 사람의 물건을 손괴할 것인가의 문제와 동일하다.

그러면, 이 차별의 표지는 헌법에 의해 명시적으로 열거된 것인가? 이 판결에서는 이 점에 대한 판단이 없다. '대상 또는 객체의 성격'이 명시적으로 열거된 사유에 속하지 아니함은 분명하다.

---

507) 보통살인죄 조항.

508) 수뢰죄를 정한 형법 제197조 본문은 "공무원이 그 직무에 관하여 뇌물을 수수, 요구 또는 약속한 때에는 5년 이하의 징역에 처한다."[公務員が、その職務に関し、賄賂ろを収受し、又はその要求若しくは約束をしたときは、五年以下の懲役に処する。] 공무원의 지위는 형법의 바깥에서 정해진다. 공무원 '신분'을 가진 사만이 수뢰죄의 주체가 될 수 있다. 그러나 존속이나 비속은 몸에 부착되어 있지 않다. 누구와 관계를 맺는가에 따라 달라진다. 누구에게는 존속이고, 누구에게는 비속이다. 누구나 마찬가지다. 어떤 사람이 (i) 사람을 살해했는가 (ii) 고양이를 살해했는가에 따라 '동족살해' 여부가 결정되는 것과 같다. 범죄의 대상이 '동족'인지 여부에 따라 법정형이 다르다.

그러면, 이것이 사회적 신분에 포섭되는가? 이 판결에서는 이 점에 대한 언급도 없다. 그러나, 존속상해치사를 다룬 판례에서는 이 점을 언급하였다.

> "나아가 헌법 제14조 제1항의 해석에 의하면, 부모와 자녀의 관계는 동 조항에서 차별대우의 이유로 드는 사회적 신분 그 밖의 어느 사유에도 해당하지 아니한다. 또한 동 조항이 국민을 정치적, 경제적 또는 사회적 관계에서 원칙적으로 평등하게 취급하여야 한다는 것을 규정한 것은 기본적 권리의무에 관하여 국민의 지위를 주체의 입장에서 관념한 것으로, 국민이 그 관계하는 각 개의 법률관계에 있어서 각각의 대상의 차이에 따르는 취급을 받는 것까지를 금지하는 취지를 포함하는 것은 아니다. 원심판결은 피해자가 직계존속인 경우에 특히 중한 법정형을 적용함으로써 인명보호 및 과형의 면에서 국민 중에 특수와 일반의 구별을 두게 되고, 따라서 존속을 일반인보다 더욱 두텁게 보호하게 되어 법률상 불평등의 결과를 초래하는 취지를 말하고 있으나, 입법의 주안점으로 하는 바는 피해자인 존속을 보호한다는 점에는 있지 않고 오히려 가해자인 비속의 윤리성이 특히 고려되어 존속은 반사적으로 한층 더 강도의 보호를 받는 것으로 해석하는 것이 바람직하다."[509][510]

509) 最大判昭和25年10月11日刑集第4巻10号2037頁. 밑줄은 필자가 추가한 것이다. "さらに憲法一四条一項の解釈よりすれば、親子の関係は、同条項において差別待遇の理由としてかかぐる、社会的身分その他いずれの事由にも該当しない。また同条項が国民を政治的、経済的又は社会的関係において原則として平等に取り扱うべ きことを規定したのは、基本的権利義務に関し国民の地位を主体の立場から観念したものであり、国民がその関係する各個の法律関係においてそれぞれの対象の差に従ひ異る取扱を受けることまでを禁止する趣旨を包含するものではないのである。原判決は被害者が直系尊属なる場合においてとくに重い法定刑を適用することを以て、人命保護及び科刑の面において国民中に特殊と一般との区別を設くることになり、従つて尊属親を一般の者よりもとくに厚く保護することになり、法律上不平等の結果を招来する趣旨を述べているが、立法の主眼とするところは被害者たる尊属親を保護する点には存せずして、むしろ加害者たる卑属の倫理性がとくに考慮に入れられ、尊属親は反射的に一層強度の保護を受けることあるものと解釈するのが至 当である。"

510) 最大判昭和39年5月27日民集18巻4号676頁도 마찬가지다. 나이에 따라 차별을 한 사례를 다루고 있는데, 바로 정당화 심사에 나아갔다. 나이가 다르더라도 같게 취급하여야 함을 전제로 한 판단이다.

이 판례[511]에서는 비교적 분명하게, 차별의 표지를 특정했다. '부모와 자녀의 관계'가 그것이다. 앞의 존속살 사건[512]에서 차별의 표지를 분명하게 말하지 아니한 것과는 대조된다.

그러나 이것이 차별의 표지로 될 수 있을지는 의문이다. 차별의 標識를 말하는 방법은 두 가지 있다. 하나는 구획의 기준을 말하는 것이고, 다른 하나는 그 기준에 의해 나누어진 하위 그룹을 특정하는 것이다. 전자를 種差라 한다.[513] 후자를 種概念이라 한다. 다만, 후자는 전자로 쉽게 전환될 수 있어야 한다는 條件이 붙는다.

앞에서 본, 재혼기간에 관한 사건[514]을 예로 든다면, '性別'을 이유로 차별한다고 말할 수 있다. 種差를 들었다. 다른 방법은 '남녀'를 차별한다고 말할 수도 있다. 種差에 의해 구획되어진 種概念을 들었다. 다만 후자는 전자로 쉽게 전환될 수 있다. 그래서 남녀 차별이라 말하여도 이해될 수 있다.

그런데, '부모와 자녀의 관계'는 種差도 아니고, 種概念도 아니다. 우선 이를 種概念이라 볼 수는 없다. 類概念을 想定할 수 없기 때문이다. 이것을 種差로 이해할 수 있을까? 그러면 '부모와 자녀의 관계'에 따라 구획되는 種概念은 무엇인가? 생각할 수 있는 것은 '좋은 관계를 유지하는 부모와 자녀'와 '좋은 관계를 유지하지 못하는 부모와 자녀' 정도를 생각할 수 있을 것이나, 이 사건과는 전혀 관련이 없다.

어쨌든 이 판결[515]에서는, 수긍할 수 있는 것이든 아니든 차별의 표지를 제시했다. 이것이 헌법에 의해 명시된 사유가 아닌 것은 분명하다. 그리고 이 관계 자체가 사회적 신분에 포섭될 수 없음은 분명하다. 그리고 이 점은 판결문에서도 언급되어 있다. 그리고 열거된 다른 사유에도 포섭되지 않는

---

511) 最大判昭和25年10月11日.

512) 最大判昭和48年4月4日.

513) 類概念 아래의 어떤 種概念이 다른 種概念과 구별되는 요소이다.

514) 最判平成7年12月5日民集第177号243頁.

515) 존속상해치사상 사건.

다고 판시했다. 그러면 이러한 판시를 한 의도가 무엇인가?

이 판례는 '부모와 자녀의 관계'가 "동 조항에서 차별대우의 이유로 드는 사회적 신분 그 밖의 어느 사유에도 해당하지 아니한다"는 점을 확인하고도 그것이 무엇을 의미하는가에 대해서는 말하지 않았다. 그런데, 뒤에서 '각각의 대상의 차이에 따르는 취급을 받는 것까지를 금지하는 취지를 포함하는 것은 아니'[516]라고 記述하고 있다.

이것들을 모두 감안하여 생각해 보면 다음과 같은 판단을 한 것으로 이해된다. (i) 형법 제250조 제2항은 '부모와 자녀의 관계'를 차별의 標識로 하는,[517] 차별적 법률조항이다. (ii) '부모와 자녀의 관계'는 헌법이 명시적으로 금지한 차별의 표지는 아니다. (iii) 명시적으로 열거된 차별금지 사유는 예시적인 것이다. (v) 명시적으로 열거된 사유 외에도 차별금지 사유는 더 있을 수 있다. (v) 차별의 사유가 명시적으로 열거된 사유와 동등할 것인 여부를 심사할 필요는 없다.[518] (vi) 결국 불균일취급이 있으면 이것은 정당화

516) 이 표현은 틀린 표현이다. 이 판시를 관철하면, '각각의 대상의 차이에 따라 취급'하면, 차별이 아니다. 금지된 것이 아니라는 말은, 정당화 심사를 받을 필요가 없다는 것을 의미한다. Cc설에 가까운 표현이다. 그러나 판례는 Cc설을 따르지 않는다.
이 사건에서도 불균일취급을 확인하고도, 그것이 '각각의 대상의 차이에 따라 취급'하는 것인지에 대해 검토하지 않았다. 바로 정당화 심사에 나아갔다. A설을 따른 것이다.
그 취지를 바르게 표현한다면, "국민이 그 관계하는 각 개의 법률관계에 있어서 각각의 대상의 차이에 따르는 취급을 받는 것은 허용될 수 있다."라고 기재하였어야 한다. 물론, 예외적으로 차별이 허용되는가 여부를 따지는데, '대상의 차이에 따르는 취급'을 받아야 하는 것은 아니다. 이 부분 설시도 타당하지 아니하다. '대상의 차이에 따르는 취급'이 아니라도 허용될 수 있다. 법적 안정성은 '대상의 차이에 따르는 취급'이 아니면서 차별을 정당화하는 대표적인 사유이다.

517) 수긍할 수 없는 것이라는 점은 위에서 설명했다.

518) 이러한 입장, 즉 열거된 사유가 예시에 불과하고, 열거된 사유가 아니라 하더라도, 열거된 사유와 동등한지 여부는 검토할 필요 없다는 점을 분명하게 밝힌 판례를 하나 더 들어본다. "憲法一四条一項及び地方公務員法一三条にいう社会的身分とは、人が社会において占める継続的な地位をいうものと解されるから、高令であるということは右の社会的身分に当らないとの原審の判断は相当と思われるが、右各法条は、国民に対し、法の下の平等を保障したものであり、右各法条に列挙された事由は

심사를 거쳐야 하고, 정당화되지 아니하면 위헌으로 결정된다.

그러나 판례의 논증이 타당한가에 대해서는 의문이 든다. 우선 헌법 제14조 제1항 후단에 열거된 사유를 예시적인 것으로 이해하더라도, 예시된 것과 동등하지 아니한 사유에 의한 차별도 금지된다는 발상은 예시적 열거설과 조화롭기 어렵다.

판례의 입론은 헌법 제14조 제1항 후단이 '어떠한 사유로도 차별받지 아니한다'[519]고 기재된 것으로 이해해야 한다는 것이다.[520] 그러면 판례는 왜 헌법제정권력자가 차별이 금지되는 사유를 기재하여 두었는가를 설명하여야 한다. 판례와 같이 이해하면 차별금지 사유를 기재하여 둔 것을 설명할 수 없다.

헌법 제14조 제1항 후단에 열거된 사유를 예시적인 것으로 보더라도, 차

例示的なものであつて、必ずしもそれに限るものではないと解するのが相当であるから、原判決が、高令であることは社会的身分に当らないとの一事により、たやすく上告人の前示主張を排斥したのは、必ずしも十分に意を尽したものとはいえない。"[헌법 제14조 제1항 및 지방공무원법 제13조에서 말하는 사회적 신분이란 사람이 사회에서 차지하는 계속적인 지위를 말하는 것으로 해석되므로, 고령이라고 하는 것은 오른쪽의 사회적 신분에 해당하지 않는다고 본 원심의 판단은 상당하다고 생각되지만, 오른쪽 각 법조는 국민에 대하여 법 아래의 평등을 보장한 것이고, 오른쪽 각 법조에 열거된 사유는 예시적인 것으로서 반드시 그것에 한하는 것은 아니라고 해석함이 상당하므로, 원심판결이 고령인 것은 사회적 신분에 해당하지 않는다는 한 가지 사유로 쉽게 상고인의 앞의 주장을 배척한 것은 반드시 충분히 뜻을 다한 것이라고 할 수 없다.](最大判昭和39年5月27日民集第18巻4号676頁)
이 판결에서는 '나이'(판결에서는 '고령인 점'이라 하였으나, 차별의 사유는 그것이 아니고 '나이'다. '고령인 사람'은 종개념이다.)가 사회적 신분에 포섭되지 않지만, 나이에 기한 차별도 헌법이 금지하는 것이어서 정당화 심사에 나아가야 한다고 판시하였다. 이 논문의 논제와 연결시켜 말한다면, '나이'가 명시적으로 열거된 사유는 아니지만, 열거된 사유들과 동등한 것이라는 점에 대한 논증이 없다. 內包를 零으로, 外延을 무한대로 보는 입장이다. 이러한 입장은 논리적으로 타당하지 아니함은 분명하다.

519) "정치적, 경제적 또는 사회적 관계에 있어서" 부분은 생략한다. 이것이 문제된 경우는 없는 것으로 안다. 이하에서의 논의에서도 이 부분은 생략되는 경우가 있다.

520) 內包(connotation)를 零으로, 外延(extension)을 無限大로 보는 발상이다.

별금지 사유가 무한히 확장될 수는 없다. 예시적 열거설은 그렇게 이해될 수 없다. 이 점에 대해서는 위에서 충분히 설명하였다. V.3.을 참조하기 바란다.

그런데 이 판결에서는 '부모와 자녀의 관계'가 명시적으로 열거된 사유에 포섭되지 않는다는 사실을 확인하고도, 이후에 필연적으로 검토되어야 할 논점을 간과하였다. 그 타당성은 별론으로 하더라도, 명시적으로 열거된 사유에 기한 차별이 아니라 하더라도, 헌법에 의해 금지된다는 판단은 하여야 한다. 만약에 이러한 판단을 할 필요가 없을 정도로 自明한 것이라면, 부모와 자녀의 관계'가 명시적으로 열거된 사유에 포섭되지 않는다는 점을 확인할 필요도 없다.[521][522]

다시 원래 다루던 존속살 사건으로 돌아와 생각해 보자. 이 사건에서는 최고재판소가 차별의 표지가 무엇인지도 제시하지 아니하였다.[523] 그러니

---

521) 심사 기준설정에 관해서도 명시된 사유에 의한 차별이 의미를 가지는가(예를 들면 명시한 사유에 기한 차별에 대해서는 엄격한 심사기준을 적용하여야 한다는 등)에 대해서도 아무런 언급한 바 없다.

522) "입법의 주안점으로 하는 바는 피해자인 존속을 보호한다는 점에는 있지 않고 오히려 가해자인 비속의 윤리성이 특히 고려되어 존속은 반사적으로 한층 더 강도의 보호를 받는 것으로 해석하는 것이 바람직하다"라는 표현은 이 판결에서 불필요한 표현이다.

형법 제205조 제2항이 차별을 하는 대상은 '존속'과 '비속'이 아니다. '일반인을 상해하여 치사에 이르게 한 사람'과 '존속을 상해하여 치사에 이르게 한 한 사람' 또는 '일반인을 상해하여 치사에 이르게 한 事件'과 '존속을 상해하여 치사에 이르게 한 한 事件'이다. 필자는 후자가 타당하다고 보지만, 전자라고 생각하는 사람도 있으므로 둘 다 거시하였다. 전자와 같이 표현하는 것이 적절하지 아니한 이유는, 그 연결이 고정되어 있지 않기 때문이다. 행위자의 자유의지에 의해 양자가 연결되었다.

여기에 범죄가 자유 의지의 결과인가를 논하지는 말자. 자유의지의 결과가 아니라는 논증을 들고 온다면, 필자가 양보할 수 있다. 그렇다고 이 논문의 결론이 달라지는 것은 아니다. 열거되지 아니하였으나 헌법에 의해 금지된 사유 하나가 늘어날 뿐이다. 이 부분에 관하여 필자가 논증하여야 하는 것은, 헌법에 의하여 금지되지 않는 사유가 적어도 한 개 이상 있다는 것뿐이다. 이 점을 이해하면 범죄와 자유의지를 논하는 것이 얼마나 무의미한 것인가를 알 것이다.

523) 한국의 경우에도 존속살 조항이 위헌 심사의 대상으로 되었다. 그런데, 이 사건

당연히 명시적으로 열거된 사유에 포섭되는지 여부에 대한 판단을 할 수도 없다.

단지 무엇인지 모르지만,[524] 차별이 있으므로 정당화 심사에 나아가겠다고 선언한 후 바로 정당화 심사에 나아갔다. 그래도 문제되지 않는다고 이 판례는 이해했다. 그러나, 위의 존속상해치사상 사건보다 훨씬 더 큰 오류를 범한 것이다. 존속상해치사상 사건은 차별의 표지라도 제시했고, 위의 존속살 사건은 차별을 표지조차 제시하지 않았다.

필자의 생각으로 헌법에 열거된 사유는 '몸'에 부착된 사유다. '事件'이나 '事物'이 아니다. '어떤 사람이 자기의 존속을 죽인 것'과 '어떤 사람이 자기 존속에 속하지 않는 사람을 죽인 것'은 사람의 속성이 아니다.[525]

에서도 법정의견은 차별의 표지를 특정하지 않았다. 다만 결정요지(이것은 헌재 결정문의 일부가 아니다.)에 '자기의 직계존속을 살해한 자를 일반 살인죄를 저지른 자'로 특정되어 있다(판례집 25-2상, 82, 82). 반대의견에서는 "자기 또는 배우자의 직계존속을 살해한 경우 가중 처벌하도록 규정함으로써, 직계비속 또는 배우자와 같은 다른 법적 신분관계에 있는 사람을 살해한 경우, 또는 아무런 법적 신분관계가 없는 사람을 살해한 경우에 비하여 차별 취급하고 있다."(판례집 25-2상, 82, 87-88)고 본다.

양자의 표현이 미묘하게 다르다. 결정요지에는 "…한 자"라고 되어 있고, 반대의견에서는 "…한 경우"라고 표현하고 있다. 전자는 '사람'에 대한 차별로 이해할 수 있는 바탕을 제공할 수 있다. 이에 비하여 후자는 그런 바탕을 제공하고 있다고 보기 어렵다. 전자는 틀렸고 후자가 맞다.

524) 존속과 비속 사이의 차별인지, '일반인을 살해한 사함과 '존속을 살해한 사람' 사이의 차별인지, '일반인을 살해한 事件'과 '존속을 살해한 事件' 사이의 차별인지도 문제 삼지 아니하고.

525) (ii)에서 존속살 조항이 "법 제199조에서 정하는 보통살인의 소위와 같은 유형의 행위에 대하여 그 형을 가중한 이른바 가중적 신분범의 규정"이라고 규정하고 있는데, 그렇다면, 존속살 조항이 '신분'을 이유로 차별하는 것 아닌가 하는 의문이 있을 수 있다. 형시법에서 이를 부진정신분범이라 다루는 것으로 보인다.

그런데, 신분을 "사람이 사회에서 차지하는 계속적인 지위"[人が社会において占める継続的な地位](最大判昭和39年5月27日民集18巻4号676頁)라고 이해한다면, '존속을 살해한 사람'을 사회적 신분이라 이해하기는 어렵다. '존속을 살해한 경우'와 '존속이 이닌 사람은 살해한 경우' 중 전자일 뿐이다.

형사법에서 부진정신분범이라 분류하여 다룬다고 하여 헌법적으로 바로 그것을 사회적 신분으로 승인하여야 하는 것은 아니다. 좀 더 엄밀히 보면 부진정신분 어떤 標識가 사람의 몸에 부착되어 있다는 것은 다른 표지와 동일인에게 동시에 부착되어 있을 수 없다는 것을 의미한다. 어떤 한 사람이 남성이면서 여성일 수는 없다. '존속'과 '비속'은 몸에 붙어 있는 속성이 아니다. 사람을 존속과 비속으로 나눌 수도 없다.[526] 배타성(exclusiveness)를 충족시키지 못하기 때문이다.

(c) 헌법이 금지한 요소?

여기서 다루는 존속살 사건에서는 차별의 표지를 밝히지 않았다. 굳이 말한다면, 형법이 '자기의 존속을 죽인 사람'과 '자기의 존속이 아닌 사람을 죽인 사람' 사이에 서로 다른 취급을 하는 것이 평등 조항에 위배되는 것 아닌가 하는 것이고, 그 양자를 구별하는 요소는 '대상이 가해자의 존속인지 여부'로 된다. 이를 種差라 한다. 이렇게 이해할 때에야 '사람을 죽인 사람'이라는 類槪念을, exclusive하고 exhaustive한 種槪念으로 分類할 수 있다.

그런데 위 표지[527]는 사회적 신분이 아니다. 이 점은 존속상해치사상을 다룬 위 사건에서 최고재판소가 밝힌 것이다. 그리고 열거된 사유와 동등한 것도 아니다.

(d) 심사종료

형법 제200조는 사람을 차별하고 있다. 그러나, 헌법이 금지한 요소, 또는 이와 동등한 요소에 의한 차별이 아니다. 그러므로 더 이상 헌법 제14조

범은 신분범이 아니라는 말이다. 신분범과 유사한 면이 있지만, 眞正(echt)身分犯은 아니라는 뜻에서 不眞正(unecht)身分犯이라 부른다.

526) 정당한 區分(classification)은 exclusiveness와 exhaustiveness를 충족하여야 한다, 種槪念은 서로 중첩되지 아니하여야 하고, 種槪念을 합치면 類槪念이 구성되어야 한다. 사람을 여성과 남성으로 나누면, 그들은 겹치지 않고(exclusiveness), 여성과 남성을 합치면 사람이라는 類槪念을 구성한다. 그러나, 존속과 비속은 그렇지 않다. 먼저 exclusiveness가 문제된다. 존속이면서 비속인 사람도 얼마든지 많다.

527) 대상이 가해자의 존속인지 여부.

제1항 위반 문제로 심사를 진행할 수 없다.[528)529)]

528) 필요가 없는 것(not necessary)이 아니다. 심사를 진행할 수 없다(should not).

529) 奥平는 존속살 조항이 평등 문제와 무관하다고 한다. 그는 "ある者が得をしており他の者が損をしているといったようなことが言える関係がある場合"[어떤 사람이 이득을 보고 다른 사람이 손해를 보고 있다고 말할 수 있는 관계](奥平康弘, 『憲法Ⅲ 憲法保障權利』 有斐閣, 1993, 124)가 있는 경우에만 차별로 인식될 수 있다고 한다. 그렇지 않은 경우, 예를 들면 남학생에게만 바리깡깎기(バリカン씨)를 강요하는 것(熊本地判昭和60년11月13日行裁例集36巻11=12号1875頁)이나 국가공무원에게 정치활동에 관하여 제한을 가하는 것(最大判昭和33年3月12日刑集12巻3号501頁)은 차별로 이해하여 평등 심사를 할 것이 아니라고 한다. 남학생에게 머리 모양을 강제하는 것이 적법한 재량권 행사인가, 공무원의 정치적 자유를 제한하는 것이 헌법 제21조에서 공무원에게 보장하고 있는 기본권을 침해하는 것 아닌가의 문제로 다루어야 한다고 본다. 이의 연장선에서 존속살 규정도 이해되어야 한다고 본다. 그는 여성의 정년이 남성의 그것보다 짧은 것(最判昭和65年3月24日民集35巻2号300真)이나 의원선거구의 정원배분이 불평등한 것이야말로 평등의 문제라고 한다. 한쪽은 이득을 보고, 다른 쪽은 손해를 보는 관계가 형성되기 때문이라고 한다.

필자로서는 납득하기 어렵다. 그는 이득과 손실의 문제로 평등을 이해한다. 필자는 그렇게 보지 않는다. 평등은 인간의 인격적 가치의 동일성을 보장하는 것이지 이득을 얻고, 불이익을 피하는 것을 목적으로 하지 않는다. 만약 그가 이해하는 방식대로 이해하면 separate but equal의 문제를 설명할 수 없다.

물리적으로 보아 불이익이 없더라도 차별은 해소되어야 한다. 미국의 Jim Crow 시대에 유색인종과 백인 사이에 수도꼭지를 분리하여 사용하도록 했는데, 필자가 보기에는 해소되어야 할 차별이다. 이 문제의 핵심은 '금지된 사유에 따라 분리(separate)'하였다는 사실에 있지, 어느 한쪽이 더 나은 취급을 받았다는 것이 아니다. 어느 한쪽이 이익을 얻고, 다른 한쪽이 불이익을 받는 상황은 더더욱 아니다. 헌재는 청구인이 주장하는 남녀평등을 실현하는데 청구인에게 절차적 불편함이 있다 하더라도 청구인에게 남녀차별적 제도의 수용을 강제할 근거가 될 수는 없다고 판시한 바 있다. 헌재 2021. 9. 30. 2019헌가3, 판례집 33-2, 223, 230.

다른 한편 그는 한쪽이 이익을 보고 그 반대편이 손해를 보는 관계가 성립하지 아니하면 평등의 문제가 아니라 실체적 권리 문제로 다뤄야 한다고 주장한다. 필자로서는 납득하기 어렵다. 우선 실체적 권리 문제로 다룰 수 있는가 없는가는 평등의 문제와 무관하다. 실체적 권리 문제가 성립되지 않는다고 하여 그 문제를 평등의 문제로 끌고 오는 것도 문제이고, 그 반대도 역시 문제다. 평등을 분석하여 판단하면 족하다.

위에서 그가 평등의 문제로 다룰 것이 아니라고 한 사례들에 관하여 보건대, 앞에서 논의한 것처럼 누가 이익을 보고 누가 손해를 보는가를 평등의 문제와 연결하면 곤란하다. 필자의 관점은 헌법 제14조 제1항 후단에 열거된 사유(또는

(e) 蛇足

蛇足이지만, 위에서 본, 존속상해치사 판결의 다음의 표현에 대해서는 언급하고 싶은 것이 있다.

> "생각건대 헌법 제14조가 법 아래 국민평등의 원칙을 천명하고, 모두 국민이 인종, 신조, 성별, 사회적 신분 또는 문벌에 따라 정치적, 경제적 또는 사회적 관계상 차별적 취급을 받지 않는다는 취지를 규정한 것은 (i) 인격의 가치가 모든 인간에 대하여 동등하며, 따라서 인종, 종교, 남녀의 성(性), 직업, 사회적 신분 등의 차이에 기초하여 특권을 가지거나 특별히 불이익한 취급을 받아서는 안 된다는 대원칙을 나타낸 것에 지나지 않는다. 노예제나 귀족 등의 특권이 인정되지 않고, 또한 신민법에서 아내의 무능력제, 호주의 특권적 지위가 폐지된 것은 필경 이 원칙에 기초한 것이다. 그렇지만 이것은 법이 (ii) 국민의 기본적 평등의 원칙 범위 내에서 각 사람의 연령, 자연적 소질, 직업, 사람과 사람 사이의 특별한 관계 등의 각 사정을

예시적 열거설을 받아들인다면 예시된 것들과 동등한 사유)에 따라 차별하였는가 하는 점이다. 그것만을 판단하면 족하다. (차별금지 영역의 문제는 논외로 한다.) 달리 청구인에게 실체적 권리를 주장할 기회가 있는가 없는가를 살필 필요는 없다.

필자가 보기에 바리깡깎기나 남녀 정년 문제는 전형적인 남녀 차별의 문제다. (사인간의 평등 문제는 논외로 한다.) 공무원의 정치적 활동 문제는 공무원을 사회적 신분으로 볼 것인가, 나아가 열거된 사유와 동등한 사유인가에 의해 결론이 날 것이다. 선거구 획정의 문제도 그 차별의 사유가 무엇인가, 그것이 헌법 제14조 제1항 후단에 열거된 사유인가, 나아가 그것들과 동등한 사유인가에 관한 판단에 따라 결론이 달라져야 한다고 본다. 존속살의 경우도 마찬가지다. 필자는 헌법 제14조 제1항 후단에 열거된 사유 또는 그것들과 동등한 사유에 기한 차별이라 보기 어렵다고 생각되나, 이 점은 본 논문의 주제가 아니다. 어느 쪽으로 결론이 나든, 이 논문의 타당성에 영향을 미치지 않는다.

奥平가 평등권 주장의 남용을 우려하는 것(奥平康弘, 『憲法Ⅲ 憲法保障權利』 有斐閣, 1993, 123)은 충분히 이해한다. 그가 Ca설을 주장하니 세상의 모든 문제가 평등의 문제로 전환되는 것을 우려할 수밖에 없다. 그러나 적용을 제한하는 방법이 적절한지는 의문이다. 게다가 필자는 그가 주장하는 Ca설이 타당하지 않다고 본다.

다만 한 가지 지적하여 둘 것은 奥平는 Ca설을 주장하면서, 그 주장을 견지하고, 그 주장이 가져올 문제, 주장의 확장을 제한하는 문제 등에 대하여 설명하였다는 점이다. 이 논문에서 검토한 다른 C설 주장자들이 C설을 주장하는 듯이 보이다가 B설을 거쳐 A설로 돌아온 것과는 비교된다.

<u>고려하여 도덕, 정의, 합목적성 등의 요청에 따라 보다 적당한 구체적 규정을 하는 것을 방해하지는 않는다. (iii) 형법에서 존속에 대한 살인, 상해치사 등이 일반적인 경우에 비해 무겁게 처벌되고 있는 것은 법이 자식의 부모에 대한 도덕적 의무를 특히 중요시한 것으로, 이는 도덕의 요청에 따라 법이 정한 구체적 규정에 어긋나지 않는다.</u>"[530][531]

(i)에서 인격의 가치가 모든 인간에 대해서 동등하다는 말은 평등을 이해하는데 무척 중요한 말이다. 왜 '평등'이 필요한지를 설명해 주는 말이기 때문이다. 그런데 이것이 학계나 실무계에 의해 충분히 이해되었다고는 생각되지 않는다. 위 말은 '인격의 동등성'을 보장하기 위하여 헌법 제14조 제1항이 존재한다는 것을 의미한다. 그렇다면 그 해석에 있어서도 이 점이 고려되어야 한다.

열거된 사유를 예시적인 것으로 이해하면서, 열거된 사유의 內包(connotation)를 零으로 이해하고 外延(extension)을 無限大로 확장하는 해석은 전혀 위에서 본 바의 평등 보장의 근본 취지와 부합하지 않는다. 바로 아래[532]에서 보는 바와 같은, PVC와 PE 사이의 불균일 취급이 인격의 동등성

530) 最大判昭和25年10月11日刑集第4巻10号2037頁. 밑줄과 籤子는 필자가 추가한 것이다. "おもうに憲法一四条が法の下における国民平等の原則を宣明し、すべて国民が人種、信条、性別、社会的身分又は門地により、政治的、経済的又は社会的関係上差別的取扱を受けない旨を規定したのは、人格の価値がすべての人間について同等であり、従つて人種、宗教、男女の性、職業、社会的身分等の差異にもとずいて、あるいは特権を有し、あるいは特別に不利益な待遇を与えられてはならぬという大原則を示したものに外ならない。奴隷制や貴族等の特権が認められず、又新民法において、妻の無能力制、戸主の特権的地位が廃止せられたごときは、畢竟するにこの原則に基くものである。しかしながら、このことは法が、国民の基本的平等の原則の範囲内において、各人の年令、自然的素質、職業、人と人との間の特別の関係等の各事情を考慮して、道徳、正義、合目的性等の要請より適当な具体的規定をすることを妨げるものではない。刑法において尊属親に対する殺人、傷害致死等が一般の場合に比して重く罰せられているのは、法が子の親に対する道徳的義務をとくに重要視したものであり、これ道徳の要請にもとずく法による具体的規定に外ならないのである。"

531) 最大判昭和39年5月27日民集18巻4号676頁도 마찬가지다. 나이에 따라 차별을 한 사례를 다루고 있는데, 바로 정당화 심사에 나아갔다. 나이가 다르더라도 같게 취급하여야 함을 전제로 한 판단이다.

과 무슨 관계가 있을까를 생각해 보면 쉽게 그 결론을 얻을 수 있다. 판례는 매우 중요한 점을 지적하여 두고도 그것이 무엇을 의미하는지를 충분히 이해하지 못한 것 같다. 충분히 이해하였으면, 열거된 사유의 성격을 더 잘 파악할 수 있었을 것이다.

(ii)가 가진 문제점은 무척 크다. '각 사람의 연령, 자연적 소질, 직업, 사람과 사람 사이의 특별한 관계 등의 각 사정'이 차별이 정당화하는 시유로 된다는 취지로 이해된다. 이렇게 이해하면 곤란하다.

필자가 보기에 위 판시는, 앞에서 본 C설의 영향을 받은 것이다. 앞에서 C설은 ① 아리스토텔레스의 정의론을 기반으로 한 주장이고, ② 각 이익이나 불이익이 어떤 기준에 따라 분배되어야 하는가의 기준을 정하고, ③ 그 기준에 따라 배분 대상자의 품성을 평가하여, ④ 대상자의 품성의 비율과 이익 또는 불이익의 배분 비율을 일치시켜야 한다는 분배원리라는 점을 보았다.[533]

그런데 위의 판시 중 (ii)는 아리스토텔레스의 분배원리 중, ②가 정해지고, ③에 따라 계측되어진 품성의 비율에 따라 불균일취급이 있다면, 그 불균일취급은 정당화되어질 수 있다는 취지로 이해된다.

이렇게 이해하며 곤란하다. 위의 판시는 마치 아리스토텔레스가 말하는 정의로운 분배가 이루어진 경우라면 차별이 정당화되고 위헌이 아니라는 취지로 읽힌다. 그렇게 말하면 차별이 정당화되지 않는 경우가 매우 늘어날 것이다.

판례나 A설은 정의론을 기반으로 하지 않는다. 불균일취급이 있으면 차별이 있다고 보고,[534] 그 차별이 정당화되지 않으면 위헌이라 본다.[535]

---

532) V.4. 참조.

533) 이렇게까지 이야기하는 것은 Cb설이다. Ca설과 Cc설은 그보다 요구가 적은 것은 분명하다.

534) C설에 따르면 본질적으로 다른 것을 다르게 처우하는 것은 차별이 아니다. A설에 의하면, 불균일취급은 차별의 충분조건(sufficient condition)이다. 필요조건

그런데, 불균일취급으로서 차별이 정당화되는 경우는 크게 보아 두 가지로 나누어 볼 수 있다. 하나는 정의의 분배원리에 부합하는 경우이다. 예를 들어 응능부담원리를 채택한다면, 조세의 부담능력이 다른 사람들 사이에 다른 稅額이 부과되더라도 정당화될 수 있다. 이 경우라면 위 판례에서 든 '事情'에 따른 정당화라 이해될 수 있다.

그러나 다른 한편, 위의 정의로운 분배원리와 관계 없이 불균일취급을 하는 경우도 얼마든지 많다. 대표적으로 말할 수 있는 것은 '법적 안정성'이다. 법적 안정성은 정의와 무관하다. 법적 안정성을 확보하기 위하여 불균일취급을 하는 경우도 많다.

예를 들면 공소시효 제도를 들 수 있다. 공소시효를 두어 공소시효가 완성된 자를 처벌하지 않는 것이 평등의 문제로 다루어진다면, 정당화될 수 있을까? 어떤 방법으로 정당화될 수 있을까? 정당화되어질 수 있겠지만, 위에서 판시한 사유로써는 정당화되기 어려울 것이다. 형벌이라는 부담이 범죄의 경중에 따라 부과되어야 한다고 본다면, 공소시효가 완성되어 처벌할 수 없게 되는 사정은 정의롭지 않다. 위 판례의 기준을 따른다면 정당화되지 아니하여야 한다. 필자가 보기에 위 판시가 이러한 결과를 의도한 것은 아닌 것 같다.[536]

(necessary condition)이기도 하다. 물론 무엇을 차별로 이해할 것인가에 대해서는 논란이 있을 수 있다. separate but equal을 어떻게 볼 것인가? 이 논문의 주제는 아니지만 흥미로운 것이다.

535) 만약 이 설시를 문면 그대로 이해하면 판례는 C설에 해당된다. 그러면 어떤 불균일취급이 '국민의 기본적 평등의 원칙 범위 내에서 각 사람의 연령, 자연적 소질, 직업, 사람과 사람 사이의 특별한 관계 등의 각 사정을 고려하여 도덕, 정의, 합목적성 등의 요청에 따라 보다 적당한 구체적 규정을 하는 것'에 해당하는가를 판단하여야 하고, 여기에 해당되면 차별이 없는 것으로 판단하여야 한다. 왜 그런가? 헌법이 그런 불균일취급을 금지하지 않았기 때문이다. 판례는 이와 같은 취지를 말한 것으로 보이지 않는다. 위의 사정에 따른 불균일취급이라 하더라도 일단 차별이고, 위의 사정이 차별을 정당화한다는 뜻으로 한 말이다. 그렇게 본다면, 정당화 사유의 폭이 좁다고 보인다. 필자의 위 기술은 이와 같은 취지로 이해되어야 한다.

보다 근본적인 얘기를 하나 더 해 보자. 위에서 판례는 도덕, 정의의 요청에 보호하는 것을 정당화 사유로 보고 있다. 이 말을 뒤집으면 헌법이 부도덕, 부정의를 명령하고 있다는 것으로 이해되어질 수밖에 없다. 즉 헌법이 부도덕과 부정의를 명령하고 있는데, 이것을 교정하는 차별이라고 한다면 헌법상 허용될 수 있다고 말한다. 이것은 상당히 불편하다. 헌법이 부도덕과 부정의를 명명하고 있는가.

헌법이 인간 존엄의 근본적 가치로 평등을 명령하고 있다고 하면서 다시 헌법이 부도덕과 부정의를 명령하고 있다고 이해하는 것은 납득하기 어렵다. 뭔가 해석론의 문제가 있다고 볼 수밖에 없다. 평등을 잘못 이해하고 있으니까 이러한 결과를 마주하게 된다. 이란 생각을 하여야 하는 것 아닐까? 해석론을 전개하는 사람으로서는. 그래서 이러한 문제가 발생하지 않는 해석론을 찾아보아야 하는 것 아닐까.[537]

---

536) 예를 들어 '공무원 아닌 자의 명예퇴직급여에 대한 퇴직소득공제율은 100분의 50으로 하면서 공무원의 명예퇴직수당에 대한 퇴직소득공제율은 100분의 75로 한 것'은 A설에 따르면 차별로 인식될 수밖에 없다. 그리고 위와 같은 차별이 위 판례에 말하는 '각 사람의 연령, 자연적 소질, 직업, 사람과 사람 사이의 특별한 관계 등의 각 사정'에 따른 차별이라 하기는 어렵다. 담세능력에 따라 세액이 결정되는 것이 아니기 때문이다.
헌재는 "민간기업에 비해 열악한 공무원의 보수현실에서 공무원에 대한 생활보장을 도모하고 자발적인 명예퇴직을 유도함으로써 공무원의 인사적체를 해소하여 공무원 사회를 활성화하며 궁극적으로는 국민에게 보다 양질의 행정서비스를 제공하기 위한 것으로서, 현저하게 합리성이 결여되어 있다고 볼 수 없으므로 평등권을 침해하지 않는다."(헌재 2002. 12. 18. 2001헌바55, 판례집 14-2, 810, 818)고 판시하였다. 담세능력과 무관한 여러 정책적 사유를 들어서 정당화된다고 판단했다.
고급오락장용 건축물과 토지에 대해 (다른 일반 건축물이나 토지에 비해) 고율의 재산세를 부과하는 것이 "사치성 소비를 억제하고 국가 전체적으로 한정된 자원이 보다 생산적인 분야에 투자되도록 유도함과 동시에 국민의 건전한 소비생활을 정착시키려는데 있는 것으로 합리적인 이유가 있는 것이므로 평등원칙에 위배된다고 볼 수 없다."(헌재 2003. 12. 18. 2002헌바16, 판례집 15-2하, 487, 501)고 판시하였다. 전혀 담세능력과는 무관한 정당화 사유다.

537) V.에서 보인 필자의 해석론을 따르면 전혀 이런 문제가 생기지 않는다. 차별금지 사유에 대해 잘 인식하면, 헌법 제14조 제1항의 명령이 반도덕적이거나 반정

한편, (iii) 중의 "보다 적당한 구체적 규정을 하는 것을 방해하지는 않는다."는 표현은 틀린 표현이다. 판례는 헌법 제14조 제1항이 '각 사람의 연령, 자연적 소질, 직업, 사람과 사람 사이의 특별한 관계 등의 각 사정을 고려하여 도덕, 정의, 합목적성 등의 요청에 따라 보다 적당한 구체적 규정을 하는 것'을 방해한다고 본다. '방해한다'는 말을 '금지한다'는 말과 같은 뜻이다.

헌법 제14조 제1항은 일응 위에서 든 사유라 하더라도 차별로 인식하지만, 예외적으로 허용(permit)될 수 있을 뿐이다. 헌법이 '각 사람의 연령, 자연적 소질, 직업, 사람과 사람 사이의 특별한 관계 등의 각 사정을 고려하여 도덕, 정의, 합목적성 등의 요청에 따라 보다 적당한 구체적 규정을 하는 것'에 대해 무관심한 것은 아니다. 아래 판례는 보다 직접적으로 '금지하지 않는다'고 표현하였다. 적절하지 아니한 표현이다.

> "또한 동 조항이 국민을 정치적, 경제적 또는 사회적 관계에서 원칙적으로 평등하게 취급하여야 한다는 것을 규정한 것은 기본적 권리의무에 관하여 국민의 지위를 주체의 입장에서 관념한 것으로, 국민이 그 관계하는 각 개의 법률관계에 있어서 각각의 대상의 차이에 따르는 취급을 받는 것까지를 금지하는 취지를 포함하는 것은 아니다." 538)

사실 (iii)에서 존속에 대한 가중처벌이 정당화된다고 설명하고 있으나, 이 설명은 위 (ii)에서 든 방법과는 무관하게 설명하고 있다. (ii)의 설명에 따른다면, 먼저 형벌이 배분되는 기준은 무엇인가? 그 기준에 따라 보았을 때

의적인 것으로 이해될 수 없다.

538) 最大判昭和25年10月11日刑集第4巻10号2037頁. "また同条項が国民を政治的、経済的又は社会的関係において原則として平等に取り扱うべ　きことを規定したのは、基本的権利義務に関し国民の地位を主体の立場から観念したものであり、国民がその関係する各個の法律関係においてそれぞれの対象の差に従ひ異る取扱を受けることまでを禁止する趣旨を包含するものではないのである"

일반인에 대한 살인이나 상해치사와 존속에 대한 살인이나 상해치사는 그 기준의 비율에 합치하는 방법으로 다르게 취급되고 있는가? 이런 방법으로 심사를 진행하여야 한다. 필자가 보기에는 (ii)에서 정당화 심사의 기준을 제시하고도, (iii)에서 따르지 않았다.

필자는 (ii)에서 제시된 것보다는 훨씬 더 많은 정당화 사유가 있을 수 있다고 본다. 법원이 (ii)에 기재된 것들에 한하여 차별이 정당화될 수 있다고 말한다면, 적절하지 아니한 것이라 말할 수 있다.

염려하여 한 가지를 더 말한다. (ii)에는 '각 사람의 연령, 자연적 소질, 직업, 사람과 사람 사이의 특별한 관계 등'이라 기재되어 있고, 그 끝에 '등'이 있으므로 각 사유는 예시적인 것이라 보면 얼마든지 사유를 추가할 수 있다고 주장하는 사람이 있을지도 모르겠다.

이 논점은 다시 헌법 제14조 제1항 후단의 사유를 예시적인 것으로 본다는 것의 의미가 무엇인가의 문제로 돌아간다. '후단 사유를 예시라 보더라도, 어떠한 사유로도 차별금지 사유로 편입될 수 있는 것은 아니'라는 점은 누차에 걸쳐 설명하였다. 열거된 것들과 동등한 것들만 추가될 수 있다. (ii)에서 '법적 안정성'이 열거되지 아니하였으나 추가될 수 있는 사유로 보이지는 않는다.

4. PVC vs PE

한국 헌재의 사례[539]다. 청구인은 Polyvinyl chloride를 이용하여 管(pipe, 이하 'PVC管')을 제조판매하였다. 그런데, PVC에 대한 규제가 새로 마련되자, 그 규제에 대하여 헌법소원심판을 청구하였다.

청구인은 PVC管와 거의 동일한 용도로 사용되는 Polyehtylene pipe(이하

539) 헌재 2015. 3. 26. 2014헌마372, 판례집 27-1상, 383.

'PE관')은 규제하지 않고 PVC관만 규제하는 법령이 청구인의 평등권을 침해한다고 주장하였다.[540] 헌법재판소는 아래와 같이 설시했다.

> "PE관과 PVC관은 양자 모두 소비자가 성분·성능·규격 등을 구별하기 곤란한 공산품으로서 下·排水用으로도 사용된다는 점에서 본질적으로 동일한 비교집단이 된다. 그런데 심판대상조항들은 PVC관만 안전·품질 표시 대상 공산품으로 규정하여 下·排水用 PVC관에 대하여 이 사건 안전기준을 적용하도록 함으로써 下·排水用 PVC관을 제조·판매하는 자와 下·排水用 PE관을 제조·판매하는 자를 차별취급하고 있다."[541]

이 상황에서 평등권 침해 여부는 어떻게 판단되어야 할까?

[문면]

<table>
<tr><th colspan="2">입론</th><th>차별 여부</th><th>事由와
領域</th><th>정당화 심사</th></tr>
<tr><td colspan="2">A설</td><td>차별</td><td rowspan="5">심사
없음</td><td>실시</td></tr>
<tr><td rowspan="2">B
설</td><td>Ba설</td><td>의견 없음
[차별로 이해할 것이라 추정]</td><td>실시</td></tr>
<tr><td>Bb설</td><td>차별</td><td>실시</td></tr>
<tr><td rowspan="2">C
설</td><td>Ca설</td><td>- 안전기준 대상을 정하는 기준?
- 이 기준에 따라 같은가, 다른가를 판단</td><td>- 차별이 아니라고 판단되면? 심사 종료
- 차별이라고 판단되면? 정당화 심사</td></tr>
<tr><td>Cb설</td><td>- 기본적으로 Ca설의 판단 과정을 따름</td><td>- 차별이 아니라고 판단되면? 심사 종료</td></tr>
</table>

540) 조문의 구체적인 내용은 복잡하기도 하고, 판단에 영향이 있는 것은 아니어서 생략하였다.

541) 헌재 2015. 3. 26. 2014헌마372, 판례집 27-1상, 383, 397.

입론	차별 여부	事由와 領域	정당화 심사
	- 다만, Ca설의 경우보다 차별의 범위가 넓음(다른 것을 다르게 취급하였더라도 품성 사이의 비율과 취급 사이의 비율이 일치하지 않으면 이것도 차별		- 차별이라고 판단되면? 정당화 심사
Cc설	- 불균일취급이 있으므로 일단 차별 의심 - 양자가 같은 것인데 다르게 취급하고 있는가를 판단 - 규제의 분배의 기준? - 양자가 같은 것이라면 차별 - 양자가 다른 것이라면 차별 아님		- 차별이 아니라고 판단되면? 심사 종료 - 차별이라고 판단되면? 정당화 심사

A설에 따르면 당연히 차별이 인정된다. C설에서는 바로 차별이라 판단할 수 없다. 먼저 이 사건에서 문제된 規制가 어떤 기준에 따라 분배되어야 하는가가 확정되어야 차별 여부를 판단할 수 있다.

그런데, 헌재는 용도를 기준으로 양자 모두 '下·排水用'으로 사용된다는 측면에서 본질이 같다고 보았다. 이 판단은 타당한 것일까? 이 사건에서 문제가 되는 것은 '안전기준'의 적용대상을 어떤 기준에 따라 정할 것인가 하는 것이다. 그러면 '안전기준' 적용이라는 부담을 배분할 기준을 먼저 정하여야 한다. 그 기준의 관점에서 같은 것과 다른 것이 판정될 수 있다.

이 결정에서 헌재는 Ca설의 관점에서 평등을 심사하였다. 물론 분배의 기준이 무엇인가에 대해서는 분명히 판단하지 않았지만,[542] '같은 것을 다르

542) 헌재는 다음 두 가지 요소를 본질적으로 같다는 점에 대한 판단자료로 제시하였다. (i) 소비자가 성분·성능·규격 등을 구별하기 곤란한 공산품, (ii) 下·排水用으로 사용. 그러나, 그것이 배분의 기준으로 되는가에 대해서는 의문을 가지게 된다. 다만, 형식적으로 보면, (i) (배분의 기준이 분명하지 않으나), 양자는 본질

게' 처우하고 있으므로 차별이 있다고 판단하였다.[543)]

이 결정에서는 헌재는 위에서 본 안전기준 적용이라는 부담을 배분할 기준은 정하지 않고 양자의 용도가 같다는 점을 들어 본질이 같다, 즉 '같게 취급되어야 할 대상'이라고 판단하였다. 판단 방법이 정합한 것인지에 대해서는 의문이 든다. 용도가 안전기준 적용과 어떤 관련이 있는지에 대해서는 전혀 설명이 없다.

[내심]

입론	차별 여부	事由와 領域	정당화 심사
A설	당연히 차별	심사 없음	- 정당화 심사 - 열거된 사유에 기한 차별? - 완화된 심사 기준이 적용되어야 한다고 볼 수 있음.
B설			
Ca설			
Cb설			
Cc설			

그런데, C설이, 자신의 입론을 합리적 차별을 허용한다는 결론의 논거로 사용하고 있음을 앞에서 보았다. 내심으로 C설은 A설과 결론이 같다.[544)]

적으로 같다. (ii) 다르게 취급하고 있다. (iii) 차별이다.

543) 이 사례를 Cc설에 기반한 판단으로 볼 수도 있다. (i) 분배원리가 무엇인가? (ii) 양자의 본질적으로 같은가? (iii) 다른 취급을 하였는가?의 순으로 판단하였다면, Ca설의 논증방식을 따른 것이다. 그런데, (i) 다르게 취급하였는가? (ii) 본질이 같은가? 순으로 검토하였다면 Cc설의 논증방식이다. 여기서는 본질이 같다는 점을 먼저 판단하였다. 이 점은 Ca설과 친한 논증방식이다. IX.2.나.(2) 참조.

544) 일본의 교과서 등에서 확인한 C설을 염두에 두고 한 말이다. 위 결정에서 헌재는 Cc설을 기반으로 판단하였다. (부담의 배분 기준을 설명하지는 않았지만) 양자가 본질적으로 같으므로, 다른 취급을 하는 것은 차별이라고 보았다.

[제안]

입론	차별 여부	事由	領域	후속조치
제안	- 불균일취급이 존재 - 차별	- 차별의 표지? - 재료의 성분? - 이것이 열거된 사유 또는 이와 동등한 것? - 긍정하기 어려울 것	- 경제적 관계	- 열거된 사유, 나아가 이와 동등한 사유에 기한 차별이 아니라면 정당화 심사 불가

필자의 제안에 의하면, 차별이 있는 것은 분명하다. 불균일취급이 있다. 그렇다고 하여 그 차별이 전부 정당화 심사에 나아가야 하는 것은 아니다. 차별이 있더라도 그 차별이 헌법이 금지한 사유에 따른 것이 아니라면, 정당화 심사를 받을 필요가 없다. 이 심사 없이 기각 또는 각하 결정을 할 수 있다.

그런데 여기서 문제된 법령에서 사용된 차별의 사유는 무엇인가? '재료의 성분'인가? '재료의 성분'이 헌법에서 명시적으로 차별을 금지한 사유인가? 아니다. 이 점은 거의 분명하다. 그러면 명시된 것과 동등한 사유인가? 명시된 사유의 內包를 어떻게 이해할 것인가는 별론으로 하고, 직관적으로 결정한다면, 그렇게 보기는 어려울 것이다. 전적으로 사람의 품성과 관련된 것은 아니다. 사람이 아니라, 사물에 관련된 사유이다.

필자는 이런 사물에 대한 차별이 헌법에 의해 금지된다고 생각하지 않는다. 이런 것들은 입법자에 의하여 규율이 정해질 수 있다. 어떻게 정해지더라도 헌법상의 평등권 문제로 다루어질 일은 아니다.

물론, 이런 것들이 영업의 자유에 대한 제한으로 될 것인가, 나아가 신뢰보호원칙 위배 문제로 다루어질 것인가는 새로 검토하여 보아야 하겠으나, 적어도 평등권을 침해한다는 이유로 정당화 심사를 받아야 할 상황은 아니다.

필자가 보기에는 헌법에 명시적으로 열거된 차별금지 사유와 동등한 사유로 볼 수 없는, 아주 멀리 떨어진 사유의 예로 이 결정을 제시한다. 헌재는 이 불균일취급에 대해서도 정당화 심사를 실시하였다. 납득하기 어려운 결정이다. 헌법상의 평등조항이 이런 차별을 해소하기 위하여 마련된 것은 아니다, 여기에 인격의 존엄이 문제되는가. Stigma, 멸시, 편견이 문제되는가.

VII. 달라지는 점

1. 도입
2. 차별
3. 금지된 차별의 표지
4. 심사기준

VII. 달라지는 점

1. 도입

기존의 평등권 침해 여부 심사는 차별의 인식과 정당화 심사를 통해 실시되었다. 이 논문은 3단계 심사를 제안한다.[545] 구체적으로는 다음과 같다.

(i) 차별이 있는가

(ii) 그것이 헌법에 의해 금지된 사유에 의한 것인가

(iii) 정당화되는가

기존의 이론과 다른 것은, (ii)를 별도로 설정한 것이다. 기존의 학설과 판례는 다루지 않았다. 헌법 제14조 제1항 후단에 기재된 사유를 예시적인 것으로 이해하면서도, 外延을 무한대로 보았기 때문이다. 이러한 입장이 타당하지 아니함은 앞에서 충분히 설명했다.[546]

필자는 차별이라는 개념 안에 '헌법에 의해 금지된 것'이라는 관념을 삽입하여 설명해 보려고 노력했다. 헌법에 의해 금지되지 아니한 요소에 의한 다른 처우는 아예 차별로 인식할 수 없다는 판단을 할 수 있을 것이라고 보았다.[547]

---

545) 엄밀하게는 4단계 심사를 진행하여야 한다. 헌법 제14조 제1항의 구문상 '차별금지 영역'인지도 검토하여야 한다. 그러나 이 영역에 포함되지 아니하는 사례를 想定하기는 어렵다. 그래서 따로 다루지 않는다.

546) V.3. 참조.

547) 사실 필자의 『평등정명론』도 이 입장을 바탕에 두고 있다. 평등조항 중에 열거된 차별금지 사유의 성격에 대한 이해가 부족했다.
필자의 기존 논문에서는, '열거된 사유, 더 나아가 열거된 사유와 동등한 사유에 기한 다른 처우만' 차별이라고 인식했다. 이 논문에서 필자는 그렇게 보지 않는다. (a) 다른 처우가 있으면 일단 차별로 인식하고, (b) 헌법에 열거된 사유, 더 나아가 열거된 사유와 동등한 사유에 기한 차별만 정당화 심사를 받는다.
기존 논의에서는 (i)과 (ii)가 뭉쳐져 있었는데, 이 논문에서는 그것을 분리하였다. 이것이 헌법의 문언에 부합한다. 중요한 부분이다. 개설이라 할 정도인가는

그러나 헌법의 문헌상 그렇게 이해하는 것이 도리어 문리에 반하는 것으로 보였다. 일단 차별이라는 개념을 정의하는데 있어서 필자가 위에서 생각했던 방법은 상당히 문리적으로 불편한 것이었다. 차별은 불균일취급을 의미하는 것이지 그 구별의 표지가 무엇인가라는 것을 개념의 요소로 삼고 있지 않다.

그러므로 차별인지 여부를 다루는 심사의 단계를 별도로 설정하여 쉽게 적용 여부를 판단하고 그 차별 중에 일부를 헌법이 금지한다고 설명하는 것이 헌법 제14조 제1항의 구문에도 훨씬 부합한다.

2. 차별

차별의 개념은 A설과 같다. '다르게 처우하는 것'이 그것이다. C설은 다르게 취급한다고 하여 모두 차별로 인식하는 것은 아니고, 같은 것을 다르게 취급하는 경우에만 이를 차별로 인식한다. 그러나 A설을 따른다면 어떠한 사유로든 다르게 취급하는 것은 모두 차별로 인식된다.

C설을 따른다면 다른 것을 같게 취급하는 것이 차별로 인식될 수 있다. 그러나 이 논문이 제안하는 바에 따르면 이 상황은 차별로 인식될 수 없다. 예를 들어 장애인과 비장애인에게 같은 취급을 하는 것[548)]은 차별이 아니다. 그러므로 장애인이 비장애인과 본질적으로 다르게 취급하여야 하는데 어떤 법령이 같은 취급을 하고 있으므로 자신들의 평등권이 침해되었다는 주장을 할 수 없다.[549)] 이 상황이 정의로운가는 별개의 문제다.[550)] 다른 예

모르겠으나, 필자의 입장이 달라진 것은 분명하다.

548) 예를 들면, 헌재 2009. 2. 26. 2006헌마626, 판례집 21-1상, 211, 227.

549) 이 점에 대해서는, 정주백, "평등을 통한 사회적 기본권 실현에 대한 우려", 『헌법재판연구』 제9권 제1호, 헌법재판연구원, 2022, 135 이하 참조.

550) 이른바 Affirmative action은 차별의 개념 또는 평등의 개념을 논하는 단계에 언급될 문제는 아니다. 이것이 평등론 안에서 논의된다 하더라도, 정당화에 관련된

를 더 든다면, 이른바 응능부담, 또는 응익부담에 관한 논쟁이 적어도 평등론의 범위 안에서는 사라질 것이다.[551)552)] 교육에 있어서의 수월성 논쟁도 사라질 것이다.[553)] '차이와 차별' 논쟁도 사라질 것이다.

구분했으나 같은 취급을 하는 경우에 이것이 차별로 인식되어질 수 있는가? 미국 헌정사의 사례로서 말한다면 separate but equal에 관한 논의이다. 실제로 미국의 역사에는 분리하였으나 같은 취급을 하는 것이 문제된 경우들이 많았다. Jim Crow 시대에 유색 인종이 사용하는 수도꼭지와 백인이

논점으로 될 수 있을 뿐이다. 즉 종전에 억압받았던 집단에 대해 그렇지 않은 집단과 동등한 처우를 하는 것은 다른 것을 같게 처우하는 것이므로 차별이다, 라는 식의 논의가 있을 수 없다.

551) "조세평등주의가 요구하는 이러한 담세능력에 따른 과세의 원칙(또는 응능부담의 원칙)은 한편으로 동일한 소득은 원칙적으로 동일하게 과세될 것을 요청하며 (이른바 '수평적 조세정의'), 다른 한편으로 소득이 다른 사람들간의 공평한 조세부담의 배분을 요청한다(이른바 '수직적 조세정의')."(헌재 1999. 11. 25. 98헌마55, 판례집 11-2, 593, 608)

552) 물론, 응능부담이든, 응익부담이든 그것을 정한 헌법조항이 있거나 해석에 의해 도출된다면 거기서 문제를 해결하면 된다. 예를 들면, 독일 바이마르헌법 제134조에서는 "모든 시민은 차별 없이 그의 재정적 수단에 비례하여 법률이 정하는 바에 따라 공적 부담에 기여한다"고 규정하고 있었다. 현재의 독일기본법에는 이 규정 없다.

553) "헌법 제31조 제1항은 "모든 국민은 능력에 따라 균등하게 교육을 받을 권리를 가진다."라고 규정하고 있는바, 헌법 제31조 제1항의 교육을 받을 권리에는 국민 누구나가 교육에 대한 접근 기회 즉 취학의 기회가 균등하게 보장되어야 하는 것이 포함된다. 헌법 제31조 제1항은 헌법 제11조의 일반적 평등조항에 대한 특별규정으로서 교육의 영역에서 평등원칙을 실현하고자 하는 것이다."(헌재 2022. 3. 31. 2021헌마1230, 판례집 34-1, 317, 322)

우리 헌법이 평준화 교육을 지향하고 있다고 이해한다면 오해다. 바로 위 각주의 바이마르 헌법 제134조와 우리 헌법 제31조는 구문의 구조가 같다. 만약 수월성 교육을 지향하는 것으로 이해한다면 굳이 헌법 제11조에 기댈 필요가 없다.

Peter Westen, The Empty Idea of Equality, 95 Harv. L. Rev. 537(1982), p.543-545은 평등(여기서 그가 말하는 평등은 '같은 것은 같게, 다른 것은 다르게'라는 아리스토텔레스의 정식을 말하는 것이다.)이 형식을 제공할 뿐 규범으로서의 실체적인 내용은 갖고 있지 않음을 적확하게 지적하였다. 그는 분배의 규칙(rule)이 없으면 평등은 공허하고, 분배의 규칙이 정해지고 나면 평등은 불필요하다는 점을 지적하였다.

사용하는 수도꼭지를 구분한 것이 대표적인 예라 할 수 있다.[554)]

다른 한 편, 구분하여 청구인에게 유리한 취급을 하는 경우에 이를 다툴 수 있겠는가의 문제도 있다. 최근 헌재는 공무원의 재산등록 사건에서 간소하게나마 이 논점을 다루었다. 헌재는 이 경우에도 차별로 인식될 수 있다고 보았다.[555)] 평등을 실현하는 것이 청구인에게 번잡함을 주더라도 그 평등은 실현되어야 되는 것이라는 점을 설시하였다.[556)]

다만, 이 논점들은 이 논문의 주제와는 거리가 있어서 더 이상 다루지는 않는다. 중요한 것은 균일취급이 차별로 인식되지 않는다는 것이다.

3. 금지된 차별의 표지

헌법 제14조 제1항 후단은 무조건 차별을 금지하지 않았다. 몇 가지 사유를 열거한 뒤 이 사유를 이유로 한 차별만을 금지하였다. 만약에 이 사유들을 한정적인 것으로 이해한다면,[557)] 이것들에 해당하지 아니하는 사유로 차

---

554) Plessy v. Ferguson, 163 U.S. 537 (1896), 550은 합리성 심사를 진행하였다. 분리하여 같은 처우를 하는 것도 차별이라는 것을 받아들였다. Brown v. Board of Education of Topeka, 347 U.S. 483 (1954), 493은 분리하여 같은 처우를 하는 것에 대해 차별을 인정하고 정당화되지 않는다는 것을 논증하였다.

555) 헌재 2021. 9. 30. 2019헌가3, 판례집 33-2, 223, 226.

556) 다른 예를 든다면, 남성에게만 병역의무를 지우는 법률조항에 대하여 여성이 자신의 평등권 침해를 주장한다면 그 주장은 적법한가 하는 문제를 들 수 있다.

557) 법 내용의 문제로서 한정적 열거를 이유로 차별주장을 기각한 판례로 最大判昭和23年5月26日刑葉二巻五号五一七頁이 거론된다{樋口陽一 · 佐藤幸治 · 中村睦男 · 浦部法穂, 『注釋日本國憲法(上卷)』 靑林書院, 平成3年, 323(浦部法穂 執筆)}. 이 판결에서 상고인이 드는 사유가 헌법 제14조 제1항 후단에 열거된 사유에 해당하지 아니하고, 다른 사유에 기한 것이므로 헌법 제14조 제1항에 위반되지 않는다고 판단하였다. 그러나 이 판결의 사안이 우선 법 내용의 문제인가가 검토되어야 한다. 판시는 피고인에 대해 형의 집행유예의 은전을 부여하지 아니한 것을 다루었다. 집행유예를 선고할 수 있다고 정한 법률조항의 집행이라 할 수 있다. 이 사안을 두고 법 내용의 평등에 있어서 헌법 제14조 제1항 후단에 열거된 사유를 한정적인 것이라 보았다는 자료로 삼기에는 적절하지 않은 것 같다.

별한다 하여도 그것은 헌법에 의해 금지된 것이라 이해될 수 없다. 가사 이 사유들을 예시적인 것으로 본다고 하더라도[558] 이것들과 동등한 것으로 인정되는 사유에 기초하여 차별하는 경우에만 헌법이 금지하는 것으로 이해되어질 수 있다. 이점에 대해서는 위에서 충분히 검토하였으므로 더 다루지 아니한다. 다만, 이 점이 이 논문의 처음에 제시한 평등의 모순을 해소하는 결정적 인자임을 강조한다.

다만 열거된 사유들을 심사 기준을 정하는데 작동하는 것으로 이해하는 이론에 대해서는 몇 가지 말을 더해 두고자 한다. 헌법 제14조 제1항 후단에 기재된 사유들은 심사 기준을 정하는 요소가 아니다. 그 문언상 분명하다. 무엇을 금지된 차별로 인식할 것인가를 정하고 있다.

만약 이것이 심사 기준을 정하는 요소라고 이해되기 위해서는 문언이 달라져야 한다. 즉 헌법 제14조 제1항 후단에 기재되지 아니한 사유에 의하지 아니한 차별이라 하더라도 당연히 헌법에 의하여 금지된 것이고, 헌법 제14조 제1항 후단에 기재된 사유는 통상의 경우보다 엄격한 심사 기준을 적용하는 경우라고 이해되기 위해서는, '인종, 신조, 성별, 사회적 신분, 문벌에

또, 하나 법집행의 평등에 있어서는 차별금지 사유가 무엇인가는 아예 관념적으로 문제되지 않는다. 법이 정한 내용대로 집행되지 아니하면 그것은 바로 차별이다. 법내용의 평등과 법집행의 평등이 혼동하여 이해되는 것처럼 보인다.
이에 비하여 예시적 열거설을 채택한 것이라고 이해되는 最大判昭和48年4月4日刑集第27巻3号265頁은 형법 200조의 존속살 규정의 차별 문제를 다루는 것이어서 법내용의 평등을 다룬 것은 맞다. 다만 이 판례를 예시적 열거로 이해될 수 있는가에 대해서는 의문을 가지지 않을 수 없나. 이 판결에서는 존속살 규정이 어떤 사유로 차별을 하였는지도 언급하지 않았고, 그것이 헌법 제14조 제1항 후난에 열거된 사유와 동등한 것인가도 검토하지 않았다. 이 점에 대해서는 앞에서 보았다.

558) 이 논문에서는 예시적 열거설이 옳은가, 한정적 열거설이 옳은가에 대해서는 나루지 아니한다. 그것은 논리의 문제라기보다는 정책의 문제에 가깝기 때문이다. 단지, 분명하게 밝혀 두고자 하는 것은, 예시적 열거설을 받아들인다고 하여 모든 차별이 헌법에 의해 금지된나는 이헤는 틀렸다는 것이다. 필자는 분명하게 틀렸다고 말한다. 예시적 열거설에 의하더라도, 헌법상 금지되지 아니하는 차별의 사유가 있다. 이 점을 이해하면 평등의 모순은 해결된다.

의한 차별의 경우에는 엄격한 기준을 충족하여야 한다.'는 식의 문언이 있어야 한다. 그런데 헌법 제14조 제1항 후단에 기재된 사유들은 금지되는 차별의 요소를 정하고 있음이 그 문언상 명백하다.

헌법 제14조 제1항 후단에 기재된 사유를 어떻게 이해하는가 하는 것이 이 논문의 모두에서 제시한 평등의 모순을 해소하는데 있어서 결정적인 쟁점이다. 그동안의 학설과 판례는 모든 것을 똑같이 처우하는 것이 평등의 명령이라고 하는 전제를 유지하면서,[559] 헌법 제14조 제1항 후단에 기재된 사유가 헌법에 의해 금지된 차별을 한정한다는 것을 간과함으로써 평등의 모순을 벗어나지 못하였다.

이 논문은 평등이 같은 취급을 하는 것이라고 이해함을 전제로 하고 다만 헌법이 모든 차별을 금지하는 것이 아니라 헌법 제14조 제1항 후단의 기재된 사유 또는 그것과 동등한 사유에 의한 차별만을 금지한다고 이해함[560]으로써 평등의 의미를 유지하면서도 평등의 모순으로부터 벗어날 수 있었다.

4. 심사기준

이 논문의 제안을 받아들였을 때 달라질 것 중 하나는 심사 기준이다. 모든 다른 처우를 차별이라고 보는 A설을 따른다면 '정의로운 차별'도 정당하다는 논증을 거쳐야만 위헌이 아닌 것으로 될 수 있다. 거기에 엄격한 심사기준을 적용될 수 없다.

이 논문의 제안을 받아들인다면 평등이 적용되는 영역은 아주 좁다. A설

559) C설은 다르게 설명하였으나 결국은 B설을 거쳐 A설로 회귀하였다는 점은 앞에서 지적하였다. 결국 학설은 모두 A설에 모여 있고, 평등의 모순을 직면한 상태다.

560) 차별금지 영역에서의 차별인가 하는 점이 별도로 검토되는 것이 문리상 옳다. 그러나 그것이 무의미하여 생략하였다. 왜 무의미한가는 앞에서 설명하였다. V.3. 참조.

을 채택하면서 헌법 제14조 제1항 후단에 기재된 사유에 따른 차별에 대해서 엄격한 심사기준을 적용하여야 한다는 입론에서 엄격한 심사기준을 적용하여야 하는 차별과 이 논문이 헌법이 금지한 차별이라고 보는 영역은 거의 일치한다.[561)]

이런 것들을 모아 본다면 이 논문이 제안하는 평등의 적용 영역에 있어서는 엄격한 심사 기준만이 적용될 수밖에 없다. 완화된 심사기준이 적용된다고 보는 영역은 이 논문의 제안에 따르면 아예 헌법이 금지한 차별이 아니다.

다만, 엄격한 심사의 내용이 어떤 것인가, 또는 어떤 것이어야 하는가 하는 문제는 이 논문의 범위를 벗어난다. 그래서 따로 논문을 내기로 하고 더 이상 다루지 않는다.

---

561) 다만, 헌법 제14조 제1항 후단에 기재된 사유를 예시적으로 본다면 그것들과 동등한 것으로 인정된 요소에 기한 차별만큼 확장될 것이다.

VIII. 결론

VIII. 결론

결론을 맺을 때가 되었다. 평등 또는 반차별이라는 말이 그리 어려운 말인가? 아니다. 그리 어려운 말이 아니다. 법학자가 머리를 싸매고 궁리해야 그 의미를 알 수 있는 말이 아니다. 오래도록 보통사람들에 의해 사용되던 말이다. 차라리 권력 있고, 돈 있고, 똑똑한 사람들은 사용하지 않던 말이다. 보통사람들이, 권력 없고, 돈 없고, 배운 것이 적은 사람들이 '차별하지 말라', '평등한 인간으로 대우해 달라'고 외쳤다. 그 사람들이 연구해서 평등과 반차별을 주장한 것이 아니다.

초등학생에게 과자 6개를 주고 친구 3명에게 '평등하게 나누어 주라'고 부탁한다면 어떻게 나눠줄까? 한 명당 2개씩 나누어 주지 않을까? 과자의 분배원리를 따지고, 그 분배원리에 따라 각자의 품성의 量을 정하고, 그 품성의 비율에 따라 나누어 줄까?[562] 그렇게 하지 않을 것 같다.

이 논문은 학자들이 왜 '평등한 취급이란 균일취급을 의미한다.'라는, 쉽고 명쾌한 말을 하지 않을까 하는 의문에서 시작되었다. 일본의 교과서에 실린 평등의 정의를 살펴보면 그렇게 말하는 교과서가 거의 없다는 것을 알게 된다. 이렇게 저렇게 돌려 말하면서 평등이 '균일'을 의미한다는 말을 피한다.[563]

562) 이것이 아리스토텔레스 식의 정의로운 분배 과정이다. 그리고 이렇게 분배하여야 한다는 것이 이 논문 중의 C설이다.

563) 나중에 생각난 말인데, 어디다 끼워넣어야 좋을까, 자리를 못 찾았다. 여기에 기재하여 둔다. 왜 평등을 논하면서는, '상대적'이라는 말이 중요하게 다루어질까? 생각해 보면 다른 기본권에도 있는 논점인데, 다른 기본권에서는 '상대적'이라는 말이 거의 사용되지 않는다. '상대적 자유' 이런 말이 널리 사용된다는 말을 듣지 못하였다. 그런데, '상대적 평등설'은 법학 학설 중 가장 유명한 것 중 하나일 것이다. 왜 그럴까? 결국 균일취급설, A설을 부정하는 트릭으로 사용하는 것 같다. Ba설이나 Bb설이나 마찬가지다. Ba설은 A설을 부정하는 형식으로 自說을

그 예들을 나누어 보자. Ba설처럼 '균일취급'을 절대적 평등이라고 부르면서,[564] 그것이 틀렸다고 말한 다음에 '합리적 이유 있는 불균일 취급'을 허용하는 것이 상대적 평등이고, 이 상대적 평등이 옳다고 한다. Bb설은 그나마 '균일취급'을 절대적 평등이라 부르지 않고, '차별을 허용하지 않는 것'을 절대적 평등이라 부르면서, '합리적 이유 있는 불균일 취급'을 허용하는 것이 상대적 평등이고, 이 상대적 평등이 옳다고 한다. Bb설은 비교의 초점은 정확하게 맞추고 있다. Bb설은 드러내놓고 말하지 않았으나, 평등이 균일취급을 의미한다고 본다. 이것이 A설과 다른 점이다.

C설은 기본적으로 균일취급을 절대적 평등이라고 이름 붙인 후에, 그 절대적 평등은 틀렸고, C설이 타당하다고 주장한다. C설의 계열에는 몇 가지 다른 주장이 있다.

Ca설은 '같은 것은 같게, 다른 것은 다르게' 취급하는 것이 평등한 취급이라고 이해하는 견해이다. Cb설은 같은 '같은 것은 같게, 다른 것은 그 비율에 따라 다르게' 취급하는 것이 평등한 취급이라고 보는 견해이다. Cc설은 '같은 것은 같게' 취급하는 것이 평등한 취급이라 본다. 이것들이 크게 보면 같다고 할 수 있겠으나, 자세히 들여다보면 모두 다른 주장이다.

B설은 평등의 의미에 관한 견해가 아니다. 평등이 무엇을 의미하는가, 평등이 무엇을 명령하는가에 대해서 말하고 있지 않기 때문이다. 이 논문에서 B설을 소개하는 것은, Ba설이 A설 즉, 균일취급설에 대한 안티테제로 自說을 설명하고 있기 때문이다.[565] 이에 비해, C설은 평등의 의미에 관한 주장이다. 그러나 비판받을 부분이 적지 아니하다. 몇 가지 점을 살펴본다.

설명하였다. Bb설은 A설을 부정한 것은 아니고(예외를 허용하지 않는다는 의미에서의 '절대설'을 부정했다), 그리고 A설을 전제로 Bb설을 주장했지만, 이렇게 저렇게 말을 복잡하게 하면서 평등이 '균일'을 의미한다는 인식을 방해했다. 평등을 模糊함의 湖水에 밀어넣었다.

564) naming 자체가 잘못되었다. 균일취급 안에는 '절대적'에 어울릴 만한 표현이 없다.

565) 이 점은 Bb설과 다르다. 위에서 이 점을 보았다. Bb설은 예외의 허부 문제로 절대적 평등설을 설명한다.

각 설의 주장자들이 그 의미를 파악하고 있었는지에 대해서 상당한 의문이 든다. C설 안에서의 자신의 주장이 다른 C설과 무엇이 다른지, 왜 다른 주장이 옳지 않고 자신의 주장이 옳은지에 대해서는 전혀 주장하지 않았다. 이 논문 중 VI.에는 각 주장에 따라 어떻게 결론이 달라지는지를 논의해 두었다.

C설을 주장하면서도, 自說을 관철하지 않는다. 여러 책을 빌어서 기술하였다. 그들은 '합리적 이유 있는 차별을 허용하는 것'이 옳다는 결론으로 모두 돌아갔다. 그 전제로서 평등의 의미를 '균일취급'으로 이해하고 있다. 평등을 균일취급으로 이해할 수 없다고 전제한 후 논의를 시작하여 각자의 C설을 제시해 놓고는, 결국은 불균일 취급이 차별이고,[566] 불균일취급이 있더라도 합리적 이유가 있으면 그 차별이 정당화된다고 말한다.[567]

C설과 '합리적 이유가 있는 차별을 허용한다'는 상대적 평등은 아무런 논리적 상관관계가 없다. C설을 받아들이고도 '합리적 이유가 있는 차별을 허용하지 아니한다'는 절대적 평등을 채택할 수 있다. C설을 채택했으니 당연히 위의 상대적 평등으로 연결된다고 이해될 수는 없다.

C설이 타당하지 아니하다고 전제하였던 A설, 즉 균일취급을 평등한 취급으로 보는 근거를 하나 더 제시해 보자. 판례[568]는 분명히 말한 바는 없지만, 당연히 균일취급을 평등한 취급으로 이해하고 있다. 이것은 판례가 불균일취급이 있으면 바로 차별로 인식하고 정당화 심사에 나아가는 것을 보면 알 수 있다.[569] 그런데, C설의 주장자들은 전부 자신의 주장이 판례와 같은 입장이라고 말한다. 판례는 C설을 받아들이지 않는다. C설의 주장자들은, 균일취급이 평등한 취급을 의미한다는 A설을 부정하여 두고도, 결국은 다시 돌아가 판례의 A설을 자신의 입장이라고 본다. C설은 C설을 주장하고

566) 균일취급이 평등한 취급이고. 편익 또는 불이익의 배분 기준을 탐구하지 않는다.
567) IV. C說의 混線 참조.
568) 일본의 판례를 말한다.
569) C설을 따랐을 때 어떻게 차별의 존부를 확인하는가에 대해서는 VI. 참조.

있지 않다.

C설은 그들이 부정하고자 했던 A설로 돌아가 있다. 그들이 의식한 것으로 보이지 않는다. C설을 오해했기 때문에, 그들이 스스로 부정했던 A설을 돌아가 있다는 의식이 없었다고 본다. 필자는 이것을 논증한 것이 이 논문의 가장 큰 수확이라 본다.

C설이 평등의 의미로 이해될 수 없는 이론적 설명을 해 두었다.[570] C설은 헌법을 무의미하게 만들고, 法庭을 '正義'을 논쟁하는 마당으로 만든다. 법은 없다. 절차에 따라 합의되어 문자로 고착된 것이 법이라는 생각은 C설 앞에서 無氣力하다. C설은 평등을 Chaos 속으로 밀어 넣었다.

그러면 왜 교과서들은 균일취급을 평등한 취급이라 이해하기를 꺼려하는가? 왜 그 말을 하기가 그리 어려운가? 이 점을 생각해 볼 필요가 있다. 생각해 보자. 평등을 균일이라 이해하면, 평등권은 세상을 FLAT하게, 즉 평평하게 만든다. 평등을 균일로 이해하면, 평등이 이 세상의 모든 事態에 대해서 구별하지 말고, 똑같은 취급을 하도록 명령하는 것으로 이해된다.[571]

현실적으로 평등을 균일로 이해하면, 평등은 입법자에게 '사태를 구별하지 말라'고 명령한다. 그러면 입법자는 법을 만들 수 없다. 법은 사태를 구별하여 거기에 서로 다른 법적 효과를 부여하는 체계이기 때문이다.

그러면 어떤 문제가 생기는가? 헌법이 입법자에게 법을 만들라고 명령하면서도, 법을 만들지 말 것을 명령하는 형국이 된다. 이 논문은 이 상황을 '평등의 모순'이라고 정의했다. A설, 즉 균일취급설은 이 평등의 모순을 만났다. 이 모순을 극복하기 위해 B설 또는 C설이 주장되었다.

그러나 B설은 평등의 모순을 극복하지 못하였다. C설은 평등의 모순을 극복할 수 있다. 그러나 C설을 평등의 의미로 받아들일 수 없다. C설을 주장하는 학자들도 '본래적 의미의' C설을 주장한다고 생각하지는 않는다. C설

570) III.4. C설에 대한 학리적 비판 참조.
571) 필자는 그렇게 보지 않는다.

주장자는 C설이 '합리적 차별을 허용한다는' 것을 내용으로 하는 상대적 평등설과 같은 의미인 것으로 이해한다. 결국 C설은 B설을 거쳐 A설로 돌아왔다. 이론상으로도 C설은 타당하지 아니하다. 이 점은 앞에서 충분히 이야기하였으므로 여기에 다시 적지는 않겠다.

A설, 즉 균일취급설이 평등의 모순을 만나게 되고, C설도 타당하지 않다면 평등을 다른 의미로 이해하여야 하는가? 필자는 그렇게 생각하지 않는다. 평등은 '균일'로 이해하는 것이 타당하다. 역사상 평등을 주창하였던 많은 사람들이 받아들였던 의미를 변경하면 안 된다. 그것은 새로운 법을 만드는 것이다. 균일로 이해되는 평등이 타당하지 아니하다면, 평등을 폐기하고 다른 헌법을 만들어야 한다. 이 논문은 평등이 당연히 '균일'로 이해되어야 한다고 본다.

그러면 누군가는 물을 것이다. 평등을 균일로 이해하면 평등의 모순에 빠진다고 말하지 않았느냐. 왜 너는 모순에 빠지는 주장을 하느냐. 필자는 이에 대하여 헌법을 다시 한번 읽어 보자고 제안한다.

헌법은 '모든 국민은 어떠한 사유로도 차별받지 않는다'라고 규정하고 있지 않다. 모든 국민은 '인종, 신조, 성별, 사회적 신분 또는 문벌'에 의해 차별받지 않는다고 정하고 있다.[572] 헌법은 '인종, 신조, 성별, 사회적 신분 또는 문벌'이 차별의 사유로 되는 것을 금지한다.

위의 사유들을 예시적인 것으로 보더라도, 무엇이나, 어떠한 사유로도 차별할 수 없다는 의미로 이해될 수 없다. 이것은 內包(connotation)를 零으로, 外延(extension)을 무한대로 만든다. 열거되지 아니하였으나 헌법이 금지하는 사유로 추가될 수 있는 것은, 열거된 사유 즉, '인종, 신조, 성별, 사회적 신분 또는 문벌'과 동등하다고 인정되는 사유에 한정된다.[573]

---

572) すべての国民は、法の下に平等であって、人種、信条、性別、社会的身分又は門地により、政治的、経済的又は社会的関係において、差別されない。

573) 이 논문은 어떤 사유가 여기에 포섭될 수 있는가를 논하지 않는다. 적어도 한 개 이상 헌법이 금지하지 아니한 차별의 사유가 존재한다는 것만이 논증되면 이

이렇게 이해하는 경우, 기존의 주장과 달리 심사 단계가 하나 추가된다. 기존의 학설과 판례가 (i) 차별이 있는가 (ii) 정당화되는가의 2단계 심사를 하였다, 이 논문은 3단계의 심사를 주장한다.[574] (i) 차별이 있는가 (ii) 헌법이 금지한 사유에 따른 것인가 (iii) 정당화되는가.

헌법을 이렇게 읽으면 모든 불균일취급에 대해 정당화 심사를 실시할 필요가 없다. 불균일취급이 있더라도, 그것이 헌법에 의해 금지된 사유[575]에 기한 불균일취급이 아니라면, 정당화 심사를 하지 아니하고도 주장을 기각하거나 각하할 수 있다. 헌법에서 금지하지 아니한 사유에 기한 불균일취급은 헌법 제14조 제1항의 명령과 무관하다.

이 논문의 제안을 따르면 평등의 모순은 해결된다. 헌법은 '무조건' 차별을 금지하고 있다고 이해하면, 그 명령은 어처구니없는 것이라 할 것이다. 그러나 헌법상의 평등조항은 차별에 무관심하다. 다만 몇 가지 사유를 들어서, 그 사유들을 이유로 한 불균일취급만을 금지하고 있다.

그렇다면 그 금지를 들어서 모순이라 볼 것은 아니다. 입법자에게 사태를 구획하여 각 구획에 서로 다른 법적 효과를 부여하는 법을 만들되, 헌법이 금지한 몇 가지 사유를 이유로 불균일 취급만을 금지하기 때문이다.

그렇다고 하여 헌법이 금지한 사유들을 이유로 불균일 취급을 한다고 하여 바로 위헌으로 되는 것도 아니다. 평등권을 예외를 허용하지 않는 절대권으로 이해하지 아니하는 이상, 차별에 대해 합리적 이유가 인정되면 당연히 위헌이 아닌 것으로 판단될 수 있다. 이것은 평등권 고유의 문제가 아니다. 절대권 · 상대권의 내용을 밝히고 평등권의 본질상 절대적으로 보호하여

논문의 목표는 달성된 것이기 때문이다. 그래서 이 논문에서는 공원에 들고 들어갈 수 없는 것을 예시하여 보여주었다 하더라도, 그 명령으로부터 세상의 어떤 것도 공원 안으로 들고 들어갈 수 없다는 명령으로 이해되어서는 안 된다고, 설명하였다. V.3.다.(3)(나) 참조.

574) 차별금지 영역에 관한 논의는 생략한다.

575) 헌법에 명시적으로 열거된 사유. 만약 예시적 열거설을 받아들인다면 그것들과 동등한 사유까지 포함한다.

야 할 품성이 있는가를 논의하여 결론을 내면 될 문제다.

이 논문에서는 평등이 '균일'을 의미한다는 것, 그래서 균일한 취급이 평등한 취급이라는 A설, 즉 균일취급설을 유지하면서, 헌법 제14조 제1항 후단에 열거된 사유의 취지를 정확하게 이해하면 평등의 모순에서 벗어날 수 있음을 논증하고자 노력하였다.

그리고 이 논증 과정에 절대적 평등과 상대적 평등이라는 말이 상당히 다양의 의미로 이해되고 있음을 지적하였다. 필자는 記標(signifiant)는 집중되어 있으나, 記意(signifié)는 분산되어 있다고 표현하였다. 필자의 제안을 따르지 않더라도 이 점은 고쳐져야 한다. 하나의 말을 서로 다른 의미로 사용하는데 건설적인 토론이 있을 수 없다.

헌법이 모든 분배질서를 정해 두었거나, 그것을 법관이 정할 것을 예정하고 있다는 생각은 틀렸다. 거의 단언할 수 있다. 평등이 할 수 있는 일을 늘려 놓으면 자기들의 일자리가 늘어날 것이라고 생각한 것 아닐까. 그런 생각을 한다.

사람들은 자신이 알고 있는 개념이 널리 적용되고 쓰이기를 원한다. 평등이라는 말 하나로 세상을 재단할 수 있다고 하는데 사양할 리가 없다. 그 말이 그렇게 쓰임으로서 어떤 문제가 생기는가는 알 바 아니다.

무책임한 주장으로는, 법치주의를 실질적 법치주의로 확장하려는 시도가 예로 들어질 수 있다. 자유 안에 국가를 향한 자유까지 포섭시키려는 노력도 여기에 포함된다. '실질'이라는 말이 붙은 대부분의 법학 개념이 여기에 포함된다. 실질이 붙은 대부분의 법학의 개념들은 유해하다. 이 말을 쓰는 사람들은, 이 말을 논리적으로 해결할 수 없는 문제를 해결하는 도구로 사용한다.

평등에서는 다른 분야에 있을 수 있는 해악보다 더 큰 해악을 불러온다. 다른 분야에서는 '실질'이 개입한다고 하여 원래 이론의 근본적인 틀이 달라지지는 않는다. 이론은 그대로 유지되면서 적용범위가 확장될 뿐이다. 그러

나 평등에서는 가장 기초적인 논의 자체를 바꿔버린다.[576)]

평등은 그냥 평평한 것이고, 차별은 울퉁불퉁하게 대하는 것이다. 그것 이상 아무것도 아니다. 이 단순한 말을 뒤틀어서 평등이 정의를 안고 있다고 말하니, 평등론이 혼돈(chaos)에 빠질 수밖에 없다. 누구나 평등을 말하지만, 누구도 평등을 알지 못하는 상황이 되었다. 필자가 『평등정명론』에서 언급하였다. 헌법재판관이 이런 말을 하였다. (i) 평등은 편리하더라 (ii) 그런데 그 의미는 모르겠더라.[577)]

세상의 분배질서는 모여서 토론해서 정할 일이다. 논리적으로 추론할 수 있는 일이 아니다. 그 일을 하기 위해 국회가 구성되어 있다. 그 국회가 결정한 일을 재판관 몇 명이 모여 쑥덕쑥덕한 뒤에, 국회의 결정은 틀렸다. 평등의 이름으로 국회의 결정이 틀렸음을 선언한다. 이런 일이 일어나도 헌법적으로 아무 문제가 없다고 학자들이 떠들고 다닌다는 상황을 믿을 수 없다.

---

576) "나아가 현재 도서.벽지.접적지역과 특수학교에 한하여 의무교육을 실시하고 있는 것은 그러한 경우에는 지리적 여건이나 피교육자의 특성상 교육을 받을 기회가 상대적으로 불리하다는 점을 고려한 것으로 이는 오히려 실질적 평등의 원칙에 부합된다고 할 수 있다. 따라서 교육법 제8조의 2는 헌법 제11조 제1항에 정한 평등의 원칙에 위반되지 아니한다."(헌재 1991. 2. 11. 90헌가27, 판례집 3, 11, 26)
이 판시는 중학교 의무교육의 단계적 실시에 관한 판단 중의 것이다. 실질적 평등이 헌법에 의해 요구된다면, (차별로 인정되지만) 헌법에 위반되지 않는 것이 아니라, 법상의 조치 자체가 헌법의 명령에 그대로 부합한다. 그러면, 헌법이 그것을 명령한다고 결론을 뒷받침하는 논증을 하였어야 한다. 막연히 그렇게 하는 것이 좋으니까 실질적 평등에 부합된다고 하여서는 곤란하다.
이 논증을 하면 결국 다른 것은 다르게 취급하여야 한다는, 이 논문상의 Ca설을 가지고 뒷받침할 수밖에 없다. 그러면 다시 교육이라는 가치가 어떻게 배분되어야 하는가를 논의하지 않을 수 없다. 이것을 파악해 낸 뒤에야 같게 취급하여야 할 것과 다르게 취급하여야 할 것을 나누는 기준이 세워진다. 결국 평등은 같게 취급할 것을 명령하고 있지 않고, 같게 취급하도록 명령하거나 다르게 취급할 것을 명령한다는 것으로 이해된다. 평등의 명령 자체를 전혀 다른 것으로 만들어버린다. 이론의 근본이 흔들린다.

577) 누군가의 말을 옮기는 것 같아 불편하기는 하다. 그러나 오늘날 평등이 처한 상황을 가장 상징적으로 보여주는 말이라서 인용한다. 다만 화자를 밝히지 않는다.

헌법이 정한 평등은 적극적으로 분배질서를 정한 것이 아니다. 분배질서로 될 수 '없는' 몇 가지 기준을 제시하였을 뿐이다. 역사적 경험이 반영되었다. 그것들을 분배 기준으로 정하는 것이 '거의' 부정의하다고 보았다. 그것뿐이다. 헌법상의 평등조항은 그 밖의 분배질서를 방해하지 않는다. 헌법은 그렇게 정하고 있다. 암호로 써진 것도 아니다. 외계어로 써진 것도 아니다. 쉽게 써져 있다. 이 말을 이해하는 것이 그리 어려운가?

그래도 어려우면, Martin Luther King의 유명한 연설 중의 한 구절을 보자.[578)]

> "I have a dream that my four little children will one day live in a nation where they will not be judged by the color of their skin but by the content of their character."

여기서 King 목사는 분배의 기준을 두 가지로 나누었다. 하나는 'by the color of their skin'이고, 다른 하나는 'by the content of their character'이다. King 목사는 전자를 반대했다. 후자에 대해서는 긍정했다. 이것이 그의 인종평등의 이상이다. 헌법에는 이런 차별금지 사유가 몇 가지 더 있을 뿐이다. 인종 외에 '신조, 성별, 사회적 신분, 문벌'[579)]이 더 있을 뿐이다.

'the content of their character'는 다양하다. 성과주의, 필요주의, 능력주의 등. 이것들 중 어느 것을 채택할 것인가는 헌법상의 평등과 무관하다. 헌법이 특별히 정할 수도 있겠지만,[580)][581)] 헌법이 정하지 않았으면 국회가

578) 1963. 8. 28. the Great March on Washington.

579) "すべての国民は、法の下に平等であって、人種、信条、性別、社会的身分又は門地により、政治的、経済的又は社会的関係において、差別されない。"

580) 한국 헌법 제31조 제1항 "모든 국민은 능력에 따라 균등하게 교육을 받을 권리를 가진다."

581) 다만, 한국 헌법재판소는 필자와 같이 이해하지 않는다. "헌법 제31조 제1항은

토론하여 정할 일이다.

이 말이 어렵다 하니 필자로서는 곤혹스럽다. 그만 쓰기로 한다. 여기까지 읽어주신 분께 감사드린다.

헌법 제11조의 일반적 평등조항에 대한 특별규정으로서 교육의 영역에서 평등원칙을 실현하고자 하는 것이다(헌재 2017. 12. 28. 2016헌마649 참조)."(헌재 2022. 3. 31. 2021헌마1230, 판례집 34-1, 317, 322)

IX. 보론

1. 도입
2. 심사 기준의 혼재
3. 혼동
4. 일반법
5. 결론

IX. 보론

1. 도입

결론 뒤에 무언가를 더 쓴다는 것이 불편하기는 하지만, 이 논문이 한글로 출판되는데, 우리나라의 이야기가 없는 것도 어색하여 몇 자를 더 쓰기로 한다. 써야 할 말은 그런 것이다. 한국은 어떤가?

앞에서 살짝 이야기하였지만, 우리나라의 문헌들을 보면 일본의 것과 그 체제나 내용이 상당히 유사하다. 일본의 영향이 없었을 수 없다. 우리 학계가 독자적으로 우리식의 논의를 해보고자 애를 쓰는 것은 최근의 일이다.[582)]

특히 헌법학, 그 중에서 헌법재판제도나 기본권 분야의 최근 논의는 무척 풍부하다. 논의를 이끌어갈 수 있는 이야깃거리를 제공해 준 헌재의 역할이 컸다. 논의의 수준은 상당히 높다. 이 논문에서 다룬 일본의 수준은 넘어섰다고 본다.

그러면 판례는 어떤가? 여기서 다루는 평등론에 한정하여 말한다면, 큰 진전이 있다고 평가하기 어렵다. 필자가 보기에 초기 판례의 수준에 머물러 있다. 진보가 있다고 볼 만한 것이 없다.

판례의 가장 큰 문제점은 이런 것이다. "가장 적게 아는 사람의 결정이 가장 많이 아는 사람을 구속한다." 시계열적으로 보면 그렇게 말할 수 있다.

헌재가 처음 출범하였을 때, 헌재는 청구되는 사건들을 처리하기 위하여 우선 교과서를 참조하였을 것이다. 그 교과서들은 외국의 것, 특히 일본의

582) 로스쿨이 출범한 이후에는 외국에서 유학한 학자의 수가 더 줄어든 것 같다. 로스쿨에서는 바로 국내법을 강의할 수 있는 교수가 필요했기 때문이라 생각된다. 좋은 일인지, 좋지 않은 일인지에 대해서는 판단하지 않겠다.

것을 많이 참조하였을 것이다. 그때 판례로 편입된 판시들이 한 번 두 번 반복된 후 확립된다. 확립된 후에는 아무리 좋은 논증으로 비판해도 변경되기 어렵다.[583)]

필자는 우리나라 헌법 제11조 제1항의 해석론은 일본 헌법 제14조 제1항의 해석론과 달라야 할 이유가 없다고 본다. 구문 구조가 거의 똑같기 때문이다. 그렇다면 앞에서 말한 것처럼, 헌법 제11조 제1항은 입법자에게 '성별, 종교, 사회적 신분'을 이유로 한 차별을 금지할 뿐이고,[584)] 열거되지 아니한 다른 사유에 따른 차별은 헌법이 금지하지도 않고, 명령하지도 않는다고 해석되어야 한다고 본다.

그러나, 판례는 그렇지 않다. 앞에서 보인 A설[585)]에 따른 판례가 주류다.[586)] 그리고 Ca설을 기반으로 하는 입론, Cc설을 기반으로 하는 입론들이 양념처럼 흩어져 있다.[587)] Ca설은 '같은 처우'를 위헌이라고 결정하고자 할 때 갑자기 툭 튀어나온다. 사회권이 문제되는 사례에서 그런 경우가 많다.[588)] Cc설은 평등권 침해 주장을 배척하는 이론으로 활용된다. 청구인이 양자 사이의 다른 처우를 차별이라 주장하지만 양자가 본질적으로 같지 아

583) 헌재의 헌법연구관들도 판례에 문제가 있다는 것을 말하기는 쉽지 않다. 당장 "한가한가?"라는 질문을 받기 쉽다. 그리고 헌법 제11조 제1항의 해석론은 너무도 복잡하여 설혹 판례의 타당성에 의심을 가지게 되었다 하더라도 본격적으로 연구하고 그 결과를 연구보고서에 담기는 어렵다. 필자의 연구관 경험에 비추어 보면 그렇다.

584) 예시적 열거설을 받아들인다면, 명시적으로 열거된 사유들과 동등한 것을 포함한다. 차별금지 영역의 문제는 논외로 한다.

585) 후문에 기재된 사유를 예시로 보면서, 內包를 零으로, 外延을 無限大로 하는.

586) 평등의 모순을 안고 있다. 정의와 배치된다. 앞에서는 '바보 같은 평등명령'이라 이름붙인 그런 것이다.

587) 헌재가 Cb설을 명시적으로 언급한 일은 없다. 도리어 누진세제를 정당한 세제라고 보는 판례들은 있다. 앞에서 여러 차례 언급했지만, 누진세제는 Cb설과 조화롭지 않다.

588) 정주백, "평등을 통한 사회적 기본권 실현에 대한 우려", 『헌법재판연구』 제9권 제1호, 헌법재판연구원, 2022, 135 이하 참조. 그래서 사회권에 관한 논의는 무척 위축되었다.

니하므로, 차별로 인식할 수 없다는 판시에 많이 원용된다.

이렇게 이야기하면 바로, 그래도 되는가? 하는 의문을 가져야 한다. 하나의 재판기관의 하나의 조문에 대한 해석론이 이렇게 多岐하여도 좋은가?

아래에서는 일단 헌재의 해석론이 多岐하다는 점을 보이고(2), 보태어서 혼동(3)과 일반법의 문제(4)를 살펴보고 결론을 맺기로 한다.

2. 심사 기준의 혼재

가. A설[589)]

(1) 일반론

"헌법 제11조 제1항은 "모든 국민은 법 앞에 평등하다. 누구든지 성별 · 종교 또는 사회적 신분에 의하여 정치적 · 경제적 · 사회적 · 문화적 생활의 모든 영역에 있어서 차별을 받지 아니한다." 라고 규정하고 있다. 이러한 평등의 원칙은 일체의 차별적 대우를 부정하는 절대적 평등을 의미하는 것이 아니라 입법과 법의 적용에 있어서 합리적 근거가 없는 차별을 하여서는 아니된다는 상대적 평등을 뜻하고, 따라서 합리적 근거가 있는 차별 또는 불평등은 평등의 원칙에 반하는 것이 아니다."[590)]

---

589) 內包가 零인 예시적 열거설과 결합된 것.

590) 헌재 2011. 4. 28. 2009헌바56, 판례집 23-1하, 1, 11-12. 인용 중의 판례 생략. 동일 또는 유사 취지의 판례로는, 헌재 1989. 5. 24. 89헌가37, 판례집 1, 48, 54; 헌재 1992. 4. 28. 90헌바27, 판례집 4, 255, 271; 헌재 1994. 2. 24. 91헌가3, 판례집 6-1, 21, 33; 헌재 1995. 9. 28. 92헌가11, 판례집 7-2, 264, 280-281; 헌재 2002. 3. 28. 2000헌마53, 판례집 14-1, 159, 162; 헌재 2002. 7. 18. 2000헌바57, 판례집 14-2, 1, 17; 헌재 2002. 12. 18. 2001헌바55, 판례집 14-2, 810, 818; 헌재 2002. 12. 18. 2001헌마546, 판례집 14-2, 890, 900; 헌재 2015. 2. 26. 2012헌바268, 판례집 27-1상, 51, 57; 헌재 2015. 3. 26. 2014헌바156, 판례집 27-1상, 273, 282; 헌재 2016. 2. 25. 2015헌가15, 판례집 28-1상, 13, 20; 헌재 2016. 2. 25. 2013헌바113, 판례집 28-1상, 59, 66; 헌재 2018. 1. 25. 2017헌가7, 판례집 30-1상, 1, 8; 헌재 2018. 1. 25. 2015헌마1047, 판례집 30-1상, 150,

(2) 사례

"청구인들은 범죄단체의 구성원으로서의 '활동'에 대하여 일률적으로 무거운 징역형으로 처벌하도록 하는 것이 일반 예비 · 음모죄와 비교하여 범죄단체 활동죄를 자의적으로 차별하는 것이라고 주장하나, 위에서 본 바와 같은 이 사건 법률조항의 입법목적과 범죄단체 활동죄의 특징 및 위험성 등에 비추어 보면, 일반 예비 · 음모죄와 범죄단체 활동죄 사이에는 그 불법성에 있어서 일반적으로 차이가 있고 후자가 보다 중한 범죄라고 평가할 수 있으며, 구체적인 사례에 따라 전자의 불법성이 더 클 경우에는 법관의 양형을 통해 시정될 문제라 할 것이므로, 이 사건 법률조항이 평등원칙에 위배된다고는 볼 수 없다."[591)]

"현역병 및 군간부후보생 교육기관에서 교육을 받다가 퇴교되어 현역병, 승선근무예비역, 사회복무요원, 예술 · 체육요원, 전문연구요원, 산업기능요원으로 복무하게 된 사람의 경우 군사교육기간이 의무복무기간에 산입되는 데에 비하여, 심판대상조항은 단기법무장교가 법무사관후보생으로서 군사교육을 받은 기간을 의무복무기간에 산입하지 않고 있다. 따라서 심판대상조항이 현역병 및 퇴교 후 복무자와의 관계에서 단기법무장교인 청구인들의 평등권을 침해하는지 여부가 쟁점이 된다."[592)593)]

"공인중개사법을 위반하여 벌금형을 받은 경우 중개사무소 개설의 필요적 결격 내지 취소사유로 정할 것인지 여부는 입법재량이 인정되는 전문자격제도의 형성에 관한 문제로서, 이에 관하여 헌법에서 특별히 평등을 요구하고 있지 아니하며, 관련 기본권에 중대한 제한을 초래하지 아니하므로, 건축사, 감정평가사 등 벌금형 선고를 자격 취소사유로 규정하고 있지 아니한 다른 전문직과의 차별이 합리적인 이유

158; 헌재 2018. 3. 29. 2017헌바56, 판례집 30-1상, 457, 463; 헌재 2018. 4. 26. 2016헌마611, 판례집 30-1하, 21, 36; 헌재 2018. 6. 28. 2016헌바77, 판례집 30-1하, 496, 519; 헌재 2018. 6. 28. 2017헌마238, 판례집 30-1하, 719, 721-722; 헌재 2019. 2. 28. 2017헌마374, 판례집 31-1, 175, 180; 헌재 2019. 4. 11. 2017헌마601, 판례집 31-1, 490, 494; 헌재 2019. 4. 11. 2017헌마602, 판례집 31-1, 499, 509; 헌재 2019. 4. 11. 2017헌마603, 판례집 31-1, 517, 522; 헌재 2019. 8. 29. 2016헌가16, 판례집 31-2상, 94, 106-107; 헌재 2022. 2. 24. 2020헌마177, 판례집 34-1, 233, 237; 헌재 2022. 10. 27. 2018헌마972, 판례집 34-2, 457, 464. 이 판례들을 검색하고 정리하는 데는 헌재 홈페이지의 판례검색 시스템의 도움을 받았다. 헌재의 판례를 검토하고 연구하는 데 큰 도움을 준다. 늘 감사한다. 헌재 홈페이지 (https://www.ccourt.go.kr/site/kor/main.do) → 판례 · 통계 · 법령 → 판례정보에서 이용할 수 있다.

가 있는지를 심사하면 충분하다."[594)595)]

(3) 검토

A설을 뒷받침하는 사례는 너무 많아서 따로 예를 든다는 것이 무의미하다. 아래에서 보는 것처럼 Ca설이나 Cc설에 기반한 판례들이 있기는 하나 거의 대부분 판례에서 헌재는 다른 취급을 확인하면 바로 정당화 심사에 나아간다. 위에서 든 사례들에서도 양자 사이에 본질적 동일성이 인정되는가는 검토하지 아니하고 바로 정당화 심사에 나아갔다.

나. Ca설

(1) 일반론

"헌법 제11조 제1항이 규정하고 있는 법 앞에서의 평등의 원칙은 본질적으로 같은 것은 같게, 본질적으로 다른 것은 다르게 취급할 것을 요구한다. 그러므로 본질적으로 같은 것을 다르게, 다른 것을 같게 취급하는 경우에 비로소 침해가 발생하고, 본질적으로 같지 않은 것을 다르게 취급하는 경우에는 차별 자체가 존재한다고 할 수 없다."[596)]

591) 헌재 2011. 4. 28. 2009헌바56, 판례집 23-1하, 1, 12.
592) 헌재 2024. 3. 28. 2020헌마1401(공보불게재). 괄호 부분 생략.
593) 양자에 대하여 다른 취급을 확인하고 바로 정당화 심사에 나아갔다. 이것은 A설의 논증방식이다. Cc설에서는 양자가 본질적으로 같다는 점을 확인하여야 정당화 심사에 나아갈 수 있다.
594) 헌재 2015. 5. 28. 2013헌가7, 판례집 27-1하, 195, 202.
595) 비교대상 집단과 본질적으로 같다는 점에 대한 논증 없이 바로 정당화 심사에 나아갔다.
596) 헌재 2012. 11. 29. 2010헌바454, 판례집 24-2하, 108, 116.

(2) 사례

"PE관과 PVC관은 양자 모두 소비자가 성분 · 성능 · 규격 등을 구별하기 곤란한 공산품으로서 下 · 排水用으로도 사용된다는 점에서 본질적으로 동일한 비교집단이 된다. 그런데 심판대상조항들은 PVC관만 안전 · 품질표시대상공산품으로 규정하여 下 · 排水用 PVC관에 대하여 이 사건 안전기준을 적용하도록함으로써 下 · 排水用 PVC관을 제조 · 판매하는 자와 下 · 排水用 PE관을 제조 · 판매하는 자를 차별취급하고 있다."[597)598)]

"청구인이 차별취급의 대상으로 주장하는 법관, 의사, 공인노무사, 변리사, 세무사, 관세사, 공인중개사, 건축사, 기술사는 변호사와 그 직무의 내용 및 성질, 목적 또는 사명, 자격요건, 의무 등에 차이가 있어서 본질적으로 같은 직업이라고 할 수 없으므로, 이들과 변호사를 청구인의 주장과 같이 다르게 취급한다 하더라도 이는 본질적으로 같지 않은 것을 다르게 취급하는 것에 불과하여 차별 자체가 존재한다고 할 수 없다."[599)]

"이 사건 법률조항이 통상적인 부양을 한 공동상속인과 통상적인 부양조차 하지 않은 공동상속인이 본질적으로 동일하지 않은 집단임에도 동일하게 취급하여 평등원칙에 위반되는지 여부에 관하여 본다. 이 사건 법률조항의 입법취지에 비추어 특별한 부양이라 함은 다른 공동상속인이 행하는 부양 수준에 비추어 특별한 수준의 부양이라고 봄이 상당하다. 민법은 친족별로 부양의무의 존부 및 그 정도를 달리 정하고 있으므로, 공동상속인 중 일부는 다른 공동상속인보다 가중된 부양의무를 부담하고 있는 경우도 있을 수 있다. 부양을 할 자의 순위나 부양의 정도 또는 방법에 관하여 당사자 간에 협정이 없는 때에는 법원은 당사자의 청구에 의하여 이를 정하도록 하고 있으며, 이에 관한 당사자의 협정이나 법원의 판결이 있은 후 사정변경이 있는 때에는 법원은 당사자의 청구에 의하여 그 협정이나 판결을 취소 또는 변경할 수 있다. 가사소송법 관련규정은 위 민법규정에 의한 법원의 처분을 마류 가사비송사건으로 정하여 가정법원의 전속관할로 하고 있으므로, 공동상속인들 중 부양의무자가 수인인 경우 부양에 관한 사항은 위 가사소송법의 규정에 의한 가사비송사건에 해당하여, 과거 부양료의 구상청구도 가사비송사건으로서 가능하며, 민법상의 일반적인 부양의무를 이행한 공동상속인은 부양의무자이면서도 부양의무를 이행하지 아니한 다른 공동상속인에게 위와 같은 절차를 거쳐 부양료를 직접 청구하는 등의 방식으로 이해관계의 조정이 가능하다. 그렇다면, 이 사건 법률조항이 민법상 부양의무의 이행에 불과한 부양을 행한 공동상속인과 민법상 부양의무의 이행조차 행하지 않은 공동상속인을 구별하지 않고, 특별한 수준의 부양을 행한 공동상속인에게만 기여분을 인정하는 것이 현저히 합리성을 결여하여 자의적인 입법에 의한 것이라고 볼 수 없다."[600][601]

"평등원칙은 입법자에게 본질적으로 같은 것을 자의적으로 다르게, 본질적으로 다른 것을 자의적으로 같게 취급하는 것을 금하는 것이다. 그런데 공용수용으로 인한 양도가 이 사건 법률조항이 정하고 있는 양도에 포함되는 이상, 양도 여부를 스스로 결정할 수 없다는 이유만으로 자의에 의한 일반 양도의 경우와 달리 양도소득세를 부과할 수 없다고 보아야 하는 것은 아니다. 양도 및 양도소득의 개념, 양도소득세의 본질과 특성 등에 비추어 보면, 당사자의 의사에 의한 양도인지 여부가 양도소득세의 과세에 있어 다르게 취급하여야 할 본질적 요소의 차이라고 할 수는 없기 때문이다. 공용수용이 국가의 정당한 법집행에 의하여 이루어지고 이에 대하여 정당한 보상이 주어지는 것을 전제로 한다면, 오히려 공용수용을 양도소득세의 과세대상에서 제외하는 것이 조세부담의 불평등을 초래할 여지도 있다. 결국 일반 양도로 인한 양도소득뿐만 아니라 공용수용으로 인한 양도소득에 대해서도 동일하게 양도소득세를 부과하는 것은 본질적으로 같은 것을 같게 취급하는 것으로서, 평등원칙에 반하지 않는다."[602]

---

597) 헌재 2015. 3. 26. 2014헌마372, 판례집 27-1상, 383, 397.

598) 이 사례를 Cc설에 기반한 판단으로 볼 수도 있다. (i) 분배원리가 무엇인가? (ii) 양자의 본질적으로 같은가? (iii) 다른 취급을 하였는가?의 순으로 판단하였다면, Ca설의 논증방식을 따른 것이다. 그런데, (i) 다르게 취급하였는가? (ii) 본질이 같은가? 순으로 검토하였다면 Cc설의 논증방식이다. 여기서는 본질이 같다는 점을 먼저 판단하였다. 이 점은 Ca설과 친한 논증방식이다.

599) 헌재 2012. 11. 29. 2010헌바454, 판례집 24-2하, 108, 116.

600) 헌재 2011. 11. 24. 2010헌바2, 판례집 23-2하, 278, 288-289.

601) 양자가 본질적으로 다르다는 것을 전제로 판단하고 있다. 다만 같고 다름의 기준이 무엇인가에 대해서는 말하고 있지 않다. 조세의 경우 응능부담원리를 채택하고, 부담능력의 같고 다름에 따라, 본질적으로 같은가 다른가를 판단하는 것과 다르다. 일부의 사안에서 헌재가 Ca설을 받아들이지만 그 논증 구조가 이론적으로 튼튼한 것 같지는 않다.

602) 헌재 2011. 10. 25. 2010헌바134, 판례집 23-2상, 857, 867. 인용 중의 판례 생략.

(3) 검토

헌재의 결정 안에 A설과 별개로 Ca설과 같은 다른 입론이 공존하고 있는 것은 상당히 큰 문제다. 이것이 재판에 있어서 얼마나 심각한 문제인지가 인식되지 못하고 있다. 더 심각한 것은, 아래에서 보겠지만, A설과 Ca설이 다른 내용을 담고 있다는 것 자체를 인식하지 못하는 것이다. 헌재가 Ca설을 받아들이고, Ca설의 논증 방법에 따라 심사를 진행한다면 적어도 일관성이 없다는 비난은 듣지 않을 것이라고 본다.

다. Cb설

헌재가 Cb설을 직접 언급한 사례는 없다. 다만, Ca설을 전제로, Ca설이 Cb설을 포함하고 있다고 이해한 것으로 보이는 판시는 있다.

"우선, 개별적 구성요건을 위반한 집단과 포괄적 금지규정을 위반한 집단이 하나의 집단 안에 포섭될 수 있는 것은 아니다. 즉, 개별적 구성요건 위반과 포괄적 금지규정 위반은 그 불법의 실질이 전혀 다르다. 그러므로, '같은 것은 같게, 다른 것은 다르게' 처우하여야 한다는 헌법상 평등원칙에 있어서, '같은 것을 다르게' 처우하는 문제는 없다.

나아가, 포괄적 금지규정을 위반한 불법이 가벼움에도 불구하고, 그 형벌이 더 중한가 하는 점을 살펴본다.

정치자금법의 목적은 "정치자금의 적정한 제공을 보장하고 그 수입과 지출상황을 공개함으로써 민주정치의 건전한 발전에 기여"(정치자금법 제1조)함에 있고, "정치자금은 국민의 의혹을 사는 일이 없도록 공명정대하게 운영되어야 하고, 그 회계는 공개"(정치자금법 제2조 제2항)되어야 한다고 하면서 정치자금공개의 원칙을 천명하고 있는데, 위와 같은 목적과 원칙을 염두에 둔다면, 정치자금법에 정해진 개별적 금지 또는 제한의 위반보다는 아예 정치자금법의 규율영역 바깥에서 음성적인 정치자금을 수수함으로써 정치자금법의 목적과 원칙을 무시하는 행위의 불법이 더 큰 경우도 얼마든지 있을 수 있다. 우리 사회에서 악습 또는 병폐로써 정치자금이 문제되는 것은 각 개별적 구성요건을 위반하는 것이 아니라, 음성적이고 불법적인 자금을 밀실에서 주고받으면서 정치권력과 금력이 야합하는데 있었던 것이다. 거기에 비하면 정치자금법 상의 구체적, 개별적 구성요건을 위반한 경우는 그 불법의 정도가 음성적 정치자금의 수수보다는 가벼운 것이 일반적이다.

또, 이 사건 법률조항은 단지 법정형의 상한만을 더 중하게 규정해 두었을 뿐이므로, 특별한 경우에 있어서 포괄적 금지규정위반의 불법이 매우 가볍다면, 법관에 의해 불법의 정도에 적합한 형이 정해질 수 있는 것이므로, 구체적인 사건에 있어서는 청구인이 지적하는 바와 같은 양형의 불균형 문제는 생기지 아니한다.

그렇다면, 이 사건 법률조항의 법정형이 개별적 구성요건을 위반한 경우와 비교하여 형벌체계상 균형을 잃었다고 볼 수 없으므로, 평등원칙에 위반되지 아니한다."[603]

A집단(개별적 구성요건을 위반한 집단)과 B집단(포괄적 금지규정을 위반한 집단)에 대해 서로 다른 처우를 하고 있다. B집단에 대해 더 중한 법정형이 정해져 있다.

첫 번째로 문제된 것은, 양자가 본질적으로 서로 같은데 다른 취급을 하는 것 아닌가? 하는 물음이다. 이에 대해 헌재는 양자가 본질적으로 다른 것이어서 '같은 것을 다르게' 처우하는 상황은 아니라고 보았다.

두 번째로 문제된 것은, A집단과 B집단이 본질적으로 달라서 다르게 처우한다 하더라도, 각 사태가 다른 비율과 각 사태에 대한 처우의 비율이 일치하지 않아서 차별로 인식되어야 하는 것 아닌가 하는 것이었다.

다시 말해 A집단과 B집단이 서로 본질적으로 다르다는 것은 수용하더라도, A집단의 불법에 비해 B집단의 불법이 가벼움[604]에도 불구하고, B집단에 대해 더 중한 법정형을 규정하는 것은 (다른 것은 다르게의 기준[605]은 충족할지 모르지만), 다른 것을 그 비율에 따라 다르게[606] 처우하는 것은 아니므

603) 헌재 2004. 6. 24. 2004헌바16, 판례집 16-1, 759, 767-768.

604) 형벌의 양을 결정하는데, 불법의 경중이 같고 다름을 판별하는 기준으로 된다는 것이 전제되어 있다.

605) Ca설의 관점.

606) Cb설의 관점.

로 차별로 인식되어야 한다는 주장을 청구인이 하였고, 이에 대해 헌재가 Cb설의 관점에서 보더라도 차별로 인식되지 않는다는 점을 판시하였다.

> "조세는 세목의 종류에 따라 그 과세목적과 정책목적이 다르므로 그에 상응하여 세율의 체계도 서로 달리할 수 있는 것인바, 종토세의 정책목적, 경과세 또는 중과세로 분리과세하는 경우와 별도 합산과세하는 경우 및 전국의 모든 토지를 납세 의무자별로 합산과세하는 경우 등 세 가지 과세표준으로 구분과세하여야 할 정책적 필요성, 과세표준액의 평가방식, 세액단계별 납세의무자 및 납세액의 분포, 종토세의 실제 조세부담율 등을 종합하여 볼 때, 종합합산과세표준의 세율이 합리적인 누진구조를 벗어났다거나, 조세체계상 현저히 균형을 상실한 것이라고 보기 어렵다. 우리나라의 심각한 토지소유 편중현상을 감안할 때, 초과누진세율의 체계는 담세능력에 상응한 공평과세의 원칙을 관철함으로써 오히려 실질적 평등에 이바지하고자 하는 제도라고 볼 수도 있다."[607]

> "토초세는 토지에 관한 자본이득에 대한 과세라는 점에서 실질적으로 보아 양도소득세와 그 궤를 같이 하는 조세이고, 어느 의미에서는 양도소득세의 예납적 성격을 띠고 있다고 보아도 과히 잘못이 없다. 그럼에도 불구하고 굳이 토초세의 세율체계를 이렇다 할 합리적인 이유도 없이 양도소득세와는 달리 단일비례세로 한 것은, 단순한 입법정책의 문제를 떠나 소득이 많은 납세자와 소득이 적은 납세자 사이의 실질적인 평등을 저해하는 결과를 낳고 있다고 볼 수 있다. 따라서 토초세법 제12조는 헌법상의 재산권 보장규정과 평등조항에 위배된다."[608]

위의 판례는 단일비례세제도는 응능부담원리에 부합하지 않고, 누진세제도가 응능부담원리에 부합한다고 본다. Ca설의 관점에서 보면 단일비례세제도나 누진세제도는 전부 평등에 부합하는 조세체계다. 단지 Cb설에 따랐을 때만 그 결론이 달라진다. 이론적으로는 단일비례세제도가 Cb설에 부합하고 누진세제도는 Cb설과 조화롭지 않다. 담세능력의 비율과 부담하는 세금의

607) 헌재 2001. 2. 22. 99헌바3, 판례집 13-1, 226, 248-249.
608) 헌재 1994. 7. 29. 92헌바49, 판례집 6-2, 64, 109-110.

비율이 일치하는 것은 단일비례세제도이다. 헌재가 오해한 것이다.

라. Cc설

(1) 일반론

"헌법상 문제되는 평등권은 동일한 법적 효과를 받아야 할 자들에 대해 동일한 법적 효과를 주지 않는 공권력행사를 한 경우에 발생하는 문제라고 할 것"[609][610]

(2) 사례

"청구인은 거주지 이동에 따른 주민등록이 자유로운 일반 국민에 비해 영내에 기거하는 현역병은 이 사건 법률조항으로 인해 주민등록에 있어 제한을 받는다는 점에서 평등권이 침해된다고 주장한다. 그런데 앞서 본 바와 같이 현역병의 영내 '기거'는 일반인의 '거주'와는 근본적으로 차이가 있고 현역병은 병영이 소재한 그 지방자치단체의 주민의 실질을 가진다고 보기도 어려우므로 '일반 국민'과 '영내 기거하는 현역병'은 주민등록법과의 관계에서 본질적으로 다른 집단이라 할 것이며, 따라서 두 집단간의 차별 취급 여부를 논할 수 없다."[611][612]

"국가유공자예우법의 국가유공자에 대한 대우와 국립묘지법상의 국가유공자에 대한 대우는 그 입법목적 등에 따른 차이가 있다고 할 것이어서, 양 법에서 다르게 대우하고 있다고 하여 차별이 존재한다고 보기 어려워, 헌법상 평등원칙에 위배된다고 할 수 없다."[613][614]

"청구인은 비교집단을 언급하고 있지는 않으나, 자신에 대한 형사재판 법정에 출석하는 미결 수용자와 달리 청구인에 대하여 고무신을 착용하도록 하는 것은 평등

---

609) 헌재 2017. 7. 27. 2015헌마1094, 판례집 29-2상, 219, 226.

610) 헌재 2009. 3. 26. 2006헌마72, 판례집 21-1상, 542, 553은 유사한 판시를 하고 있으나, 조례처럼 제정 주체가 서로 다른 규율을 비교하여, 서로 다른 처우를 차별이라고 주장할 수는 없다는 내용이어서 약간 성격이 다르다. 각 지방자치단체가 자치에 관한 규율을 제정할 수 있다는 것(헌법 제117조 제1항 참조)은 각 지방자치단체의 규율 내용이 다를 수 있다는 것을 전제로 하기 때문이다. 그런 것이 인정되지 않으면 지방자치는 존재하지 않는 것으로 된다.

권을 침해한 것이라는 주장으로 해석할 수 있을 것이다. 그러나, 무죄추정의 원칙이 적용되는 미결 수용자와 재판을 거쳐 형이 확정된 수형자는 구금되어 있다는 점에서만 유사점이 있을 뿐 본질적으로 동질적인 집단이라 할 수 없으므로 결국 평등권 침해가 문제되지 않는다고 할 것이다."[615][616]

"청구인은 심판대상조항이 영창처분의 대상을 종래 '하사관 및 병'이던 것에서 '병'으로 한정한 것이 평등원칙에 위배된다고 주장한다. 그런데 현행 군인사법에 따르면 병과 하사관은 군인이라는 공통점을 제외하고는 그 복무의 내용과 보직, 진급, 전역체계, 보수와 연금 등의 지급에서 상당한 차이가 있으며, 그 징계의 종류도 달리 규율하고 있다. 따라서 병과 하사관은 영창처분의 차별취급을 논할 만한 비교집단이 된다고 보기 어려우므로, 평등원칙 위배 여부는 더 나아가 살피지 아니한다."[617]

"사학연금제도와 산재보험제도는 사회보장의 형태로서 사회보험이라는 점에 공통점이 있을 뿐, 보험가입자, 보험관계의 성립 및 소멸, 각종 보험급여의 수급권자·수급요건·보험급여 지급의 효과, 주요 재정원인 보험료의 산정·납부 및 정산관계, 재정조성 주체 등에서 큰 차이가 있어, 형제자매를 유족의 범위에 포함시킨 산재보험법 제5조 제3호의 의미와 목적이 사학연금법 제2조 제1항 제2호와 같다고 할 수 없으므로, 사학연금법상의 유족급여수급권자와 산재보험법상의 유족급여수급권자가 본질적으로 동일한 비교집단이라고 보기 어렵다. 따라서 산재보험법이 형제자매를 유족으로 규정하고 있는 것과는 달리 사학연금법이 유족의 범위에 형제자매를 제외하고 있다 하여도 본질적으로 동일한 것을 다르게 취급한다고 볼 수 없어 차별 자체가 존재하지 않는다 할 것이므로, 이 사건 심판대상조항이 산재보험법상의 유족의 범위와 비교하여 헌법상 평등의 원칙에 위배된다고 할 수 없다."[618]

"청구인들은 청구인들이 속한 일산도시설계지구에 대해서만 이러한 가구수제한을 하는 것은 다른 지역 주민들에 비하여 불합리한 차별을 하는 것으로 평등원칙에 위배된다고 주장하는바, 일산도시설계지구 내에 거주하는 주민들과 일산도시설계지구를 제외한 모든 지역에 거주하는 주민들 간에는 평등권침해를 논할 비교집단이 설정되지 않는다고 할 것이므로 더 나아가 살펴볼 필요없이 이유없다."[619]

"청구인은 변호사나 법무사와 같이 공인중개사와 유사한 업무를 수행하는 전문직 종사자에게는 신고의무를 부담시키지 않고 중개업자에게만 이를 부담시키는 것은 자의적인 차별이라고 주장한다. 그러나 이 사건 신고의무 조항은 '부동산 거래의 중개행위를 업으로 삼는 자'에 대하여 '자신이 중개한 거래'의 내용을 신고하도록 한 것인데, 부동산 거래의 중개행위는 오로지 공인중개사 자격을 취득하여 중개사무소를 개설·등록한 중개업자만 할 수 있으므로(법 제9조 제2항, 제48조 제1호), 애초에 중개행위를 할 수 없는 변호사, 법무사 등은 신고의 대상 자체가 존재한다고 볼 수 없다. 따라서 '부동산 거래를 중개할 수 있는 중개업자'와 '중개행위를 할 수 없는 타 전문직 종사자'는 이 사건 심판대상조항들에 의한 차별취급을 논함에 있어 본질적으로 동일한 집단이라고 볼 수 없으므로 차별취급 자체가 존재하지 아니한다."[620]

"공상장해 공무원과 비공상장해 공무원은 폐질상태로 인하여 보호를 받을 사실상의 필요성이 있는 공무원이라는 점만이 같을 뿐, 국가에 의한 보호의 필요성 및 보호가치에 있어 큰 차이가 있고, 공무원연금 제도의 입법취지와 이 사건 법률조항의 의미와 목적에 비추어 보더라도 같다고 할 수 없으므로, 본질적으로 동일한 비교집단이라고 보기 어렵다. 따라서 이 사건 법률조항이 비공상장해 공무원을 장해급여의 대상에서 제외하고 있다 하더라도, 이는 본질적으로 같은 것을 다르게 취급한 것이라 할 수 없어 이 사건 법률조항에 의한 차별 자체가 존재하지 않는다고 할 것이므로, 이 사건 법률조항이 공상장해 공무원과의 관계에서 청구인의 평등권을 침해한다고 할 수 없다."[621]

---

611) 헌재 2011. 6. 30. 2009헌마59, 판례집 23-1하, 445, 453.

612) 이 판시를 Ca설에 기반한 것이 아닌가 생각해 볼 수 있다. 그러나 그렇게 보기는 어렵다. Ca설의 입장에서는 서로 다른 것을 다르게 처우하는 것은 평등의 이상에 부합하는 것으로 본다. Ca설에서는 이 사안에 대해 평등에 부합하는 상태라고 하였을 것이다. 그런데 여기서는 아예 차별 문제로 다룰 수 없다고 하였다. Cc설에서는 (i) 다르게 처우하고, (ii) 양자가 본질적으로 같은 때 비로소 차별로 인식한다. 그런데, 이 사건에서 헌재는 (i)은 긍정되지만, (ii)는 부정되므로, 아예 평등 문제로 더 이상 다룰 수 없다고 판시하였다. 이것은 Cc설의 논증방식이다. Ca설에서는 평등이 문제되지 아니하는 상황은 존재하지 않는다. 같게 처우하더라도 다른 것을 같게 처우하는 경우라면 차별이고, 같은 것을 같게 처우하는 경우라면 그 상태가 평등한 상태다. 평등하다고 판단한다. 다르게 처우하는 경우도 마찬가지다. 같은 것을 다르게 처우하는 경우라면 차별이고, 다른 것을 다르게 처우하는 경우라면 그 상태가 평등한 상태다.

613) 헌재 2011. 10. 25. 2010헌바272, 판례집 23-2상, 868, 880.

614) (i) 다르게 처우하고 있지만 (ii) 양자가 본질적으로 다르므로, (iii) 차별이 존재하지 않는다고 하였다. 이것은 Ca설의 논증방식이라기 보다는 Cc설의 그것이다. Ca설이라면 그 상태가 평등한 상태라고 적극적으로 판단하였을 것이다. 이론적으로 보았을 때 그렇다는 말이다.

Cc설에 기반한 판단이라고 보이는 판례는, 차별 주장을 각하하는 사례들이다. 이 사례들은 (i) 다른 처우를 하고 있지만, (ii) 본질적으로 같다고 볼 수 없으므로,[622] 차별 주장을 각하한다.

그렇다고 Cc설이 Ca설이나 A설과 분명하게 구별되는 것은 아니다. 그리고 그럴 필요도 없다. 단지, 헌재가 A설과 달리 다른 처우가 있다고 하여 모두 본안으로 나아가 정당화 심사를 하는 것은 아니고, 차별 주장을 각하하는 경우가 있는데, 그 논리적 배경으로 '같은 것은 같게'를 평등의 의미로 사용한다는 정도를 확인하는 것으로 족하다.

마. 소결

헌재가 평등권 침해 여부를 심사함에 있어서 어떤 상태를 평등한 상태라고 할 것이며, 어떤 상태를 차별적인 상태라고 볼 것인지에 대한 입장이 확립되어 있지 못함을 알 수 있다.

A설[623]을 따른다면, 모든 다른 처우가 차별로 인식된다. 같은 처우가 차별로 인식될 수는 없다. 헌법은 법을 만들지 않거나, 만들더라도 사람 또는 사태를 구별하지 아니하고 효과를 부여하는 법을 만들어야 된다. 이 바보 같은 명령을 따른다면, 세상은 평평(flat)해질 것이다. 이 바보 같은 명령은

615) 헌재 2011. 2. 24. 2009헌마209, 판례집 23-1상, 157, 168-169.
616) (i) 다르게 처우하고 있으나, (ii) 양자가 본질적으로 같다고 할 수 없다.
617) 헌재 2020. 9. 24. 2017헌바157, 판례집 32-2, 213, 218-219.
618) 헌재 2010. 4. 29. 2009헌바102, 판례집 22-1하, 37, 51-52.
619) 헌재 2003. 6. 26. 2002헌마402, 판례집 15-1, 787, 800-801.
620) 헌재 2009. 3. 26. 2008헌바63, 판례집 21-1상, 445, 454.
621) 헌재 2011. 11. 24. 2010헌마510, 판례집 23-2하, 513, 523.
622) 관용적으로는 '비교집단이라 볼 수 없으므로', 라는 말을 많이 쓴다. 하지만 정확한 말은 아닌 것 같다. 청구인이 '비교집단'을 들었을 때, 양자가 본질적으로 같으면 차별로 인식되는 것이고, 양자가 본질적으로 같지 아니하면 차별이 부정될 뿐이다. 양자가 본질적으로 같을 경우만을 비교집단으로 지칭하는 것은 '비교집단'이라는 말의 분석적 정의에 어긋난다.
623) 필자의 표현으로는 '바보 같은 명령'에 해당한다.

부정의를 명령하고, 부도덕을 명령하는 경우도 있다. 법이 정의를 회복하고, 도덕을 회복하면 위헌이 아닌 것으로 판단될 수 있다. 그리고 이 바보 같은 명령은 평등의 모순을 만난다.

헌재의 판례 안에는 이 바보 같은 평등의 명령을 거부하고, 정의를 평등의 내용으로 보는 입장도 있다. C설의 계통이 그것이다. 이제 C설은 모든 것을 같게 처우하라는 명령, 바보 같은 명령을 거부한다. 만약에 다르게 처우하여야 할 것을 같게 처우하면 차별이다. 다르게 처우하더라도 다른 것을 다르게 처우하면 차별이 아니다. 같고 다름의 기준을 누가 결정하는가? 헌재는 헌법재판관이 한다고 본다. 헌법재판관이 헌법을 제정하는 것과 같은 형국이다.[624]

이 극단적인 두 입장이 모두 헌재의 결정문 안에 있다. 두 가지 입장이라 했지만, 좀 더 자세히 보면 4가지 입장이다. 이렇게 다양한 연장이 있으면, 헌재가 자신의 입맛에 맞는 결정을 하기는 편리할 것이다. 그러나 과연 그것을 '헌법' 재판이라 할 수 있을지에 대해서는 의문을 가지지 않을 수 없다.[625]

3. 혼동

(1) Ca설과 A설의 혼동

"일반적으로 평등원칙은 본질적으로 같은 것은 같게, 본질적으로 다른 것은 다르게 취급할 것을 요구하는 것으로서, 일체의 차별적 대우를 부정하는 절대적 평등을

624) 우리 헌법 제31조 제1항은 "모든 국민은 능력에 따라 균등하게 교육을 받을 권리를 가진다."라고 정하고 있다. 교육이라는 가치의 분배원리를 정하고 있다. '능력'이 기준이 되어야 한다고 본다. 이와 같은 분배원리를 헌법재판관이 정할 수 있다. 예를 들면 세금은 '담세능력'에 따라 배분되어야 한다. 헌법이 이를 정하지 아니하였는데도, 헌법재판관이 이를 승인하면 '헌법'이 된다.

625) '헌법재판관' 재판이라 부를 만하다.

의미하는 것이 아니라 입법과 법의 적용에 있어서 합리적인 근거가 없는 차별을 배제하는 상대적 평등을 뜻한다 할 것이므로 합리적 근거가 있는 차별은 평등원칙에 반하는 것이 아니다."[626]

위의 판시는 Ca설과 A설을 분별하지 아니한다. 처음에는 Ca설로 출발하였다가 슬그머니 A설로 이전한다. 일본의 학설이 이런 모습을 보인다는 점은 앞에서 지적하였다.[627][628]

"평등원칙은 입법자에게 본질적으로 같은 것을 자의적으로 다르게, 본질적으로 다른 것을 자의적으로 같게 취급하는 것을 금하고 있다. 그러므로 비교 대상을 이루는 두 개의 사실관계 사이에 서로 상이한 취급을 정당화할 수 있을 정도의 차이가 없음에도 불구하고 두 사실관계를 서로 다르게 취급한다면, 입법자는 이로써 평등원칙을 위반한 것으로 볼 수 있다."[629]고 판시하고도, 판단에 나아가서는 양자에 대해 본질적으로 같음에 대한 판단 없이 바로 정당화 심사를 실시하였다.[630] Ca설과 A설을 구별하지 못하였을 때 나올 수 있는 전형적인 설시다.

(2) Ca설과 Cc설의 혼동

"헌법 제11조의 평등권은 본질적으로 같은 것은 같게, 본질적으로 다른 것은 다르게 취급할 것을 요구하는 것으로서, 동일한 법적 효과를 받아야 할 자들에 대해

626) 헌재 2018. 1. 25. 2017헌가7, 판례집 30-1상, 1, 9. 인용문 중의 판례는 생략. 헌재 2016. 9. 29. 2014헌마541, 판례집 28-2상, 510, 517; 헌재 2016. 6. 30. 2014헌바456, 판례집 28-1하, 535, 548.

627) IV. 참조.

628) 첫 번째로 인용한 결정과 두 번째로 인용한 결정은 비슷한 듯하지만, 다르다. 상론은 생략한다. '자의적으로'라는 말에 주목해 보자.

629) 헌재 2022. 2. 24. 2020헌가12, 판례집 34-1, 138, 143. 인용문 중의 판례는 생략.

630) 헌재 2022. 2. 24. 2020헌가12, 판례집 34-1, 138, 144.

> 동일한 법적 효과를 주지 않는 입법을 한 경우에 발생하는 문제라고 할 것인바"[631]

처음에는 Ca설로 출발했다가 Cc설로 옮겨갔다. 위 (1)에서 든 A설은, 다른 처우가 있으면 바로 차별로 인식하는 것이고, 여기서 들고 있는 Cc설은 다른 처우가 있다고 하여 바로 차별로 인식되는 것이 아니다. '동일하게 처우하여야 할'[632] 것을 다르게 처우할 때 비로소 차별이 된다.

위 (1)의 경우보다는 덜하지만, 서로 다른 말을 하면서도 그 말들이 다르다는 사실을 인식하지 못하였다.

4. 일반법

헌재가 다른 처우가 있다고 하여 모두 차별로 보지 아니한다는 인식을 보이는 판례들이 몇 개 있다. 일반적인 것은 아니다.

> "이 사건 법률조항은 "누구든지"라고 규정하여 수범자에 특별한 제한을 가하고 있지 아니하므로 기성정당과 신생정당을 차별취급하고 있다고 볼 수 없고"[633]
>
> "이 사건 법률조항은 행위주체에 관하여 아무런 제한을 가하고 있지 아니하므로 청구인들로서는 이 규정에 의하여 그 누구와 대비하여서도 부당한 차별대우를 받는다고 볼 수 없다"[634]
>
> "청구인들은 이 사건 법률조항이 기존 정유업체와 비교하여 비정유업체의 생산, 판매를 전면적으로 금지하여 헌법상 평등원칙에 위배된다고 주장하나, 이 사건 법률조항은 정유업체와 비정유업체를 구별하지 아니하고 누구든지 유사석유제품의 생산 및 판매를 하지 못하도록 하고 있어 이들 사이의 차별이 존재한다고 볼 수 없

---

631) 헌재 2011. 3. 31. 2009헌바351, 판례집 23-1상, 347, 354. 같은 취지의 판례로는, 헌재 2011. 12. 29. 2009헌마476, 판례집 23-2하, 806, 824.

632) 이 구절이 없으면, 위 (1)처럼 Ca설을 A설과 혼동한 판시로 될 것이다.

으므로 평등원칙에 위배되지 아니한다."[635]

"이 사건 법률조항은 정당의 등록요건을 설정해 놓은 것이고 이 규정은 모든 국민이나 정당에게 차별없이 적용되는 것이다. 그러므로 그 요건을 충족하기 어려운 개인이나 정당의 입장에서 이 규정으로 말미암아 정당으로 등록하지 못하거나 또는 정당의 지위를 유지하지 못하게 되는 것은 이 규정이 적용된 결과일 뿐이고, 이로 말미암아 정당설립의 자유가 침해되는가는 별론으로 하고 평등권침해 문제가 따로 제기되는 것은 아니라고 할 것이다."[636]

청구인은 위 조항이 일반 유권자를 신문기자, 언론사에 비하여 차별취급하고, 인터넷을 이용할 수 없는 노인 등을 인터넷 이용자에 비하여 차별취급함으로써 이들의 평등권을 침해한다고 주장한다. 그러나 위 조항은 행위주체에 관하여 아무런 제한을 가하고 있지 아니하므로 누구도 위 조항에 의하여 부당한 차별대우를 받는다고 볼 수 없다.[637]

필자는 상당히 중요한 판례라고 생각한다. 우선 이 판례들은 다른 처우가 있다고 하여 바로 차별로 인식될 수 없다는 점을 이야기하고 있다. 우선 이것만 해도 큰 진전이다. A설을 두고 생각해 보면 분명하다. A설[638]은 세상의 모든 다른 처우가 전부 차별이라고 이해하였는데, 여기서 든 판례들은 그것을 부정한다.[639]

다음으로 위의 판시가 확립되면 '누구든지' 법적 효과를 적용받게 된다고

---

633) 헌재 2009. 10. 29. 2008헌바146 등, 판례집 21-2하, 248, 265.

634) 헌재 2014. 4. 24. 2011헌바17, 판례집 26-1상, 628, 656. (헌재 2001. 8. 30. 99헌바92; 헌재 2001. 10. 25. 2000헌마193; 헌재 2009. 2. 26. 2006헌마626은 인용문 중의 참조판례다.)

635) 헌재 2009. 5. 28. 2006헌바24, 판례집 21-1하, 484, 498.

636) 헌재 2006. 3. 30. 2004헌마246, 판례집 18-1상, 402, 411.

637) 헌재 2016. 3. 31. 2013헌바26, 판례집 28-1상, 333, 342-343.

638) 물론, 후문 사유의 성격에 관하여 內包를 零으로 보는 학설을 전제로 한 것이다.

639) Ca설, Cb설의 경우에도 적용 영역 자체를 한정하지 않는다. Cc설은 적용 영역을 한정하는 면이 있다. 그러나, 규범적 판단을 거쳐서, '본질적으로 같은 것을 다르게' 처우하는 것만을 차별이라 본다. 규범적 판단을 거친다는 면에서 분배의 기준을 필요로 하는 Ca설과 크게 다르지 않다. 정의론을 기번으로 한다.

이해되는 법과 그렇게 이해되지 않는 법을 구별하는 작업이 뒤따라야 한다. 그러나 헌재는 모든 사례들에서 이 작업을 하지는 않는다. 타당하지 아니하다. 기준을 세웠으면 그 기준은 모든 사례에 적용되어야 한다.

예를 들어서 PE관과 PVC관에 대해 서로 다른 법적 규율을 하는 경우[640]에 대해 '누구든지'룰을 적용해 보면 어떨까? 누구든지 PVC관을 판매하는 자는 안전기준을 적용받는다고 이해될 수 있고, 그렇다면 아예 차별 자체가 인정되지 아니할 여지가 크다. 그러나 이 사례에서 헌재는 '누구든지'룰을 적용하지 않았다.

필자는 '누구든지'룰이 일반법을 요구하는 것이고, 헌법 제11조 제1항 후문에 기재된 사유들은 '누구든지'룰과 긴밀한 관계를 맺고 있다고 본다. 헌법 제11조 제1항 후문에 게기된 사유들이 구성요건의 일부로 되면, 그 법이 정한 효과를 '누구든지' 누리지 못하게 된다.

이 점에 대해서는 상당히 긴 논의가 필요하다. 여기서는 이 정도 지적하는 것으로 마친다.

5. 결론

평등을 둘러싼 논란은 일본의 상황과 우리의 상황이 크게 다르지 않다. 필자가 보기에는 카오스적 상황이다. 쉽게 해결될 문제는 아니다.

쉽지 않은 이유는 다음과 같다.

첫째, 필자가 보기에 정당한 해석론은, 헌재의 권한을 축소한다. 반대로

---

640) 헌재 2015. 3. 26. 2014헌마372, 판례집 27-1상, 383, 397. "PE관과 PVC관은 양자 모두 소비자가 성분 · 성능 · 규격 등을 구별하기 곤란한 공산품으로서 下 · 排水用으로도 사용된다는 점에서 본질적으로 동일한 비교집단이 된다. 그런데 심판대상조항들은 PVC관만 안전 · 품질표시대상공산품으로 규정하여 下 · 排水用 PVC관에 대하여 이 사건 안전기준을 적용하도록 함으로써 下 · 排水用 PVC관을 제조 · 판매하는 자와 下 · 排水用 PE관을 제조 · 판매하는 자를 차별취급하고 있다."

필자의 해석론이 헌재의 권한을 확장하는 방향이었다면, 필자의 주장이 훨씬 쉽게 받아들여질 것이다.

둘째, 평등론의 범위가 위축된다. 이것은 학계가 그리 찬동할 일이 아니다. 망치를 든 사람에게는 모든 것이 못으로 보인다는 말이 있다. 평등에 능한 사람은 평등으로써 세상의 문제를 보려고 한다. 법치주의에 능한 사람은 법치주의로써 세상을 보려고 한다. '실질적'이라는 말은 이 입장을 뒷받침하는 중요한 말이다. 필자는 '실질적'이라는 말이 법적 논증을 오염시키는 나쁜 말이라고 본다.[641]

셋째, 기존의 혼돈스러운 상황이 구체적인 문제를 해결하는데 도움이 될 수 있다. 사회권 문제를 예로 들 수 있다. 사회권으로 해결하기 어려운 상황을 (기존의 혼돈스러운) 평등론이 더 잘 해결해 줄 수 있다. 필자가 말하는 '해결해 주는 것'이 善이라는 전제에서 그렇다. 그렇게 보면, 기존의 혼돈스러운 평등론이 유용할 수 있다.

이 책은 표지에 '법실증주의'라 써진 빨간 딱지가 붙여져, 후미진 골방에 던져지겠지만,[642] 필자로서는 어쩔 도리가 없다. 필자는 사회의 발전을 도모하는 사람이 아니다. 법을 분석할 뿐이다.

---

641) '실질과세'의 문제를 생각해 보라. 법이 없더라도, 취지만으로도 과세할 수 있다는 것 아닐까. 실질과세가 아무 거리낌 없이 받아들여지면 조세법률주의는 위축될 수밖에 없다.

642) 쓰레기통에 던져지지 않나? 필자의 꿈이 야무진 것일 수 있겠다.

附錄-平等の矛盾

1. 導入
2. 均一取扱説の問題
3. 克服しようとする努力
4. 検討
5. 提案
6. 変わる点
7. 事例(尊屬殺事件)
8. 結論

平等の矛盾643)

1. 導入

- 筆者の持つ教科書、注釈書、辭典を検討した。別に選別したわけではない。ところが、各本で主張する平等の意味が全て違っていて、一度驚き、全て説を相対的平等と呼ぶことにもう一度驚いた。
- 平等が均一扱いを命じると、矛盾に出会う。差別の体系を作る立法者に差別を禁止することになる。 これを「平等の矛盾」と呼ぶ。
- これを克服するためにいわゆる相対的平等説が主張された。
- 相対的平等と呼ばれる学説が、大きく見れば2つ(B説、C説)、細かく分ければ5つ(Ba説、Bb説、Ca説、Cb説、Cc説)だ。
- B説は平等の矛盾を克服できなかった。 「均一扱い」の命令はそのまま維持されるからだ。
- C説は矛盾を克服した。しかし、それが平等の意味として理解されることは難しい。一方、C説はB説を経て(最初に自分たちが否定した)均一取扱説に回帰した。
- 結局、現在の判例と通説は均一扱い説だ。平等の矛盾をそのまま抱えている。
- 新たな立論が必要だ。 憲法14条1項後段は差別を禁止するものの、2つの条件がある。(i) 差別禁止事由、(ii)差別禁止領域。この二つの条件を満たす差別のみを禁止する。残りの差別に対して憲法第14条第1項後段は無関心だ。助長もしないし、禁止もしない。
- この点を理解すれば、平等の矛盾から脱することができる。カナダの判例は、この点を理解するのに役立つ。

643) これは2024年4月只野雅人先生のゼミに提出したレジュメだ。

2. 均一取扱説の問題

a. 均一取扱説(A説)

“「平等」という観念は、比較を前提にした観念である。したがって、法律上の取扱において平等でなければならないとする憲法原理としての平等原則は、ある国民を他の国民よりも、法律上有利または不利に取り扱うことを禁止する効果を有する。すなわち、それは、法律上の均一取扱を要請するものであるといえる。”644)

“おもうに憲法一四条が法の下における国民平等の原則を宣明し、すべて国民が人種、信条、性別、社会的身分又は門地により、政治的、経済的又は社会的関係上差 別的取扱を受けない旨を規定したのは、人格の価値がすべての人間について同等であり、(i)従つて人種、宗教、男女の性、職業、社会的身分等の差異にもとずいて、あるいは特権を有し、あるいは特別に不利益な待遇を与えられてはならぬという大原則を示したものに外ならない。奴隷制や貴族等の特権が認められず、又新民法にお いて、妻の無能力制、戸主の特権的地位が廃止せられたごときは、畢竟するにこの原則に基くものである。645)

b. 平等の 矛盾

- 憲法が均一扱いを命令するとすれば、正義を目指す法、さらには区別して効果を与える法の属性に反するのではないかという問題が発生する。
- これを平等の矛盾という。
- A説や判例はこのような矛盾を抱えている。

---

644) 樋口陽一・佐藤幸治・中村睦男・浦部法穂,『注釋日本國憲法(上巻)』青林書院, 平成3年, 317(浦部法穂 執筆).

645) 最大判昭和25年10月11日刑集第4巻10号2037頁.

3. 克服しようとする努力

a. B說

合理的 差別 許容說

(1) Ba說

- These = 均一取扱說

“事実上の異をも考慮に入れない均一取扱い(しばしば絶対的平等とよばれる)を意味するのでなく、事実上の差異をも考慮に入れて異なった取扱いをすること自体を排除しない(しばしば相対的平等とよばれる)。”[646]

(2) Bb說

- These = 差別不許容說

“平等については、一切の異なる処遇を禁止する絶対的平等という観会るあるが、人には置かれた状況、能力等に違いがあり、機械的に等しい取扱いを置くことがかえって不合理な結果をもたらすこともある。したがって、本条1項にいう平等とは、合理的な理由があれば異なる取扱いも許されるとする相対的平等と解するのが一般的である。”[647]

b. C說

- 不均一取扱說
- These = 均一取扱說
- アリストテレスの正義論に基づく。
- 通說と判例がC說？そうではない。 A說が通說・判例。

---

646) 樋口陽一,『憲法(改訂版)』創文社, 2004, 202-203.
647) 木下智史=只野雅人編,『新・コンメンタール憲法』日本評論社, 2015 157.

(1) Ca說

- 等しい者を等しく、等しくない者を等しくなく

"平等は一見するとわかりやすい観念である。人は生来平等であり、したがって平等に取り扱われなければならない。しかし、このわかりやすさは、誰をいかに扱うべきかという具体的な段階ではたちまち消失する。すべての人を平等に扱うべきだからといって、犯罪を犯したか否かにかかわらず、あらゆる人を刑務所に入れるべきだとはいえないし、財産や所得の多寡にかかわらず、あらゆる人から同額の税を徴収することが平等とは限らない。収入、財産、体力、知力、社会的地位など、人の置かれたさまざまな状況や特徴の違いにもかかわらず、人を(iii)平等に扱うことは、そもそも可能だろうか。一般的には「等しい者を等しく、等しくない者を等しくなく扱うべし」という法諺が、この問題を解決する指針となると考えられている。犯罪者とそうでない者とを、富者と貧者とを,異なって扱うべきなのは、彼らがそもそも異なっているからである。"[648]

(2) Cb說

- 等しいものは等しく扱う、等しくないものは、等しくない程度に応じて等しくなく

"平等の意味に関して検討しよう。これについては、それが絶対的平等の意味か、相対的平等の意味かが問われる。絶対的平等とは、すべての人に対して全く同じ扱いをする[649]。人の事情の相違を考慮に入れず，同一の処遇をする，というものである。これに対し相対的平等とは、等しいものは等しく扱う、等しくないものは、等しくない程度に応じて等しくなく扱う、ということを求める。この対立に関し通説は、相対的平等説をとる。事情の異なる者に対して同一の処遇をするとなれば、それは悪平等であり、かえって許されない差別となるから、と論ずる。確かに通説の説くように、一般的にどちらが妥当か問われるならば、相対的平等説をとるであろう"[650]

648) 長谷部恭男,『憲法(第7版)』新世社, 2018, 167.
649) A說 = 均一取扱說.
650) 杉原泰雄(編),『新版体系憲法事典』青林書院, 2008, 448(安西文雄 執筆).

(3) Cc說

- 同一の事情と条件の下では均等に [等しいものは等しく]

"第二に、法の下の「平等」とは、各人の性別、能力、年齢、財産、職業、または人と人との特別な関係などの種々の事実的・実質的差異を前提として、法の与える特権の面でも法の課する義務の面でも、同一の事情と条件の下では均等に取り扱うことを意味することである。「平等」とは絶対的・機械的平等ではなく、相対的平等だと言われるのは、その趣旨である。 したがって、恣意的な差別は許されないが、法上取扱いに差異が設けられる事項(たとえば税、刑罰)と事実的・実質的な差異(たとえば貧富の差、犯人の性格)との関係が、社会通念からみて合理的であるかぎり、その取扱い上の違いは平等違反ではないとされる。 たとえば、労働条件について女性を優遇し(産前産後休暇、育児時間、生理休暇など)、年少者にかぎり特定の法律を適用し(未成年者の喫煙禁止など)、各人の資力に応じて税額に差異を設け(累進課税)、特定の職業に従事する者に対して業務上特別の注意義務を課すこと(業務上過失致死罪など)は一般に違憲とは言えない。なお、アメリカでは、歴史的に差別を受けてきたグループ、とくに黒人や女性に対し、大学入学や雇等につき特別枠を設け、優先的な処遇を与える積極的差別解消措置(affirmative action)が立法等を通に進められてきた。これは、行きすぎると「逆差別」となり、平等違反の問題が生じるが、そうでないかり、機会の平等を回復し実態に応ずる合理的な平等を実現するものとして、容認されている。 わが国の差別部落解消のための同和対策やアイヌ民族の保護対策などの特別措置は、それに当たる."[651]

---

651) 芦部信喜(高橋和之補訂),『憲法』岩波書店, 2011, 129-130.

4. 検討

a. 概観

<table>
<tr><th colspan="2"></th><th>意味</th><th>内容</th><th>後段差別
禁止事由</th><th>内包
・外延</th></tr>
<tr><td colspan="2">A説</td><td>- 均一取扱</td><td>- 明らかに平等の意味を「等しい」と理解
- 相対的平等・絶対的平等を例外許否の問題として理解</td><td rowspan="6">例示</td><td rowspan="6">内包 = 零
外延 = 無限大</td></tr>
<tr><td rowspan="2">B説</td><td>Ba説</td><td>- 均一取扱</td><td>- 平等の意味=例外許容
- 均一取扱説を These とする</td></tr>
<tr><td>Bb説</td><td>- 均一取扱</td><td>- 例外不許容の絶対的平等説を These とする。
- A説を前提とする。</td></tr>
<tr><td rowspan="3">C説</td><td>Ca説</td><td>- 等しい者を等しく、等しくない者を等しくなく</td><td rowspan="3">- 相対的平等を(例外許容ではなく)平等の意味で使用
- Theseが例外不容認の絶対的平等説ではなく、均一取扱の絶対的平等説
- 内容上A説に回帰?[652][653]</td></tr>
<tr><td>Cb説</td><td>- 等しいものは等しく、等しくないものは、等しくない程度に応じて等しくなく</td></tr>
<tr><td>Cc説</td><td>- 同一の事情と条件の下では均等に
[等しいものは等しく]</td></tr>
</table>

652) 不均一の取り扱いを (無条件、等しいものか、等してないものかに対する検討なしに) 差別と認識するという意味。

653) A説 (均一取扱説) を否定し、C説を主張しては、結局B説を経てA説に回帰。

b. 學說名の混線

絕對的 平等	
例外不許容	均一取扱
A說	
	Ba說
Bb說	
	Ca說
	Cb說
	Cc說

- 2つの絶対的平等説 ・ 5つの相対的平等説
-「絶対的」→ strawman fallacy
- 均一取扱説と例外を許さないという絶対的平等説は論理的に無関係だ。
- C説は均一扱い説はTheseで掲げながらも、「絶対的」を強調。均一取扱説の中には「絶対的」という言葉が入る必要はない。

c. A説に回帰するC説

"14条1項が定める「平等」とは、いかなる場合にも各人を絶対的に等しく扱うという絶対的平等の意味ではなく、「等しいものは等しく、等しからさるものは等しからざるように」扱うという相対的平等を意味するもので、合理的な理由によって異なる取扱いをすることは許されると解するのが通説・判例の立場である(相対的平等説)。"[654]

"通説は、同條は国会も拘束し、法内容の平等も條求めており、また、1項後段を例示列挙と解し、これらを含め、等しいものは等しく扱い異なるものは異なって扱う、合理的な区別は許されるが不合理な差別は許されない、という、相対的平等を法は要請したと考えてきたのである。"[655]

---

654) 辻村みよ子,『憲法(第3版)』日本評論社, 2008, 108.

“憲法14条1項は第一的には形式的な平等､機会の平等を保障したものであり､実質的な平等を実現するのは主に社会権条項およびそれを具体化する立法の役割である。そのため法の下の平等は､実質的な平等を実現するためにとられる別異取扱いを許容するものと位置づけられる。”656)

“個々人は事実上さまざまな違いをもっているから､各人を絶対的に同じに扱うことはありえない。 平等とは､等しいものは等しく､等しくないものは等しくなく取り扱うことを内容とする､相対的平等を意味する｡それは､国家が格差の是正のために積極的役割を引き受ける実質的平等の観念とは区別されるものである。 相対的平等の観念の下では､何が合理的な区別なのか､それをいかに判断するのか､が重要な問題となる。以下で見る､日本国憲法における平等に関する議論は､主にこの点をめぐってなされてきた。”657)

“次に問題となるのは､本条に定める平等は絶対的なものかということである。 絶対的平等とは､各個人に実際に存在する差異を等閑に付し､人間という共通の属性に着目して､すべての取扱いにおいて絶対的に平等であることを要求する考え方である。対になる概念は､相対的平等であり､それは､各個人が抱える実際の事情と法的取扱いとの間の関係が均一であることを意味する｡生身の人間にはそれぞれの異なる事情がある以上，絶対的平等を要求するとなると､異なるものを同じように取り扱うことを招来する｡しかしこれではかえって不平等を促進することになり､平等を理念として掲げた甲斐がなくなる。平等の要求はあくまでも等しいものを等しく取り扱うことであり､異なるものは異なるように取り扱うことも重要である。”“この相対的平等の考え方に基づくと､法的取扱いに区別がある場合､その区別に合理的な理由が認められれば､許容されることになり､不合理な区別が差別として禁止されるのである。”658)

- C説を採用しながらも、これが合理的理由のある差別の許容（Bb説）と同じ意味で理解していると思われる。
- Bb説は均一取扱説を前提とする。したがって、結局C説が自身が否定して出

655) 君塚正臣,『憲法』成文堂, 2023, 216.
656) 渡辺康行 · 宍戸常寿 · 松本和彦 · 工藤達朗,『憲法1基本権』日本評論社, 2016, 131.
657) 渡辺康行 · 宍戸常寿 · 松本和彦 · 工藤達朗,『憲法1基本権』日本評論社, 2016, 132.
658) 長谷部恭男編,『注釈日本国憲法（2）国民の権利及義務（1）』有斐閣, 平成29年, 169(川岸令和執筆).

発したA説(均一取扱説)に回帰したものと見られる。

- 「等しい者を等しくなく」を差別に合理的理由があるかを判断するFrame程度と考えているように見える。
- C説でA説を批判しないことを見れば、この点がはっきりと分かる。C説に立場では不均一扱いがあるとしてすぐに正当化審査に進むことはできない。本質的に等しくないものを等しくないように扱えば、それは差別ではない。

d. 現在の状況？

- 均一取扱 + 合理的理由のある差別許容
- 例示的列挙説 = 差別禁止事由に制限がない。 = 內包 零, 外延 無限大
- 矛盾を克服できなかった状況
- 図解すると次のようになる。

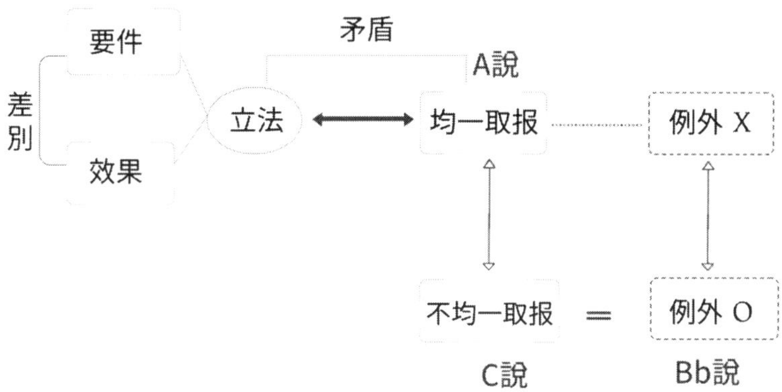

5. 提案

- 憲法に書かれている通りに読めば、平等の矛盾は解消される。
- 通説と判例は憲法を"すべての国民は（いかなる理由であれ）差別を受けない。"[659]

659) 差別禁止領域は論外とする。 これが問題になることはなさそうだ。

と理解する。

- そうではない。 憲法は原則的に差別に無関心だ。 ただし、いくつかの差別禁止理由を定めておいただけだ。原則的にそれらを理由とする差別だけが禁止されるだけだ。
- 憲法に記載された事由を例示的なものと見ても、そこから差別禁止事由に対する制限が全くないと、すなわち内包(connotation)が零で、外延(extension)が無限大だと、理解することは例示的列挙説を誤って理解することだ。 少なくとも憲法が禁止しない差別事由が一つ以上ある。 それが列挙説の帰結だ。
- 例示された差別禁止事由から導き出された内包を充足するものだけが、列挙されなかったが、差別が禁止される事由と認識されうる。
- Canadaの判例は参考に値する。その判例は、この例示的列挙説の意味を正確に理解している。そこで、どのような事由に基づく差別があれば、（ i ）掲げる事由に基づくものか（ ii ）列挙されていないが、差別が禁止されている事由かを検討する。その後、禁止された事由に該当する事由に基づく差別と認められる時、初めて正当化審査に進む。[660]
- 筆者は次のような3段階の審査が行われるべきだと考える。 (i) 差別があるか(ii)禁止された事由による差別か (iii)差別に正当な事由があるか
- 尊屬殺事件を例にとってみよう。 (i) 差別があるか （ii ）差別事由が憲法に掲げる差別禁止事由か？（ iii ）列挙されていないが、禁止された差別事由か？（ i ）が認められたとしても、（ ii ）又は（ iii ）で肯定的な結論が得られなければ、差別に正当な事由があるかを審査する必要はない。違憲という主張は棄却される。

6. 変わる点

- 正当化審査に進むことはほとんどないだろう。
- 多くの差別は、列挙された事由によるものではなく、禁止された事由として

660) Miron v. Trudel, [1995] 2 S.C.R. 418.

理解されることもできない。

- その間、平等が乱用された。
- 緩和された審査基準はなくなるだろう。 それらは、筆者が言う上記の憲法で禁止しなかった事由による差別の場合に適用されるものである。 それらが差別ではないとしたので、それに適用される審査基準も消える。

7. 事例(尊屬殺事件)

a. 條文

自己又ハ配偶者ノ直系尊属ヲ殺シタル者ハ死刑又ハ無期懲役ニ処ス

b. 判決

"さらに憲法一四条一項の解釈よりすれば、親子の関係は、同条項において差別待遇の理由としてかかぐる、社会的身分その他いずれの事由にも該当しない。 また同条項が国民を政治的、経済的又は社会的関係において原則として平等に取り扱うべ きことを規定したのは、基本的権利義務に関し国民の地位を主体の立場から観念したものであり、国民がその関係する各個の法律関係においてそれぞれの対象の差に従ひ異る取扱を受けることまでを禁止する趣旨を包含するものではないのである。 原判決は被害者が直系尊属なる場合においてとくに重い法定刑を適用することを以て、人命保護及び科刑の面において国民中に特殊と一般との区別を設くることになり、従つて尊属親を一般の者よりもとくに厚く保護することになり、法律上不平等 の結果を招来する趣旨を述べているが、立法の主眼とするところは被害者たる尊属親を保護する点には存せずして、むしろ加害者たる卑属の倫理性がとくに考慮に入れられ、尊属親は反射的に一層強度の保護を受けることあるものと解釈するのが至当である。"[661]

---

661) 最大判昭和25年10月11日刑集第4巻10号2037頁.

c. 學說

[文面]

<table>
<tr><th colspan="2">立論</th><th>差別 與否</th><th>事由[662]と
領域[663]</th><th>正當化 審査</th></tr>
<tr><td colspan="2">A說</td><td>差別</td><td rowspan="6">審査 なし</td><td>實施</td></tr>
<tr><td rowspan="2">B說</td><td>Ba說</td><td>意見 なし
[差別と理解すると推定]</td><td>實施</td></tr>
<tr><td>Bb說</td><td>差別</td><td>實施</td></tr>
<tr><td rowspan="3">C
說</td><td>Ca說</td><td>- 分配の基準を検討→行為無価値・結果無価値(罪質)?
→両者が等しいかどうかの判断
- 差別ではない可能性もある</td><td>- 差別ではないと判断されると?
審査終了
- 差別だと判断されると? 正当化審査</td></tr>
<tr><td>Cb說</td><td>- 基本的にCa説の判断過程に従う
- ただし′Ca説の場合より差別の範囲が広い (等しくないものを等しくなく取扱しても等しくない程度と違って等しくなく扱いすれば,
これも差別)[664]</td><td>- 差別ではないと判断されると?審査終了
- 差別だと判断されると? 正当化審査</td></tr>
<tr><td>Cc說</td><td>- 不均一取扱があるため′
いったん差別の疑い
- 両者が等しいものなのに′等しくなく取扱しているかを判断
- 分配の基準?
- 両者が等しいものなら差別
- 両者が等しくないのなら差別ではない</td><td>- 差別ではないと判断されると?
審査終了
- 差別だと判断されると? 正当化審査</td></tr>
</table>

662) 人種、信条、性別、社会的身分又は門地により.

- A説によると当然差別が認められる。
- C説ではすぐ差別だと判断できない。まず、刑罰という不利益がどのような基準によって分配されるべきかが確定してこそ、差別の有無を判断することができる。普通、刑事法では「結果無価値」と「行為無価値」という言葉を使う。この二つを合わせて「罪質」とすれば、この罪質が刑罰の配分基準になりうる。
- 尊屬殺の罪質の量はいくらで、普通殺人の罪質の量がいくらかが確定されなければならない。二つの犯罪の罪質の量が同じであれば、差別があると判断できる。ところが、二つの犯罪の罪質の量が違えば、両者は本質的に違うのだ。すると、尊屬殺条項が普通殺人条項より高い法定刑を定めていることは、等しくないものを等しくなく取扱するものと評価される。最初から差別がない。これはC説中のCa説の論証経路である。
- Cb説はCa説において、両者が本質的に等しくないものを等しくなく取扱することを差別とは言えないという部分に異なる結論が出ることができる。Cb説は等しくなっても、その割合によっ等しくなく取扱する時だけ、差別がないと判断される。
- Cc説の立場で尊屬殺害条項はひとまず差別と疑われる。　両者を不均一に扱っているからである。ところが、両者が本質的に等しいであるにもかかわらず、等しくなく取扱しているかを判断しなければならない。このとき判断されるべきものが、刑罰の配分基準である。上で見たように罪質を基準にするならば、両者の間で罪質が等しいかどうかを調べなければならな

---

663) 政治的、経済的又は社会的関係において.

664) "等しいものは等しく扱う、等しくないものは、等しくない程度に応じて等しくなく扱う"{杉原泰雄編,『新版体系憲法事典』青林書院, 2008, 448(安西文雄 執筆).} 安西の表現によると、"等しくないものは、等しくない程度に応じて等しくなく"扱いであってこそ平等な扱いと理解できる。'等しくないもの'を'等しくなく'扱いしても、'等しくない程度'と違って'等しくなく'扱いすれば差別と認識されるだろう。例えば累進税制は、擔税力の割合と負担する税金の割合が異なる。安西の主張によればこれも差別だ。安西の主張にふさわしい税制は単一比例税(flat　tax)だ。[ただし安西は、逆に単一比例税を差別的なものと理解し、累進税制を非差別的な(平等な)税制と理解するが、これは誤解である。] Ca説によると、累進税制や単一比例税のいずれも差別として理解できないだろう。

い。両者の間で罪質が等しいと判断されれば、尊属殺害条項は差別的なものと判断される。罪質が等しくないと判断されれば、尊属殺害条項が等しいものを等しくなく取扱したものではないので差別は認められない。

[內心]

立論	差別 與否	事由と領域	正當化 審査
A說	当然差別	審査 なし	實施
B說			
Ca說			
Cb說			
Cc說			

ところが、C說が、Bb說を経てA說に回帰するという点を見た。それではA說と結論が同じだ。

[提案]

立論	差別 與否	事由	領域	正當化 審査
提案	不均一取扱 差別	差別の事由？ 社会的身分？ または列挙されていないが゛禁止された事由？	社會的 關係	列挙された理由または列挙されていないが禁止された理由による差別でない限り゛正当化審査不可

a. 差別の存否

不均一取扱があるので差別

b. 差別の事由？

- '親子の関係'[判例]

- これは差別の事由ではない。「親子の関係」が種概念を区画する基準となるものではない。
- 類概念 「人を殺した人」であり、種概念は「尊属を殺した人」と「尊属ではない人を殺した人」である。 種差は「被害者が加害者の尊属かどうか」だ。
- これが社会的身分等憲法14条1項後段に掲げる事由に含まれないと判例は説示した。
- しかし、掲げる事由に含まれないとしつつも、それが何を意味するのかは明らかにしなかった。差別の理由が列挙されたわけではないとしても、無条件に憲法によって禁止された差別と見た。これは不当だ。憲法条項に反する。
- 憲法は「親子の関係」であれ「被害者が加害者の尊属かどうか」であれ、差別禁止事由として列挙しなかった。
- そうすれば、原則として憲法14条1項の審査は終わる。
- 列挙された差別禁止事由を例示と見ても、例示から内包を推論し、その内包を満足させる事由だけが「列挙されなかったが憲法により差別が、禁止された差別事由」になりうる。
- この発題の論証対象ではないが、「被害者が尊屬か否か」(判例は「親子の関係」)は「列挙されなかったが、憲法により差別が禁止された差別事由」に該当しないと見る。
- 尊屬殺は「殺害の対象」にともなう差別問題に過ぎない。 人を殺したことと猫を殺したことを差別するのと同じだ。
- これは「事件」に対する差別だ。
- 事件と人を区別する最も基礎的な方法は「誰でも」という言葉が省略されていると見ることができれば「事件」を扱うことだ。 これが一般法だ。憲法は平等を通じて(誰にでも同じように適用される)一般法を作ることを命令する。
- '誰でも自分の尊屬を殺せば…', '誰でも他人の物を盗めば…'….
- これに対して'男性が自分の尊属を殺せば…' これは男女を差別するものだ。'○○宗教を信じる人が自分の尊屬を殺せば・・・' これは宗教を事由に差別したものだ。

- 尊屬も卑属も身分にはなれない。ある人は、ある人に対しては尊屬であり、ある人に対しては卑屬だ。社会的偏見、蔑視、ステレオタイプのどんなものとも無関係だ。
- Supreme Court of Canadaの基準を適用してみても同じである。①当該差別禁止事由により区分される集団が歴史的不利益を被ったか否か、②当該集団が孤立して分離された少数者に該当するか否か、③個人の能力と力量ではなく、人的属性により当該集団に対する区別が発生したか否か、④当該差別禁止事由がカナダ憲章第15条第1項に掲げる差別禁止事由と類似しているか否か、⑤過去に裁判官と議会代表らが争点となった区別の事由を差別的と判断したことがあったのか否かについてである。[665]

(1) 尊属殺条項が「憲法が禁止する」差別なのかはこの報告の対象ではない。同報告は、憲法14条違反の有無を審査する方法だけを扱う。
(2) 憲法14条は「すべての差別」を禁止していないという事実を受け入れることが重要だ。(i) 差別だとしても「憲法が禁止する」差別禁止領域に該当しない領域での差別ならば憲法14条は無関心だ。(ii) 差別だとしても「憲法が禁止する」差別禁止理由にともなう差別でなければ憲法14条は無関心だ。ところが、(i)が問題になる場合はなさそうだ。ただし、断定する必要はない。(ii)は非常に重要である。世の中に差別の理由は数万種類ありうる。しかし、憲法はたった4つの理由だけを明示的に列挙しておいた。
(3) 原則として、尊屬殺条項の差別事由がこれに該当しなければ、審査は終了しなければならない。判例は"親子の関係は、同条項において差別待遇の理由としてかかぐる、社会的身分その他いずれの事由にも該当しない。"と判示した。
(4) (「親子の関係」が差別事由であるかどうかについては疑問を抱かざるを得ないが、それを受け入れても)「親子の関係」が、憲法14条が禁止する差別事由でなければここで審査が終わるべきである。ところが、判例は、尊屬殺条項が、憲法が明示的に差別を禁止する理由によって差別したわけではないにもかかわら

665) このうち⑤は、適用するのに適切ではない。

ず、なぜ正当化審査を経なければならないのかについて何の説明もない。
(5) もし明示的に列挙された事由が例示的なものだから、当然明示的に列挙されていない事由に基づく差別でも正当化審査を経なければならないと理解したのであれば、比較的明確に誤った理解といえる。例示的列挙はそのようには理解できない。
(6) (i) 明示的に列挙された事由から内包を推論する過程を経なければならず、(ii) 判断の対象である差別の事由がそれに包摂されるかを検討しなければならない。この過程がないのが、この判例の最大の問題だ。
(7) 内包をどのように決めるのか、「親子の関係」がそれに包摂されるのかはその次の問題だ。

8. 結論

- 平等は均一であることを意味する。
- 憲法が（いかなる事由による差別でも）禁止すると理解すれば、立法と矛盾する。
- これを解消するためにB説とC説が提示されたが、成功的なものとは言い難い。
- 憲法は差別に無関心だ。ただし、二種の制限がある差別を特定して禁止した。二つの制限のうち、(i)一つは差別禁止事由であり、(ii)もう一つは差別禁止領域だ。
- (ii)は事物の本質上無意味なものと見ることができるが、(i)はそうではない。
- (i)を限定的列挙で見れば、列挙された事由による差別でなければ、憲法14条1項の審査は終了する。
- 例示的列挙と見ても、差別禁止事由が無限に拡張するわけではない。
- 内包（connotation）と外延（extension）を確定する必要がある。
- したがって、憲法14条1項の審査は、次の3段階を経なければならない。(i) 差別が存在するのか、(ii) 差別が憲法によって禁止された事由によるものなのか、(iii) 合理的理由があるのか。[666]
- 尊属殺事件の場合、憲法が禁止した事由による差別ではない。

(1) 明示的に列挙された事由の性格をどのように理解すべきか。

(2) 明示的に列挙された事由があるが、「いかなる事由による差別であっても」憲法14条が禁止すると理解したため、平等の矛盾に遭遇した。「差別する体系」である「法」を作るなと憲法14条が命令しているか？

(3) この問題を解決するために、平等は合理的差別を許容すると理解する学説(B説)が台頭したが、この学説では矛盾が解決できない。 そこで正義論を持ってきて解決しようと試みた(C説)。 しかし、この説は問題を解決せず、問題をぶち壊してしまった。「均一扱いの命令」を正反対の「不均一扱いの命令」に切り替えた。一方、C説はBb説を経て(当初自分が否定した)均一扱い説に戻り座っている。

(3) (i)明示的に列挙された事由を例示と理解しても、(ii)内包を推論し、(iii)差別事由がそれに包摂されるかを検討しなければならない。 憲法は明らかにそのように規定している。 法解釈学は「法」という明確な制約を持つ学問だ。 無制約の哲学をしてはいけない。

(4) (i) 明示的に列挙された事由と(ii) 明示的に列挙されていないが、憲法が禁止すると理解される事由による差別だけが正当化審査を受ける。(iii) 残りの事由による差別に対して憲法14条は無関心だ。(iv) このように理解すれば、憲法の矛盾は解決される。

(5) 憲法14条は、いくつかの差別のほかには、差別を禁止しない。要請しないのは言うまでもない。

666) 差別禁止領域は無意味なものとみられ、扱わなかった。